新韻叢書⑦

後現代主義的政治學

蓮達・赫哲仁　著

劉自荃　譯

駱駝出版社　印行

THE Politics of Postmodernism

Linda Hutcheon

目　　錄

總　序

當代文學理論的眾聲喧嘩

　　有人說20世紀八、九十年代是一個電腦時代、資訊爆發的時代，我們未嘗不可以說它是一個（文學）理論時代（我特別用括孤把文學一詞括起來，以表示不僅僅文學，其他學科如社會學和政治學等的理論也非常蓬勃地出籠），對於這樣一個勃蓬的現象中的理論介紹和應用，我們的學術界現在已經沒有任何落後的現象，但是對一般不懂得外文的大眾來說，他們可真無法比較系統而且深入地去了解這些眾聲齊唱的理論，更不要說去感受這些理論出現之後對學術界那種鮮活的沖擊。

　　西方應是比較早能預知這股理論潮流的到來，設在英國倫敦的Methuen公司早在1979－80年間，首先推出一套十二冊「新韻」（New Ac-cents)叢書，這第一套十二冊之中，霍氏本人的《結構與記號學》和伊蘭的《劇場與戲劇記號學》等，目前已成為經典之作，而往後推出的叢書中，其中如赫魯伯的《接受美學理論》、弗洛恩的《讀者反應理論》、諾利斯的《解構理論與實踐》和沃芙的《後設小說》等也都非常受到肯定。這套叢書既然稱為「新韻」，其編輯用意當然是在介紹文學研究的新觀念、新分析法，而這些新東西，其發源地未必都是英美；霍氏說他這套叢書是要積極"誘發而非抗拒變革"，

是要"擴展"而非僅僅是"增援"目前文學研究的範圍（頁vii）。自Methuen公司這套叢書面世以來，英美的著名大學出版社如劍橋、牛津、芝加哥、康乃爾和哈佛等固然受到沖擊，其他如明尼蘇影、杜克、印第安娜，甚至紐約和喬治亞大學等都積極跟進，出版了不少非常優越的理論書籍。至於一般出版社，美國的諾頓、Sage和Vintage固然非常積極地展開出書，英國的Routledge、Blackwell、Polity和Verso等等所推出的理論書籍，其積極和前衛，更是叫人目不暇給，買不勝買。簡而言之，從概括性對一流派一方法的介紹，到對個別論題的深論到各種會議論文專集，可說應有盡有，而這些只是一本一本的書籍，尚不包括許許多多發表在學術刊物學報上的專論，任何人只要對這種排山倒海而湧來的出版物有一些了然，他必然會同意我的說法，八、九十年代確可稱爲一個道地的"理論的年代"。相對於西方這種勃蓬的理論發展，國內對理論的反應、介紹、甚至翻譯，都可說非常貧乏。今設在板橋市的駱駝出版社有意先將「新韻」的部份論著以及其他出版社的一些經典，委請兩岸、香港、新加坡學者翻譯出版，以填補我們對西方理論的渴求，大家實在應感額手稱慶。

提到這二十來年西方文學理論的興發一定得給1968年記上一筆。這一年，從法國的巴黎到美國的柏克萊所掀起的學運，其最具體而深遠的影響即是新觀念因它而受到了肯定。就歐美理論的溝通流通而言，則1966年更具有標竿意義，因爲這一年美國的霍浦金斯大學召開了一次題爲"文學批評的語言與人類科學"的研討會，歐洲一些重要的結構主義理論家像巴特、托鐸洛夫、拉崗和雅克慎都與會。但更重要的是，德希達的第一篇英文論文＜人文科學言談中的結構、符號與遊戲＞即藉由這次會議而正式進入英美世界。從這次會議的論文以及與會者的討論中，我們發覺他們不僅無法對結構主義尋得一致的見解，而事實上，是在宣佈它的死亡，後結構時代的到臨。另一方面，在這

次會議之前，英美對歐陸人文學理論的接受情形猶在迎拒不定之際，自此之後，才大量翻譯、推介及挪用歐陸的各種理論，其中最典型的例子就是米樂、德曼與布魯姆等耶魯四人幫借助德氏的理念創立了解構理論。差不多在此同時，美國的女性主義者開始大量出書，爲他們打入學術界舖路，當時最著名而且影響力最大的一本書（米勒特的《性別政治》）即在1969年出版，此書至今仍對男性文化造成摧朽作用。在英國，另一群人以詹森（Richard Johnson）和霍爾（Stuart Hall）爲首，在布明罕大學推動目前氣勢非常隆盛的文化研究。我這一段叙述僅在說明一點，當今的理論興發實應推溯到六十年代年輕人打倒偶像另尋理論典範的作爲上頭。

到了八十年代，英美及在歐洲推出的理論書籍可眞是琳瑯滿目，目不暇給，其取向和重點紛紜雜陳，甚至相互抵抑，眞是一片衆聲喧嘩。先是解構論、記號學、詮釋學、拉崗心理學、新馬克斯主義和讀者反應理論當道，到了八十年代末期九十年代初期，後殖民和後現代論述、女性主義和文化研究批評似又成爲顯勢，眞要爲這麼多種理論繪製圖譜，每一種方法／流派都得寫成一巨冊，由於文獻相繼湧現，這種工作絕非一個人窮一生的精力就可以做到的，故當今搞理論的學者常有疏於閱讀原典正文之憾。

要仔細論述當代文論雖有其實際上的困難，可是我們仍可以在這盤根錯節交接與不交接之間找到一些特色，其犖犖大端者應有底下這幾點：

第一，當代理論的紛紜、解除中心趨向，都跟梭緒爾質疑符號中符具與符旨的契合有關。梭氏認爲符具與符旨的關係都是武斷的、偶然的、後天的，因此，符號的應用者儘管非常竭力，想以各種符號來攫住經驗中的眞實，其用心都得打了折扣。解構論和後現代主義都據此找到了思想的根源。作爲解構論的祖師，德希違即認爲，書頁上的

文字都只是一些符號或痕跡(marks or traces)，它們都是殘缺的工具，所能攫住的都是疏離的、間隔的、游移的意義，而由讀者再對這些符號加以還原以求理解，則其所獲得的將是間隔又間隔、游移又游移的意義。後現代主義理論家承襲這種看法，他們認為文學創作根本只是一種語言（符具）遊戲，對意義的追求只算是捲入一場無限延緩的天羅地網之中。

第二，文本觀念的確立代表讀者的誕生。在巴特和克利斯提娃等於七十年代初期提出"文本"(text)的觀念以取代"作品"(work)的觀念之前，文學批評都環繞著作者與作品的關係大作文章，作品為作者的產品(product)，任何探討都得對"作者"這一環予以尊重，因為作品永遠都是屬於這一個創作者。1968年巴特宣布"作者的死亡"之後，文學研究已逐漸改觀，作者的"死亡"代表讀者的誕生。一個作家一輩子可能寫了不少作品，可這許多作品可能只是一兩個文本的變異；而且，根據巴特和克利斯提娃的說法，文本是游移的、衍生的，無法加以框住釘死，是讀者閱讀時創造出來的場域。文本觀跟作品觀念的最大不同是，作品是作者的產品，而文本所強調的則是讀者的參與生產，所以是生產(production)或生產力(productivity)。在當代文學理論中，不管是讀者反應理論、記號學或是解構論還是詮釋學，無不強調讀者閱讀過程的重要性；後設小說更強調讀者參與創造的重要性。這樣一來，意義都是讀者創造出來的，沒有讀者就沒有了文本。

第三、對典律／典範的顛覆。女性主義者固然要全面性質疑、顛覆、改寫所有由男性文化體系中衍生出來的種種規範、典律，後殖民論述、後現代主義也要對宰制和體制加以挑戰。在殖民社會裏，女性受到的是雙重宰制：父權與殖民共謀、男性又與治權共謀，所以女性到處都受到宰制、壓迫、征服、操縱，是徹徹底底被控制的一群。在現今，女性主義結合了弱勢論述和解構論，對所謂實證性的現實和未

經驗證過的男性歷史都採取質疑態度；她們要揭開的是久經壓抑、掩藏的軀體，無意識以及文化、語言中的深層慾望，在此情形下，在父權社會體制下所樹立的典律／典範等都是她們所要顛覆、推翻的。至於後現代主義所推崇的符具的游離、意義的模稜性和歷史的斷裂等等，也許是蠻能吻合某些女性主義者的口味的。

　　除了上列這三個特色之外，當代理論的另一特質應是科際整合。早期的結構主義理論固然結合了並時語言學、比較神話學和人類學等學科知識來求索各種言談中的深層結構；當今的女性主義大體上係結合了語言學結構主義理論、馬克斯主義、心理分析和解構論；文化批評更結合了政治經濟和社會學理論和媒體傳播、電影技術等，其面相以及跟社會脈搏相依持，更是任誰都無庸置疑的。

　　註1：此書後改名爲The Structuralist Controversy, ed. Richard Macksey and Eugenio Donato（Baltimore: Johns Hopkins P,1972）。

陳　慧　樺
1994年5月18日於師大英語文中心

代　序

對（後）現代的一些看法

　　爲甚麼要「後」現代？無論何時何方，我們肯定地依然被新穎的、不斷地變化的、創新的、簡單地說現代的一切所包圍。在文化的層面上，後現代完全感知到現代的存在。最佳狀態下，現存於後現代主義的批判，會指向現代的不足，指向現代無力於二十世紀達成它曾應允改善的人類現狀。在本書中，赫哲仁Hutcheon提到後現代主義的「雙重性或欺騙性」（doubleness or duplicity），意謂後現代實踐中的自覺意識。於二十世紀的後期，「現代性」（Modernity）及「現代」（modern），曾經假設著暗晦乏味的東西，這亦不爲奇。人們從現代性中看到使一切集體毀滅的方式日趨完善，歷史上出現了最爲令人悚然的戰爭，全球生態如何被日漸破壞，沙文國家主義的興起與再現，窮人不斷增加，生活水平愈趨兩極化，科學化的社會主義明顯的敗跡。現代性——或高度資本主義工業時代——的種種失敗，正是現代主義（modernism），或現在有時被形容爲「前」後現代主義（pre-postmodernism），所假設着批判及挑戰的。特別在其前衛的形式如超現實主義（Surrealism）及達達（Dada）的顯現上，現代主義的確曾經有着類似的潛能——也許它依然擁有這些潛能。

　　在視覺藝術的領域上，很多中國的文化生產者，聲稱擁有現代主義的信念。於文學生產上，可被喚作西方後現代主義的犬儒主義，仍須完全地移置現代主義生產的那類批判力量，以暴露曾被威廉斯Raymond Williams在其《現代主義的政治學》*The Politics of*

*Modernism*中前景化的中產階級社會。所以，當後現代主義部份的使命，在於要把它視為現代主義於顯現社會虛偽層面旳計劃上的失敗，加以批判——也時常加以嘲諷——之時，在某些文化及社會裏，現代主義本身，依然在履行着該同樣的工作。我們只要想及現代主義詩歌及現代主義引發的流行音樂，在過去二十年來，對於中國大陸的批判作用，便知此言非虛。赫哲仁恰當地宣稱「後現代的早期關注，是要把我們生活方式的某些主要特質，解自然化。」但肯定地歐洲的現代主義前衛主義者，在四分三個世紀前，已有着同樣的關注。事實上，現代主義與後現代主義的關係錯綜複雜，已經互相重疊至不可能有着確定明晰的邊界的地步了。例如，在本書中，赫哲仁討論魯殊迪Rushdie及拉丁美洲小說家華爾嘉絲露莎Vargas Llosa的小說時，所描述為這些作家的特有技巧的「後現代對常規的使用與濫用」，事實上是現代主義原有的技法。兩位作家同樣地可被描述為現代主義的作家。在某含義上，「後」不過是現代主義的後期而已。

　　後現代主義因而與現代主義共有着同樣的軌跡：某些相同的關注，及某些相同的領域。這也許構成了後現代主義自我反諷的原因。因為後現代主義並不僅是對於二十世紀及其文化的失敗的回應而已，它亦是他們的成品。

　　在思考後現代主義之時，讀者應該記着，人們現在已經活在不斷地「全球化」（globalised）的世界裏了。一方面，西方所發展出來的理論與學派，從未可以被確切地用作描繪世上別處的文化與社會。亞洲地區現代性的歷史和處境，與西方不盡相同，必須改變現有的理論及甚至創造新的理論，才能加以構想。假如人們不假思索地接受這些被描述為後現代的東西的概念與實踐，那只會仿如盲目地接納一種新的殖民主義而已。但另一方面，在東亞地區，人們現已住在日漸加倍全球化及在文化上早已是雜交化的世界裏。總有--天，很多後現代

主義的批判性洞見，將會被有效地應用着。赫哲仁的書，在劉自荃先生的譯筆下，是對於我們選擇喚作「後現代主義」（postmodern-ism）的文化實踐、傾向、及批判的全面性概覽及指引。中文讀者將在本書中找到非常有用的幫助，對該近期的文化及批評潮流，當不再感到困惑。

利大英博士
九五年夏，於香港大學

譯者導論：後現代的兩面性

　　後現代主義的論述權威菲德烈・詹明信Fredric Jameson，在其經典巨著《後現代主義，或，資本主義後期的文化邏輯》*Post-modernism, or the Cultural Logic of Late Capitalism*①中，根據昂納斯特・曼德爾 Ernest Mandel的新馬克思主義經濟學分期，②把現實主義、現代主義、及後現代主義文化，依次歸入資本主義經濟生產模式的三個進展階段。而後現代主義，則爲下層結構，從市場資本主義的壟斷性或帝國主義的階段，進入後工業時期跨國性資本主義階段之際，上層結構相應變動而產生的文化邏輯。（頁35）一切今日有關資訊科技及電腦網絡的討論，不過是該深層的社會經濟系統，所曲折地呈現出來的文化表象而已。（頁37）

　　後現代主義的主要特色，可從溫遜・梵高Vincent Van Gogh的〈一雙靴子〉"A Pair of Boots"跟安迪・沃賀爾Andy War-hol的〈星塵鞋子〉"Diamond Dust Shoes"的比較裏，顯現出來。詹明信指出，後現代文化，已失去了現代主義全盛時期的立體感及深度感，沃賀爾無色彩、無生命的照片負片，取代了梵高色彩強烈、生

---

①菲德烈・詹明信Fredric Jameson，《後現代主義，或，資本主義後期的文化邏輯》 *Postmodernism, or the Cultural Logic of Late Capitalism*（London and New York：Verso, 1991）。中文讀者可參較詹明信，《後現代主義與文化理論》，增訂版，唐小兵譯，（台北：合志文化事業股份，1990）。

②昂納斯特・曼德爾Ernest Mandel，《資本主義後期》*Late Capitalism*，索伊・德・伯哈Joris de Bres譯，（London and New York：Verso, 1978）。

氣勃勃的烏托邦感官世界。（頁9）另一方面，歷史感的弱化，使藝術上的仿作（pastiche）取代了諷擬（parody）：其形式上徒有仿擬之名，內容上再無諷古之實。（頁17）③而人們亦從現代主義，以時間組構一切的心理經驗及文化語言中，轉向後現代空間意識的思維類別。（頁16）主體已經無力再藉著時間，統一過去、現在、及將來，反而以隨機、斷裂、及偶合的形式，把殘碎片斷堆疊起來。（頁25）建築上超空間（hyperspace）的出現，更令慣於現代主義全盛時期舊有的空間思維法則的人，無所適從。（頁38）④

　　在詹明信筆下，無色彩、無生命、負片般的相片，卻反諷地以色彩斑斕的繽紛景象，成為其巨著的封面。恰似待價而沽、琳瑯滿目的貨品陳列。他認為無立體感、欠缺深度的後現代文化，卻竟然反映出資本主義後期社會經濟上的深層動力結構。所謂隨機偶合的後現代空間，亦在他的文本脈絡中，成為理所當然的文化邏輯表象。至於歷史感薄弱的後現代藝術，更在其馬克思主義的大歷史（History）觀下，承先啟後：文化藝術上緊隨現實主義到現代主義之後的興替，社會經濟上承接工業革命到市場資本主義之後的發展。既然沒有意義的仿作，已經取代了饒有深意的諷擬，為甚麼他又要把沃賀爾的鞋子，跟梵高的靴子並置起來，作出諷擬性的比較呢？

　　詹明信一方面自承是馬克思主義的文化歷史學家，要為後現代主義作歷史上，而不是風格上非歷史性的分期；（頁3，頁45）另一方

③詹明信有關仿作（pastiche）的理論，可另見於其論文〈後現代主義與消費社會〉 "Postmodernism and Consumer Society," 見賀爾・佛斯特 Hal Foster 編，《後現代文化》*Postmodern Culture*（London：Pluto Press, 1985）。

④大衛・哈維 David Harvey，在其《後現代性的處境》*The Condition of Postmodernity*（Cambridge and Oxford：Blackwell, 1990）中，對後現代的空間與時間，有更為精闢細緻的專題討論。參看頁201～323。

面，並時性的二元對立結構主義思考法則，又持續地支配著他的思維意識。（頁10）⑤他努力強調阿爾杜塞Althusser式，結構主義的馬克思主義修正模式，作爲節衷。(頁52,53)⑥但在其處理後現代的上層結構與下層結構的關係時，卻忽然回到古典馬克思主義，由下層結構決定上層結構的舊框框。（引言，頁xxi）最大的問題是，他自己也承認，所有他企圖列舉作爲後現代主義特色的一切，皆可見於之前的現代主義！（頁4）如此問題重重的理論，不管如何辯証唯物地統一，亦不能在其長達一百二十頁的結論中，自圓其說──當然，後現代的觀點是，並不覺得矛盾是可以、或者需要被統一的。精神分裂者，才是後現代的正常人。

　　詹明信所討論的後現代主義（postmodernism），應被更準確地喚作後現代性（postmodernity）。史提芬・貝斯特及德格拉斯・克爾納Steven Best and Douglas Kellner在他們的《後現代理論：批評學上的探討》*Postmodern Theory：Critical Interrogations*中，把「後現代性」作爲「現代性」（modernity）之後的歷史文化分期用語。社會文化上的現代性，指緊隨中世紀或封建主義歷史的新階段。從十七世紀哲學家迪卡兒Descartes到十九世

---

⑤格萊瑪斯A.J.Greimas的四角二元對立模式，或符號學的四方體（semiotic rectangle），差不多出現於詹明信二十年來所有的重要著作之中。中文讀者尤其應該一看他的〈評文學創新與生產模式〉"Literary Innovation and Modes of Production：A Commentary"，見*Modern Chinese Literature*，1.1（Sept 1984）：頁67～77。看看該模式如何應用於分析老舍的《駱駝祥子》。

⑥在《政治潛意識：敍述體作爲社會性的象徵行爲》*The Political Unconscious：Narrative as a Socially Symbolic Act*（London：Methuen，1981）裏，詹明信曾經把阿爾杜塞結構主義模式的上、下層結構，在理論上更進一步，發展爲一套兼容並時性與歷時性的關係網絡。參看該書頁36的圖形。

紀的啓蒙運動，皆奉理性（reason）爲知識與社會進步的泉源，眞理及自我的依歸。美學上的現代性，則指二十世紀初，現代主義的前衛運動（avant-garde modernist movements），及布希米亞式的次文化（bohemian subcultures），對抗工業主義及理性主義非人化的一面，希冀從原創性的藝術實踐中，再尋眞我，重建文化。⑦如此看來，現代主義（或貝斯特與克爾納所謂的美學上的現代性）所挑戰的，不獨是之前的現實主義美學的擬眞構想（verisimilitude），其本身已經是對（社會文化上的）現代性或現代化過程（moder-nization）的一種批判了。

　　至於甚麼是後現代性，尚方舒亞・李歐塔Jean-Francois Lyotard認爲，是對現代性中，有關科學知識的慣常信念和假定的解合法化（delegitimation）歷史階段。當社會進入後工業時代，而文化進入後現代時期，大約在1960年代開始，知識逐漸成爲市場上的一種商品。人們一直信奉的理智與科學，則被視爲不過是一種——現代社會中獨斷排他性的一種——使知識合法化的語言遊戲。用頗爲傅柯Foucault式的措辭來說，「知識與權力，僅是同一個問題的兩面：誰來決定甚麼是知識，誰知道甚麼需要被決定呢？」⑧大學建制使科學成爲了所有知識的後設知識（metaknowledge），一切論述的後設論述（metadiscourse）。⑨約根・哈伯瑪斯Jurgen Habermas所謂建基於共識與構通的現代性理智體系，只會自欺欺人

---

⑦見史提芬，貝斯特及德格拉斯・克爾納Steven Best and Douglas Kell-ner，《後現代理論：批評學上的探討》*Postmodern Theory：Critical Interrogations*（Houndmills and Basingstoke：Macmillan, 1991），頁2。
⑧尚方舒亞・李歐塔Jean Francois Lyotard，《後現代的處境：知識報導》*The Postmodern Condition：A Report on Knowledge*，佐夫，本寧頓Geoff Bennington及白賴安・瑪素米Brian Massumi譯，（Manchester：Manchester UP, 1984），頁8, 9。
⑨李歐塔，頁37。

地支援著現存的權力建制，繼續使一切合理化及合法化而已。⑩在後工業社會、後現代文化裏，如此冠冕堂皇的後設語言、總合性的大敘述體（grand narrative），備受質疑。⑪

　　如果後現代性，是對現代性的後設敘述體（metanarrative）的懷疑與質問的話，那麼後現代主義又是甚麼呢？漢斯‧柏頓斯Hans Bertens曾經從歷史角度上探討後現代的世界觀（postmodern *Weltanschauung*）及其與現代主義的關係。他以為「後現代」（postmodernismo）一詞，最早見於1934年。⑫在1950到 1960年代，批評家傾向於孤立某些美學傾向及特點，而泛稱之為「後現代主義」（postmodernism）。在1970年代開始，該措辭才逐漸成為某一特定的文學及文化的指稱。而伊哈布‧哈山Ihab Hassan則率先把後現代主義構設成一套完備的知識論。之後李歐塔於1980年代繼起，把後現代的重點，強調於極端的知識性及本體性的危機。對於柏頓斯來說，該危機正是文學上的後現代主義的主要特色：中心的喪

⑩哈伯瑪斯的現代性理智體系，可全面地見於其上下兩冊的巨著《構通活動的理論》*The Theory of Communicative Action*，湯瑪斯‧麥卡斯Thomas Mc Carthy譯，（Massachusetts：Beacon Press, 1984）。哈伯瑪斯另有關於現代性的專論，參看《現代性的哲學論述：十二講》*The Philo-sophical Discourse of Modernity：Twelve Lectures*，菲德烈‧羅倫斯Frederick G. Lawrence譯，（Cambridge, Massachusetts：The MIT Press, 1992）。哈伯瑪斯對於他被視為保守主義者與新保守主義者（或後現代主義者）的回應，可見於其論文〈現代性——未完成的大業〉"Modernity-An Incomplete Project"，賽拉‧本哈比拔Seyla Ben-Habib譯，見賀爾‧佛斯特Hal Foster編，《後現代文化》*Postmodern Culture*（London：Pluto Press, 1985），頁3～15。
⑪李歐塔，頁60，61。
⑫「後現代」一詞，源於建築學文化，柏頓斯不在建築學上找後現代主義的起源，反而在無關痛癢的地方找，令人費解。後現代建築的理論，可參見查理斯‧詹克斯Charles Jencks，《後現代建築的語言》*The Languages of Postmodern Architecture*（New York：Riezoli, 1977），或他的其他有關建築的著作。

失，一向備受優惠的語言、更高序列的敘述體，被解中心化。⑬

　　伊哈布・哈山以二元對立的模式，列舉現代主義與後現代主義的歧異之處，共三十四項。⑭由於現代主義跟後現代主義，本質上有許多共通相似之處，該二元對立的模式，在應用上問題極大。至於李歐塔，則在其論文〈答問：甚麼是後現代主義？〉"Answering the Question：What is Postmodernism?"⑮中，把現代喚作那些盡獻其雕蟲小技，以表現那不能被表現的，並顯現其確切存在的藝術。（頁78）而後現代亦表現那不能被表現的，找尋著新的表現手法，為的不是要無中生有，倒是要強調其真的不能被表現。（頁81）後現代毫無疑問地是現代的一部份。後現代主義並非現代主義的終結，而是其初生、且恆常的狀態：「美學作品只能先是後現代，才能現代。」（頁79）

　　假使如前所述，現代主義是批判性的，在美學上挑戰著現實主義的透明性擬真假設，而文化上攻擊著現代性的主導論述的話，那麼後現代主義則是兼容性的，在其兩面性的政治學（politics of am-

---

⑬漢斯・柏頓斯Hans Bertens，〈後現代的世界觀及其與現代主義的關係：導覽〉"The Postmodern *Weltanschauung* and Its Relation with Modernism：An Introductory Survey,"見杜威・佛克瑪及漢斯・柏頓斯Douwe Fokkema and Hans Bertens合編，《探討後現代主義》*Approaching Postmodernism*（Amsterdam, Philadelphia：John Benjamins, 1986），頁9～51。

⑭伊哈布・哈山Ihab Hassan，《後現代的轉向：後現代理論與文化論文集》*The Postmodern Turn：Essays in Postmodern Theory and Culture*（Columbus：Ohio State UP, 1987），頁91。中文讀者可參較劉象愚的同名譯本（台北：時報文化，1993）。

⑮尚方舒亞・李歐塔Jean Francois Lyotard，〈答問：甚麼是後現代主義〉"Answering the Question：What is Postmodernism,"利傑斯・杜朗德Regis Durand譯，見李歐塔，《後現代的處境：知識報導》，頁71～82。

bivalence）下，同時嵌入現實主義，及顛覆現實主義的現代主義。在構設支援現代性的後設敘述體的同時，又反身地對現代性作出後現代的懷疑與質問——因而跟現代主義有著相同的關注。如蓮達・赫哲仁Linda Hutcheon在本書中所言，後現代主義是雙重編碼的（doubly coded），介乎真實的及虛構的、歷史上的及小說上的、語文性的及影象性的兩極之間。它跟女性主義一樣，努力地把定論解定論化，中心解中心化。但卻並不打算提供任何的改善方案，反而隨時準備妥協——在沒有達成任何共識及理性基礎之前，不了了之。矛盾並不需要被解決，對立亦無須被統一。不能被呈現的，始終沒有被呈現。反而呈現了，其的而且確根本不能被、亦從來沒有被呈現。先有後現代的質疑，才有現代的肯定；先有後現代的妥協，才有現代的批判。

　　也許可以說，現代主義者，是屬於受逼害性妄想症的，經常覺得世界末日將臨，得拯救蒼生，復興文化。後現代主義者，則屬於精神分裂症，所以前言不對後話，介乎正常與失常之間。兩者相較，後現代主義者，畢竟是較爲可取的。如積爾・德略茲及菲力・嘉塔利Gilles Deleuze and Felix Guattari所言，願意外出走動的精神分裂者，總比躺在病床上等候心理分析治療的其他病患者優勝：可以呼吸一下新鮮空氣，又可以跟外面的世界，保持接觸。⑯

劉自荃

95年秋，於倫敦大學東方學院

---

⑯積爾・德略茲及菲力・嘉塔利Gilles Deleuze and Felix Guattari，《反伊迪柏斯：資本主義及精神分裂症》*Anti-Oedipus：Capitalism and Schizophrenia*，羅拔・賀利Robert Hurley等譯，（London：The Athlone Press, 1984），頁2。

鳴　謝

　　本書也許應該題為《再現後現代主義》*Re-presenting Postmodernism*，因為它實際上再一次地表現了我某些有關後現代的核心意念。我最先把這些意念發展於其他的脈絡，但我的兩本早期的研究——《後現代主義的詩學：歷史、理論、小說》*A Poetics of Postmodernism：History, Theory, Fiction*（1988），及《加拿大的後現代：當代英加小說研究》*The Canadian Post-modern：A Study of Contemporary English Canadian Fiction*（1988）——卻有着不同的焦點。該兩本書同時欠奉的，是以下的主題：後現代主義及其政治作用的一般概括介紹，和其對於語文及視覺藝術，在呈現意念上的挑戰。

　　在其他的書籍中，我慣常在最後感謝我的丈夫米高‧赫哲仁Michael Hutcheon。但這次我卻必須在開場白處感謝他。因為實際上他才是本書的負責人：他作為天才橫溢的攝影師，及他對於攝影作為藝術形式及符號學實踐的不變熱誠，提供了本書的整個寫作背景。此外，他持續的支持與熱心、他批判性的眞知灼見、精妙的幽默感及無私的精神，實在多多益善善。因而得對他表達我最深的感謝和愛意。

　　由於本書是累積的成果，我覺得我必須再一次多謝那些我曾經在最早的兩本書中提及的名字——所有的同事、學生、及朋友，所有的藝術家、批評家、及理論家。他們對我於後現代主義的理解，及我在進行這計劃時所經受的喜悅，貢獻良多。我希望他們再一次地一起接受我的感謝，而不個別言謝。

　　我對德里‧霍克斯Terry Hawkes所欠猶多。本書是他的意念

所玉成。其才智、熱情、聰敏，使他成為最優秀的編者及批評家。如常地，我得對珍妮絲‧普利斯Janice　Price獻上我最眞誠的謝意，感謝她給我堅定的信心及友誼。最後，我必須向加拿大議商的艾薩克‧華爾頓‧吉藍姆基金致謝。它的研究資助基金，使本書及其他我將要寫作的書籍，得到支持：該基金對於其院士的慷慨及信心，使得學術工作特別有效益。

　　本書的某些見解曾付印於其他的地方。但一般而言有着不同的焦點，視乎當時的處境及寫作時意念的發展。我還得為工作時得到的支持，感謝以下學刊及論文集的編者及出版者：《文本》*Texte*；《署名：理論及加拿大文學學刊》*Signature：A Journal of Theory and Canadian Literature*；《文體》*Style*（特刊編輯：米克‧波爾Mieke　Bal）；《加拿大比較文學評論》*Canadian Review of Comparative Literature*（特刊編輯：雅倫‧高德舒拉格爾Alain　Goldschlaiger）；《電影及錄像評論季刊》*Quarterly Review of Film and Video*（朗奴德‧葛特斯曼Ronald　Gottesman編）；《石溪人文學社簡報》*Bulletin of the Humanities Institute at Stony Brook*（安‧卡普蘭E．Ann　Kaplan編）；《後現代主義》*Postmodernism*（漢斯‧柏頓斯Hans　Bertens編，London：Macmillan）；《文本互涉性》*Intertextuality*（漢利斯‧普勒特Heinrich　F．Plett編，Berlin and New York：Walter de Gruyter）。

　　特別鳴謝我早期的聽衆。那些曾邀請我在他們的座談會或大學講話的人，透過他們敏銳而一針見血的反應，使我的意念能精益求精，包括：石溪SUNY-Stony Brook（安‧卡普蘭E．Ann Kaplan）；西安大略省大學University of Western Ontario（馬丁‧克萊斯華斯Martin Kreiswirth）；多倫多符號學社團Toronto Semiotic Circle（伊恩‧蘭卡塞爾Ian Lancashire）；維多利亞書院 Victoria College（巴巴拉‧哈維克洛夫特Barbara Havercroft）及 大學書院University College（漢斯‧德‧格洛特Hans de Groot），多倫多大學University of Toronto；國際符號學及結 構學夏季研究院（保羅‧波依薩克Paul Bouissac）；麥瑪斯特大 學McMaster University（寧娜‧柯利斯尼可夫Nina Kolesni-koff）；美國比較文學協會American Comparative Literature Association（丹尼爾‧積維茲Daniel Javitch）。

第一章　呈現後現代

甚麼是後現代主義？

在當代文化的討論中，沒有甚麼詞語比「後現代主義」（postmodernism）一詞，更被常用及濫用。使得一切企圖定義該詞語的努力，皆必然同時地有著正反兩面。在要說明甚麼是後現代主義的同時，又得說明甚麼不是後現代主義。也許這樣反而更為恰當，因為後現代主義這現象本身，便是一種絕對地自相矛盾及不能避免地政治性的模式。

後現代主義顯現於各文化活動領域之中，如建築、文學、攝影、電影、繪畫、錄像、舞蹈、音樂、及其他。概括而言，它以自覺的、自相矛盾的、和自我顛覆的敘述形式出現。頗為類似，在說話的同時，又把所說的話，以引號括示出來。其效果是要喚起注意，或「喚起注意」，及顛覆動搖，或「顛覆動搖」，而其模式亦因此是「求知的」及反諷的——或甚至是「反諷的」。後現代主義的顯著特色，就在於這類對雙重性（doubleness）或欺騙性（duplicity）的大規模「推顯」承諾（wholesale nudging committment）。這在各方面來說，都是兩面平衡的過程，因為後現代主義最終所致力於設置及加強，與其於損害及動搖，它似乎是挑戰著的常規慣則及先在假設，在程度上不相伯仲。無論如何，可以這樣說：後現代的早期關注，在於把我們生活方式的某些主要特質，非自然化；而指出我們不假思索地經驗為「自然而然」（natural）的那些實體（這甚至包括資本主義、家長制、自由人文主義），其實是「文化的」（cultural）結果；是人為的，而不是天賦的。後現代主義也許會指出，甚至自然本身，亦不會長於

樹上。

　　這類結論，似乎可能與大部份那些在本書開始的章節裏所討論的一切，背道而馳。究其原因，卻存在於「後現代」一詞，首先被流通使用之領域：建築。而就在這裏，我們找到進一步的矛盾。矛盾在於其不但並置，亦把同樣價值給與反身性的（self-reflexive），及歷史有據的（historically　grounded）——向內指涉，屬於藝術世界的（譬如諷擬）；及那些向外指涉，屬於「現實生活」（譬如歷史）的——一切。介乎這些明顯對立面之間的張力，最後定義了後現代主義矛盾地入世的文本（paradoxically　worldly　texts）。而它亦同樣有力地顯現出不減其千眞萬確，雖然最終還是妥協性的政治學。實際上，正是它妥協性的立場，使得那些政治作用，於我們而言，既易於辨別，亦倍感親切。始終，其政治模式——屬於共謀性批判（complicitous　critique）的那一類——大部份來說，是我們自己所原有的。

呈現及其政治學

　　十多年前，一位德國作家說：“我不能把屬於政治學與屬於後現代主義的課題區別開來”（穆勒1979：頁58）。他亦不應這樣做。其後的日子裏，顯示出政治學及後現代主義不能避免地成爲了奇特的夥伴。一方面，關於後現代的定義及價值的論辯，大部份皆透過政治性的——及反面的——措辭傳達：基本上是新保守主義（紐曼1985；克拉瑪1982）及新馬克思主義（伊果頓1985；詹明信1983，1984a）的用語。相反地，其他的左派人士（柯特1972；羅素1985），卻看出它縱使不是極端的政治現實（political　actuality），亦有著極端的政治潛能（political　potential）。而女性主義的藝術家及理論家，則拒絕把她們的作品，融匯進後現代主義之中，以防對手恢復元氣之

後，伴隨而來對他們政治議程的解拆。

這些論辯，雖然不會成為本書的主要重心，可是他們卻不能避免地組成了討論的背景。本書不大會探討如後現代理論家及攝影家維克多爾·栢根Victor Burgin所稱為「呈現的政治學」（politics of representation）（栢根1986b：頁85）那類，關於政治學的呈現方式。羅蘭·巴爾特Roland Barthes曾宣稱有關政治的一切，是不可能被呈現的，因為他們抗拒任何的模擬複製形式。相反地，他認為「政治學開展之處，亦正是模擬學結束之處」（巴爾特1977b：頁154）。而這也就是後現代反身、諷擬性藝術顯現之處，以反諷的方法，強調一切文化的呈現形式——文學的、視覺的、聽覺的——無論高雅藝術或大眾傳媒，皆建立在意識型態上，他們躲不掉社會及政治關係和機制上的參與（栢根1986b：55）。

我知道這樣說，是與當代批評學的主流趨勢相違的。一般認為後現代藝術，夠不上作為政治參與，因為它自戀及反諷地借用著現存的意象及故事。而對於那些熟悉諷擬挪用手法之來源，及了解到理論背後的原動力的人來說，後現代藝術的可及範圍，似乎頗為局限。本書對後現代呈現手法的形式及政治性的研究，目的卻正是要顯示上述觀點為政治上不成熟的；而事實上，該觀點亦不大可能看到後現代主義藝術的真正面貌。後現代藝術必然是政治性的，最少在其呈現手法——其意象及故事——的層面上，絕不會是中立的，無論他們的諷擬反身性（parodic self-reflexivity）如何地被「美感藝術化」（aestheticized）。雖然後現代並沒有有效的媒介，使其步進政治行動（political action），它卻的而且確，致力於把其不能避免的意識型態基礎，轉化為非自然化批判的陣地（a site of dena-turalizing critique）。套用巴爾特Barthes的「一般定論」（doxa），或「自然之聲」（Voice of Nature）及普遍共識

（consensus）等意念（巴爾特1977b：頁47）來說，後現代主義致力於把我們的文化呈現方式，及他們不能否認的政治含義"解定論化"（de-doxify）。

安栢度・艾誥Umberto　Eco嘗言，後現代不過是「任何曾自傅柯Foucault處得到領悟啓發的人的取向，知道權力並非遠離我們的單元」（見羅索1983：頁4）。他也許會如其他人般，再加添以下一項，包括得法自德希達Derrida的文本性（textuality）及延宕作用（deferral），或自梵提姆Vattimo及李歐塔Lyotard的知性控制（intellectual　mastery）及其局限等討論的人的取向。換句話說，後現代藝術與文化的「解定論化」傾向（de-doxifying impulse），是很難與我們標顯爲後結構理論的解構傾向分隔開來的。該含糊莫辨的徵兆，可從後現代藝術家及批評家，所言及他們自己「論述」（discourses）的方式中看出來。他們企圖以此彰顯他們的所作所言，皆無從規避的政治處境。當論述被定義爲「從事於溝通活動的各方關係系統時」（塞古拉1982：頁84），它亦指向與政治相關的事物——正如對互通意義的期待——於動態社會脈絡中，成就一切，承認了權力關係在任何社會關係裏，皆無所不在。其後現代理論家曾指出：「後現代的美學實驗，可被視爲有著難以減省的政治層面。它與對於主導權力的批判，不可分割」（威爾伯利1985：頁235）。

可是，在開始時必得承認，這是一種奇特的批判。其自身既與主導權力共謀（complicity），又不得不承認，這始終是它想分析及甚至可能想損害的一切。該模糊不清的立場，同時顯現於後現代藝術的內容及形式上，既提供亦挑戰意識型態——這雖然常常是自覺性的。甘特・格拉斯Gunter　Grass，多托羅E．T.Doctorow，或今日各拉丁美州的作家所寫，不落俗套的「政治」小說（political novels），皆可爲範例。同樣，在奈祖爾・威廉斯Nigel　Williams

的《斗轉星移》*Star Turn*裏，我們可以同時找到資本家及馬克思主義者的階級意識的嵌入及「解定論化」（de-doxification）。故事裏的工人階級敘述者艾莫斯・巴鏗Amos Barking喜愛掩飾其階級出身，而以亨利・史文西Henry Swansea之名（在戰時的資訊部）工作。可是該故事卻偏偏發生於1945年。如艾莫斯所自嘲而言，這恰巧是「所有工人階級皆被稱為英雄的一年（可能因為他們正被極大量地屠殺著）」（威廉斯1985：頁15）。

該小說從不讓其讀者忘掉階級的課題；它從不讓人們躲避他們所擁有的（往往是不被承認的）階級設想。當許多歷史人物——馬素・普魯斯特Marcel Proust、德格拉斯・海格Douglas Haig、西格蒙德・佛洛伊德Sigmund Freud——皆被（可接受地）表現為瘋子（幸虧他們保護性的階級身份）時，艾莫斯宣佈：

> 親愛的讀者們，這對你們來說也許不易被理解，可能就在倫敦東部的盡頭，人們依舊沒有覺察到的是，當被世間煩惱弄得筋疲力竭之際，迅速有效的簡易法門常常是躺在床上，而與高水準的陌生人談及自己的母親。在1927年的懷特卓普區Whitechapel area，與其讓世界使你沮喪失落，倒不如傾向於橫屍巴士巨輪之下——對工人階級的成員來說，還有一更為普遍的選擇，如果他們願意精神失常的話。（威廉斯1985：頁203）

但在該小說呈現模式的政治作用上，最為明顯地後現代的，卻是它不止於對階級差別的分析，反而無論在小說的形式及主題的層面上，種族皆被顯現為與階級密切共謀。小說的情節活動圍繞艾薩克・拉賓諾維茲Isaac Rabinowitz，一個希望被喚作湯姆・莎德布特Tom Shadbolt而成為純英國化的猶太男孩，最終卻（反諷地及悲劇地）

作了法西斯及種族主義者奧斯華德・莫斯里Oswald　Mosley似是而非的替身。在這裏，不獨如我所辯稱作為典型地後現代手法的，把小說與歷史混為一談，甚至階級、種族、及國籍亦如是。歧異性與非中心性取代了同一性及中心性，而成為後現代社會分析的焦點。可是，甚至連該「邊緣上」的焦點（focus　on　the　marginal），亦在這自我貶抑的小說中，受到質疑。

艾莫斯把英國喚作「自滿而地處邊緣的小王國」（威廉斯1985：頁17）。其邊緣性與自滿處正是他的自我寫照：他有幸與勞倫斯D.H.Lawrence、馬素・普魯斯特 Marcel Proust、維珍尼亞・吳爾芙Virginia　Woolf、佛洛依德Freud、邱吉爾　Churchill、歌布斯Goebbels、賀賀勛爵Lord　Haw　Haw（威廉・喬伊思William　Joyce）相逢，卻無緣在歷史留名，只繼續是邊緣上的小腳色。合該如此，在第二次世界大戰時，他不過留在家中，憤世嫉俗地寫著傳單而已。當他被逼見證德勒斯登市Dresden被轟炸之際，事不為奇地，他的即時反應，便是避之則吉：

> 別以為由於我是英國人，英格洛薩克遜種及諸如此類，我便是所有一切的當事人。我對英國歷史毫無責任，敬辭不謝。我實際上於這腐敗的小島無甚好感。該惡感恰好包括現時這場戰爭。（威廉斯1985：頁304-5）

可是，不讓他躲避社會責任的，偏偏是其德國猶太裔的老闆。老闆攻擊著，他在民主社會中，感到享有可以自己決定真假黑白（好像有關集中營的消息）的自由（與奢侈）。他嘲弄艾莫斯對歷史的輕視，而企圖顯示戰爭的真實苦痛與兇殘：「你是典型的英國人……你於虛偽有奇異的天份。你的語言有著自身的格局，以掩飾真情」（威廉斯

1985：頁306）。小說裏對於語言及（歷史）故事寫作的明顯自覺性，是直接地與政治相連的，所以艾莫斯被這樣地訓斥：「你不能既躲在你的國家背後，同時又妄加菲薄，正如你不能逃離歷史一般」（頁307）。要面對歷史，也就是意謂要面對階級、種族、性別、及國籍等問題。亦即是說要把英國人對各項目的社會構想非自然化。

　　本書要討論的便是這類小說了——既歷史性又反身性的——倒實踐了後現代立場裏的另一曖昧性。該類似對立面的矛盾融成，常常導致其在呈現上——無論是小說或歷史——皆以明顯地政治化的形式，亦即是不能避免地以屬於意識型態的形式出現。該呈現政治學的後現代觀點的概念基礎，可在現今許多理論中找到蛛絲馬跡。事實上，學刊《邊界二號》*Boundary 2*便明顯地把理論、後現代主義、及政治學視作其議論項目的核心。可是，該論題上獨一無二，最爲影響深遠的理論敘述卻要算是路易・阿爾杜塞Louis Althusser被廣爲援引轉錄的意識型態意念。他把意識型態，既視作呈現的系統，亦作爲所有社會整體不可或缺的組成部份（阿爾杜塞1969：頁231-2）。這兩點對於任何後現代主義的討論，皆極爲重要；而實際上他們亦給與本書理論上的導向。

　　也許千眞萬確的是，批評學在文學及視覺藝術中，傳統以來皆建設於表達性（以藝術家爲取向的）、模擬性（以世界爲模擬對象的）、或形式性（以藝術爲物象的）的基礎上。而女性主義、同性戀、馬克思主義、黑人、後殖民、及後結構主義理論的衝擊，則意味著得在這歷史基礎上，再額外附加點甚麼。甚至融合百家，集其大成。然而現在倒卻有了新的焦點：社會及意識型態的意義產生方式上的研究。這樣看來，被我們喚作「文化」（culture）的，不過是各種呈現形式的效應（effect），而不是他們的本源。可是，從另一個角度來說，西方資本主義文化，亦顯示出令人驚詫的力量，使符號及意象一般化

（或「定論化」doxify），縱使他們也許互不相干（或枘鑿難容）。尚方舒亞‧李歐塔Jean-Francois Lyotard及尚‧波聚雅Jean Baudrillard，皆集中注意力於符號的生產與繁衍的社會經濟學上。這些研究，於我們對後現代文化的理解，有著重大的影響。但本書的重點，卻特別在於後現代呈現的政治學──也就是引發一切呈現形式的意識型態價值觀及利益──之上。

作爲該後現代文化「解定論化」過程的意念基礎的，似乎是一種認爲人們只能透過「社會上既定的意義系統網絡，也就是人類文化中的話語」，才能認識世界的理論立場（羅素1980：頁183）。而事實上，我在這裏亦選擇了集中討論兩種藝術形式。他們最爲自覺而準確地顯現了該對文化知識的論述性及表意性本質上的覺醒，而質疑呈現形式所假設的透明度。我所選擇的藝術形式爲小說及攝影。兩者在過去皆牢固地植根於現實主義的呈現模式，但自從他們被現代形式主義措辭所重構後，現時卻採取了對抗他們自己的紀實性及正規性傾向的立場。該抗衡力量，便正是我喚作後現代主義的：也就是紀實性的歷史現實，與形式主義的反身性及諷擬性的交匯之處。在這交匯點裏，有關呈現的研究，不再是模擬反映或主觀投射法則上的研究，而是探研敘述體及意象結構，如何使人們看清自己，及如何在過去與現在中建立自我這意念上。

當然，後現代於繪畫的喻況性及前衛電影的敘述性方面的回歸，對近年來攝影及小說的呈現課題，有著重大的影響。女性主義們的理論與實踐，亦質疑類似的課題，指向性別的建構，以爲這既是呈現的果，亦是呈現之“過”（the effect and the ex-cess of representation）（德‧勞勒提絲1987：頁3）。也許，不那麼明顯，卻同樣重要地，後現代主義曾經成爲歷史寫作裏，有關呈現的本質與政治性的通行論辯（拉卡普拉1985，1987；懷特1973，1978b，

1987 ）。當然，很多其他的因素，亦應考慮在內。但一般來說，後現代似乎符合於對各種呈現系統的存在及其權力的普遍文化覺醒。這些系統，並不反映社會（reflect society），卻在更大程度上，在特定的社會裏，賜成（grant）意義與價值觀。

可是，在相信着通行的社會科學理論的同時，人們亦應該察覺到在該覺醒下所牽涉的矛盾。一方面，這意謂我們永遠不能擺脫視覺及敘述呈現形式，悠久傳統以來的沈重擔子；而另一方面，我們亦似乎對於那些現存的呈現模式的無窮意味及權力，失去了信心。諷擬手法（parody）便常常是該特定矛盾所採取的後現代形式。藉著使用及反諷地濫用普遍常規及具體的呈現形式，後現代藝術致力把一切解自然化，有著羅莎琳‧克勞絲Rosalind Krauss所謂的，「鬆解用以黏連標籤及常規產物的黏合劑」這奇特意味（克勞絲1979：頁121）。在這裏，我並不意謂那種於某些紐約或多倫多酒樓，或迪士尼樂園常見的非歷史性的矯飾，反而意指薩爾曼‧魯殊迪Salman Rushdie、或安祖拉‧卡特Angela Carter、或曼奴爾‧普依格Manuel Puig作品中的後現代諷擬手法。該手法成為其中一種可行方式，使文化可以同時處理其社會關注及美感需求——而兩者亦非南轅北轍，互不相干。

在繼續下去之前，得稍作補充。我並不想誤導讀者，使他們以為呈現模式本身，並沒有被其他的後現代藝術形式所質疑。正如在下一個章節裏將會顯示的那樣，我希望以後現代建築為例，構設後現代主義的一般模式。後現代建築並不僅呈現建築風格上的歷史傳統，而使之解自然化而已。如以拉斯‧利羅普Lars Lerup的作品為例，它甚至可以包括「居室」（house）的呈現意念及產生這些意念的（北美）經濟及社會結構。社會關注及美感需求再一次地攜手同心，質疑穩定的家庭單元及「居所作為指涉的媒介」等意識型態（利羅普

1987：頁99）。

與後現代主義建築相關的書籍，巷帙浩瀚（參閱詹克斯Jencks及波托吉西 Portoghesi的書目），而「後現代」一詞本身，當然亦已引申涵攝大部份其他的藝術形式。史丹利·查治坦栢格Stanley Trachtenberg的研究文集《後現代時刻：當代藝術創作手冊》*The Postmodern Moment：A Handbook of Contemporary Innovation in the Arts*可爲明證。後現代一詞，在某些藝術形式，譬如電影中，常常局限於指涉前衛製作。可是這些電影卻相對地較少機會被大眾觀看。也許我們不應忽略某些商業電影，他們既有點解構色彩，又帶點諷擬意味，同時又有著歷史基礎——電影如《查利希》*Zelig*，《莫扎特兄弟》*The Mozart Brothers*，或《瑪倫恩》*Marlene*等——可以說亦同樣描繪出與後現代共謀性批判（postmodern complicitous critique）類似的邏輯矛盾。這並不是要說，特別是女性主義們的前衛電影，沒有相等的（或更大的）諷擬爭辯。人們只須想像模仿克利斯特Kieist戲劇的彼德·瓦倫Peter Wollen及娜拉·穆菲Laura Mulvey的《潘思西利亞》*Penthesilea*，或莎莉·波特Sally Potter重述《不羈者》*La Boheme*的《驚心動魄》*Thriller*。這不過是一種辯稱，以擴展後現代主義一詞，於電影研究中的用法，而使其包括諸如此類，（可能因爲受到表演藝術的影響）在舞蹈中被認爲是後現代的一切：「反諷、玩藝、歷史指涉、口語原素的運用、文化的傳承、對過程更甚於成品的興趣、藝術形式與藝術及生活界限的瓦解、及藝術家與觀衆的新現關係」（班尼斯1985：頁82）。（參閱第四章）

「後現代」一詞並不常用於音樂批評，可是後現代建築或舞蹈，與當代音樂的類比還是存在著的：在音樂裏我們同樣可以找到對與觀衆溝通方面的強調。也許是如菲爾·格賴斯Phil Glass作品般，藉

著簡單而重複的和聲（以繁複的節奏形式）；或如盧卡斯・佛斯Lukas Foss或如盧西安諾・貝里奧Luciano Berio般，藉著諷擬地回歸調性及過去的音樂，並非要引起尷尬或觸發靈感，而是要保持反諷的疏離。我將辯稱爲典型地後現代的文類跨越，亦可見於音樂：菲爾・格賴斯的《攝影者》*The Photographer*便是建基於攝影家伊德維爾德・穆布列治Eadweard Muybridge的生平及作品的戲劇性音樂。此外，殊途同歸地，他的另一次「越界」（cross-over）嘗試《流年之歌》*Songs from Liquid Days*，既是傳統的聯篇歌曲，亦是流行曲集。大部份可被稱爲後現代的音樂，皆要求聽眾有著某程度的理論水平及歷史記憶。約翰・亞殊伯利John Ashbery等人的後現代詩歌，亦復如是。還有其他的藝術形式，更爲直接（亦同樣自覺）地，運用著每天與人們息息相關的大眾文化呈現模式。譬如森姆・謝栢德Sam Shepard的戲劇，便可爲一例。

可是，持續地被指稱爲後現代的媒介，卻是電視。尙・波聚雅Jean Baudrillard把電視稱爲後現代表意活動的典範模式，以爲其透明的符象，似乎爲人們與表意現實提供了直接的接觸。該說法不無道理，但我以爲其與後現代主義的關係是偶然湊合的。大體而言，電視在其對現實主義敘述及透明的呈現常規未經質疑的信託倚賴（unproblematized reliance）上，完全是商品化的共謀，欠缺了定義後現代邏輯矛盾所不能減省的批判。我將辯稱的是，不管其有否聲言其共謀性，該批判對於後現代的定義而言，不可或缺；這是被某些人視爲1960年代未能成就的大業的一部份。最低限度，這些年來留下了對權力的意識型態（ideologies of power），具體而被歷史地決定了的懷疑，及對意識型態的權力（power of ideology），更爲普遍的不信。

自1960年代以來，「後現代主義」一詞，於藝術圈子中，頻遭

物議。當然，最爲常見的用法，不是太廣泛，便是太隱晦，從蘇珊・桑塔格Susan Sontag的康普（camp），到列斯里・費德勒Leslie Fiedler的普普（pop），及伊哈布・哈山Ihab Hassan的沈默的文學等，包羅萬有。祖洛德・格拉夫Gerald Graff區別了兩種「後現代主義」的1960年代版本——一爲天啓的失望，一爲洞見的慶祝。但是1970及1980年代的後現代主義，卻沒有甚麼可爲失望，或可資慶祝的；只留下不少可被質疑的。源於1960年代對權威廣泛挑戰的意識型態基礎，及這些年來要把女性及種族少數銘寫於青史的歷史意識（及良心），今日的後現代主義，既以質疑反思爲形式，復以「解定論化」爲目的。可是，沒有1960年代（創始期）文化那麼對抗性和理想性，我們所知道的後現代主義，必須承認與它企圖評論的價值本身共謀。

但「我們所知道的後現代主義」到底實際上是甚麼呢？

誰的後現代主義？

在其《後現代主義小說》*Postmodernist Fiction*一書中，白賴恩・麥黑爾Brian McHale指出，每一個批評家皆從不同的角度，以自己的方式「構設」（constructs）後現代主義。種種說法皆各擅勝場，問題是全都「最後都成爲了虛構的小說故事」。他繼續指出：

所以，有約翰・巴斯John Barth的後現代主義，補足的文學；查理斯・紐曼Charles Newman的後現代主義，通脹經濟下的文學；尚方舒亞・李歐塔Jean-François Lyotard的後現代主義，知識於當代資訊制度的一般狀況；伊哈布・哈山Ihab

Hassan的後現代主義，通向人類精神統一之途的一個階段；及其他。甚至還有克爾慕德Kermode的後現代主義建設，實際上無中生有。（麥黑爾1987：頁4）

在這裏，還可以加入麥黑爾的後現代主義，以其本體論的「主導體」（ontological dominant），相對於現代主義知識論的「主導體」（epistemological dominant）。但是我們還應該包括菲德烈‧詹明信Fredric Jameson的後現代主義，資本主義後期的文化邏輯；尚‧波聚雅Jean Baudrillard的後現代主義，在那裏類像（simulacrum）對指涉物腐朽身軀（the deceased referent）的虎視眈眈；克洛克及科克Kroker and Cook（相關的）後現代主義超現實的陰暗面；史洛特迪克Sloterdijk犬儒主義（cynicism）或「啓蒙僞意識」（enlightened false consciousness）的後現代主義；及艾倫‧懷爾德Alan Wilde後現代的文學「中間地帶」（middle grounds）。

無疑，讀者應已察覺，從一開始本書亦同樣編寫著另一篇小說或構設：我自己所謂的邏輯矛盾的後現代主義——共謀性的及批判性的，反身性的及歷史性的，同時嵌入及顛覆二十世紀西方世界裏，主流文化及社會力量的常規及觀念的。我以後會把後現代建築，及其對國際風格的現代主義非歷史性的純淨主義（ahistorical purism）的回應，作爲該定義的典型。由於它有著把領域及歷史，分門別類爲等第的主導階級觀念，現代主義建築，可以說肇始於意識型態上，對歷史古城的拒斥。但它與歷史的刻意決裂，卻意味著人類社會與時空的固有聯繫方式被瓦解。隨之而來的，是公共街道及私人空間，亦互相斷絕關係。凡此一切皆是故意的，但卻可被視爲對政治無知，甚或於社會有害。樂‧科布司哀Le Corbusier偉大的燦爛城池，成了珍納‧賈

科卜絲Jane　Jacobs偉大的破爛死城。後現代主義質疑現代主義的救世信念（messianic　faith）。該信念以為創新的技術及純淨的形式，可以確證社會秩序，甚至當該信念妄顧那些必須寄寓於現代主義建築的社會及美學價值之時。後現代建築是多元的（plural）及歷史的（historical），卻並不是多元主義的（pluralist），及歷史主義的（historicist）。它既沒有妄顧、亦沒有責難該——包括現代主義在內的——悠久文化。它使用著從過去借來的形式，仍舊質疑社會，卻又以社會裏的價值觀和歷史觀跟社會對話。這便是後現代建築的歷史呈現被政治化的形式，不管其諷擬意味如何強烈。

　　我這樣說，並不是要否認，明顯地把後現代諷擬策略，應用於當代設計的流行商業趨勢。很難想像，今日落成的購物廣場或辦公大樓，會沒有古典的拱頂石或圓柱。但這些一般而言，不過是對過去含混不清的指涉，應與激發歷史回響的例子，區別開來。例如查理斯‧摩亞Charles　Moore的「意大利廣場」Piazza　d'Italia，企圖作為新奧爾良New　Orleans一地意大利社團的中心：為了標顯「意大利民族特性」（Italianness），摩亞敬慎地諷擬脫維噴泉Trevi　Fountain、羅馬式的古典拱門、甚至意大利的地理外形。又把他們的歷史形式轉化為當代的物料（霓虹、不銹鋼），以切合現代意大利美國社會的象徵呈現。無疑，德格拉斯‧戴維斯Douglas　Davis（1987）亦曾恰如其份地展現有著類似矯飾裝扮的購物廣場，或甚至無緣無故地（或其潛意識裏，有點反諷的用意？），在（考恩‧彼德遜‧佛克斯Kohn　Pedersen　Fox）麥迪遜大道Madison　Avenue的辦公大樓裏，引用亞克羅玻利斯古城Acropolis及梵提崗Vatican的建築。可是人們不應忘記這樣把後現代策略商品化（及呆滯化）的做法，已有先例可援：現代英雄主義的理想，被可稱為「集團性的現代主義」（corporate　modernism）所淡化。這

便是高度發展的資本主義文化中的生活。可是，商業性地把後現代策略用作點綴，縱然不可避免，但這依然不足以抹掉現代主義或後現代主義的目標及成就，亦不能爲他們文過飾非。

　　不管最終人們將如何評價後現代建築，它確實已經開始、亦將被繼續視爲啓發於政治。唯一的異議，是關於其政治作用的方向：它是保守地重新懷舊過去的，還是極端地革命性的？把後現代主義作爲建基於源自後現代建築的一般文化建設，我所爭論的是它既同時都是，又兩者都不是：它位於喚回過去人們存活的文化環境的（時常是反諷的）需要，及企圖（亦時常是反諷的）改變其現狀的欲求之間。以安妮・富萊德栢格Anne　Friedberg的諷擬措辭來說，在這裏便有著堪與迪更斯Dickens相提並論的矛盾邏輯：「這是保守的政治學，這是顛覆的政治學，這是傳統的回歸，這是傳統的終極反叛，這是父權的漂離，這是父權的重新肯定」（富萊德栢格1988：頁12）。這便是藝術形式的矛盾邏輯，企圖（或覺得需要）從內裏跟文化對話；且又相信這是唯一接觸文化的方式，使其質疑自身的價值觀及自我構設的呈現模式。後現代主義致力可及於其明顯及自覺的諷擬、歷史、及反身形式，而成爲我們文化的有效動力。它的共謀性批判（complicitous　critique），於是使後現代正面地處於經濟上的資本主義及文化上的人文主義——西方世界裏的兩大主導體位——之間。

　　正如很多人曾經指出的那樣，該兩大主導體位所共通的，是他們的父權基礎。最低限度，他們對於個人及社會整體的關係，亦頗爲矛盾地有著相同的觀念。在人文主義的脈絡裏，縱使同樣地有著人類的一般特質，也就是人性，個體依然是獨特自主的。但在資本主義的脈絡裏，正如亞當諾Adorno所爭論的那樣，個人主義（及因而強調自由選擇）的假話，事實上合乎比例地相應於「個體的清盤」（liquidation　of　the　individual）（亞當諾1978：頁280）。

當然，一切皆仗著民主理想之名——一致性的偽裝——由群眾所控制及施行。假使如常地，後現代主義被認同於該特定個體意念的「離心化」（decentering），那麼人文主義者和資本主義者的自我或主體意念，皆必然備受質疑。但我曾爭論，以爲後現代牽涉着矛盾邏輯的設置，及常規的顛覆——包括主體呈現的常規。它所嵌入設置的，與所顛覆挑戰的，同樣明顯，譬如仙迪・雪曼Cindy Sherman早期的自拍像，便以好萊塢的電影劇照爲其自設姿勢的模階。這跟麥當娜Madonna在她的自我構圖中，借用同一（男性編碼）的意象，關係不大。雪曼的意象，標顯了女性形象，是後天構設的，甚至是虛假裝扮出來的（富萊德栢格1988），而非本然如此的，或未經斧鑿的。

類似牽涉共謀性的問題，最近與後現代藝術的挑戰性，一起在後現代的理論中被提顯出來。德希達Derrida、拉康Lacan、李歐塔Lyotard、傅柯Foucault等批評家的理論，在非常實質的層面上，是否糾纏於其自身的解定論化邏輯呢？難道在甚至最離心的理論裏，依舊沒有中心嗎？甚麼是傅柯的權力、德希達的文字寫作、或馬克思主義的階級觀念呢？這些個別的理論觀點，皆可被爭論爲深切地——亦故意地——共謀於該他們企圖顛覆的中心意念。也正是該矛盾邏輯，使他們成爲後現代的。杜麗莎・德・勞勒提絲Teresa de Lauretis把該矛盾的女性版本，以「女性主義的主體」（subject of feminism）大做文章，恰似其今日於女性主義論述中所構設的那樣，既內在於、亦外在於性別的意識型態——也自覺其雙重拉力（德・勞勒提絲1987：頁10）。但共謀性亦並非完全的肯定或嚴格的依附；歧異及矛盾的自覺意識，內在亦外在的處境，是從不曾於女性主義中消失的，正如其不會在後現代中消失一樣。

試舉一些該矛盾形式的例子，對讀者可能更爲有用。雪莉・里文Sherrie Levine在其重新拍攝男性藝術家以前的著名藝術照片之

時，挑戰浪漫主義／現代主義關於自我表達、眞實性、及原創性（及資本家對產權的信念）等意念。可是，正如其批評家不厭其繁地訴說的那樣，在其呈現表達之時，她依然認同於「攝影作爲藝術」這意念，甚至當她正在動搖著種種隨之而來的意識型態假設之時。敘述呈現本身——包括小說和歷史——亦在矛盾的後現代形式中，從屬於類似的顛覆性審核。我把該後現代的敘述形式，喚作「史記式後設小說」（historiographic metafiction）。也許，正如蘭納德‧戴維斯 Lennard Davis（1987：頁225）所有力地辯說的那樣，小說是自始至終皆是本性曖昧的：常常既是虛構的，亦是入世的。誠然如此，那麼後現代的史記式後設小說，便不過是標顯出該固有的矛盾，使其歷史性及社會政治性的基礎，不安地與其反身性並處。近來，很多評論者都覺察到諷擬與歷史，後設小說與政治，兩者不安的攙合。該特定的組合，也許歷史上，決定於後現代主義對文學上的現代主義的衝突性回應。另一方面，後現代明顯地成就於反身指涉、反諷、曖昧性、及諷擬等，同樣是現代主義特點的一切，包括其在語言上的開發，及其對古典現實主義呈現系統的挑戰上。另一方面，後現代小說，亦發展至抗衡現代主義意識型態中的藝術自主性、個人表達性、及把藝術從大眾文化與生活故意隔離的做法（惠遜1986：頁53-4）。

　　後現代主義甚至在把文化顛覆之際，依然矛盾地努力於把（高雅的和大眾的）文化合理化。也就是該雙重性（doubleness），使其避過詹明信 Jameson（1985：頁52）視作，當顛覆性的或解構性的動力個別運作時的危機：那種（使批評者）有著批判距離的幻覺的危機。在後現代論述中，是反諷作用，先訂定批判距離，然後再解除這距離的。該雙重性同時阻止任何可能妄顧、或輕看歷史及政治上的課題的批評衝動。作爲後現代藝術的生產者或接收者，我們盡皆共謀於我們文化的合法化活動之內。後現代藝術，公開地探討開放於藝術的

批判可能性，亦不諱言其批判，是不得不以自相矛盾的意識型態之名進行的。

　　我在這裏一開始便提供了後現代主義的定義，因爲這將無可避免地規範任何我將在該研究中，所言及後現代呈現的一切。很多理論者皆注意到，一切有關後現代主義的言論，不論其如何具啓發性，如果不供認該言論本身的觀點，必然會出現問題。該觀點因爲來自後現代之中，亦必然有著其局限。後現代不大似是一個概念，反而更似一個框架：「一組複雜多樣化但又相互關連的問題結集體，不被任何虛假的*單*一答案掩滅其聲。」（栢根1986a：頁163-4）。在該框架內，政治上的與藝術上的，不可分割。當然，後現代並非常常是正面的。對於新保守主義的批評者來說，後現代主義基本上是動搖性的，威脅著傳統（及社會現狀）的保存。但當查理斯・紐曼Charles Newman在其《後現代氛圍》*The Postmodern Aura*中，指斥後現代爲懼怕隱定性時，他其實誤把穩定（stability）當作停滯（stasis）。事實上，後現代並不如紐曼希望的那樣，提倡「於建制中保留信仰」（紐曼1985：頁107）。它拒絕如此，因爲它有著更重要的問題要問：在誰的建制之中，信仰可被保存？該保存對誰有利？這些建制是否值得我們信奉？他們可否被改變？應否被改變？後現代主義並不能提供任何答案，所以這些問題不值一提——1960年代的教訓亦是這樣。換句話說，掩飾停滯的，並不是如紐曼所聲稱的後現代主義（頁184）（最少，不會是我所定義的後現代主義），而是新保守主義——以穩定性及傳統之名行事。這種定義上的混淆，爲有關後現代主義的一般討論，提供了良好的案例：不僅在詮釋上，甚至常常在甚麼是需要詮釋的文化現象上，人們似乎亦各執一詞，莫衷一是。

　　無論如何，我們似乎不過拘泥於字眼上的問題。正如伊哈布・哈山Ihab　Hassan曾經覺察到的那樣，曾被「吹毛求疵的學院派人士」

（fastidious academics）極力迴避的「後現代主義」一詞，現時成爲了電影、戲劇、舞蹈、音樂、藝術、及建築上；文學及批評學上；哲學、神學、心理分析、歷史寫作上；新科學、電子資訊科技、及各種文化生活風格上，某種趨勢的識別（哈山1987：頁11）。該措詞用法的歷史及複雜性，曾被很多從事建築、視覺藝術、文學和批評學、及一般社會文化研究的學者，細心地追溯開來（參閱書末的總結摘記）。把該傑作在這裏重述一次，作用不大；正如企圖爲後現代主義找一個將會統攝所有該詞語的各種用法的定義，其作用亦不大一樣。這樣做只會導致進一步的混亂，而使該在用法上，本來已經明顯地缺乏意義明確性及持續性的措詞，更趨複雜。相反地，本書將以後現代主義對呈現常規的政治性挑戰，作爲具體的定義，展開研究。

　　儘管該措詞的定義混淆不清，但在評價上，後現代之戰中有著兩大明顯地相互抗衡的「陣營」（camps）：積極地敵對的一派，及暫時地支持的另一派。前者的語調介乎詭譎的諷刺到狂烈的謾罵。奇怪地，該陣營包括了新保守主義的右派、自由的中間派、及馬克思主義的左派。不論如何在政治上定位，反對的聲音似乎始終一方面針對著後現代的非歷史主義及毫無深度的模仿方式；另一方面針對著其文體和論述上的界限跨越。這些文體和論述上的界限，曾一度被視爲明確而堅定，不能被僭越的。該反對的聲音，將在本書以後的章節裏再行討論。在這裏，我希望指出，該陣營傾向於只見其共謀，不見其批判──而我所定義的後現代，則同時包括兩者在內。此外，正如很多評論家所注意到的那樣，該陣營常常在潛意識上，有著種族中心主義（ethnocentrism）和陽物中心主義（phallocentrism）的偏見，導致貶抑或妄顧對於「非中心」（ex-centric）的一切，（在美學上及政治上）所帶來的邊緣化的挑戰（marginalized challenges）。非中心的一切，泛指所有被放置於主流文化邊緣的──女性、黑人、

同性戀者、原居民、及其他使人們感知其政治性的———一切，不獨是後現代的呈現而已。

至於那些暫時地或試驗性地支持後現代主義的，則介乎以它對於冠冕堂皇的總合性敘述（grand totalizing narratives）的懷疑態度，作爲後現代的寫照，到更爲別有用心地自悔承認，以爲不管我們喜歡與否，我們都是屬於後現代的這種種觀念。似乎很少在建築界以外的批評家，願意對後現代主義採取完全正面的態度：其共謀性常常干擾對其批判性的成效的評價。賀爾·佛斯特Hal Foster提出兩種後現代的型態，以處理後現代政治上的兩面性（the political ambivalence）：一種是對抗性（resistance）的後現代主義，而另一種則是反應性（reaction）的；前者是後結構主義的，而後者則是新保守主義的（佛斯特1985：頁121）。我認爲後現代大業，實際上包括佛斯特所提及的兩種型態：既批判把呈現活動視作反映（而不是構成）現實，及把「人類」（man）慣性地視作呈現活動的中心主體等觀念；亦同時從屬於開發那些備受挑戰的呈現基礎。後現代文本自相矛盾地既指出呈現策略的含混本質（the opaque nature），又與呈現的透明性（the transparency）共謀。該共謀性甚至理所當然地，由任何假裝描述其自身「解定論化」技法的人所共同參與。

很多關於後現代主義策略評價的不同意見，皆可被視爲肇始於對後現代主義論述雙重性（doubleness）的呈現政治學的拒斥。於雅倫·懷爾德Alan Wilde而言，反諷（irony）是後現代的正面及定義性的特色；於德里·伊果頓Terry Eagleton而言，反諷手法把後現代主義咒詛爲雕蟲篆刻；對某些人來說，後現代主義對於高雅藝術／大眾文化的論辯的必然啓示相當重要；對其他的人來說，則相當可悲。於阿伯拉姆斯M.H. Abrams（1981：頁110）而言，其用

以定義後現代的「難以解決的不確定性」（irresolvable　indet-
erminacies），暗地裏是全無意義的，只會損害著文化的基礎；於
伊哈布‧哈山Ihab　Hassan而言，同樣的不確定性，卻是「西方世
界裏強大的改寫意欲，動搖／重整着語碼、典章、程序、及信仰」
（1987：頁xvi）。

　　儘管在後現代的評核上，有著兩極化的陣營，人們對於其某些特
點，卻似乎達致了某些共識。例如，很多批評家會指向其諷擬及反身
性；其他的則相反，指向其入世的一面。某些如我一樣，希望爭論，
該兩種性質並存於不安及問題重重的張力之下，喚醒人們研究意義如
何於文化中產生，意義系統（及呈現模式）如何被「解定論化」，使
人們認識自己及自己的文化。指向世界的及指向自身的、歷史性的及
諷擬性的，兩者之間的張力，提醒我們「文本的歷史性」（the
historicity　of　textuality）（史班奴斯Spanos　1987：頁7）

　　在後現代中，還有其他類別的邊界張力（border　tension），
產生於界限的逾越：介乎文類之間，介乎學科或論述之間，介乎高雅
及大眾文化之間，及可能最富爭論性地，介乎實踐及理論之間。可被
爭論的是，實踐不會沒有理論，明顯地理論性的成份，化作後現代藝
術顯著的一面，既展現於作品之中，亦見於藝術家有關自己作品的言
論。後現代藝術家不再是浪漫／現代主義傳統中，無言無聲、與世隔
絕的創造者了。理論家亦不再是枯燥、冷漠、無情的學術傳統寫作者：試
想像彼德‧史洛特迪克Peter　Sloterdijk的《譏諷理智的批判》
Critique　of　Cynical　Reason，書內不是混雜著諷刺、複雜的
哲學論述、雋語戲文、格言、及思想和文學史嗎？

　　毫無疑問，某種理論上的支持、甚至某種藝術上的創造，學院、
藝術建制及出版業，皆在一定程度上，構成（constructed）後現
代主義。作為《十月》*October*的編輯、館長、及批評家，德格拉

斯·克林普Douglas Crimp固然曾有效地定義攝影上的後現代主義
（安德莉Andre 1984：頁18-20）。但諸如維克多爾·栢根
Victor Burgin、巴巴拉·克勞格爾Barbara Kruger、瑪莎·羅
絲勒Martha Rosler、雅倫·塞古拉Allan Sekula等，皆既有理
論，亦有實踐，拍攝了很多我會喚作後現代的照片。也許我們應該緊
記的是，藝術從不曾擺脫建制的約束，甚至當構設所謂獨立自主的現
代主義藝術之時，亦不（或尤其不會）例外。我們只須細想在表現主
義抽像繪畫和形式主義藝術攝影的推廣及成效上，紐約現代藝術博物
館的角色，便可知此言非虛。

　　很多批評家皆曾指出，後現代藝術跟後結構主義或心理分析理論
近期的結合，但少有見及，在呈現層次中，美學／政治交流的複雜層
面上，各種形式的女性主義，對後現代藝術，有著甚至更為強大的影
響力（另一方面，卻可參閱歐文斯Owens 1983及克利德Creed
1987）。由於本書以呈現的政治學為中心，證明不能避免女性主義
的觀點。正如安德利亞斯·惠遜Andreas Huyssen所言：

> 沒有了女性主義的衝擊，今日我們提出性別及性徵、閱讀及寫作、主
> 體及言語、聲音及行動等問題的方式，實在不敢想像。縱使很多
> 這些活動，皆可能在邊緣上，或甚至在運動本體以外進行著。
> （惠遜1986：頁220）

女性主義的觀點，於我們對文化、知識、和藝術的思考方式上，及政
治性的一切，如何衝擊及滲透人們公開及私下的思想和行動的方式上，帶
來了主要的遷移。

　　但任何把後現代與女性主義認同的努力，皆困阻重重。在歷史性
的時刻，當構設及支持對於女性似乎是更為重要的項目之際，後現代

主義的解構及損害性動力，曾合理地備受懷疑。可是，正如克麗絲達
·渥爾芙Christa Wolf、安祖拉·卡特 Angela Carter、蘇珊
·戴茲Susan Daitch、奧德利·湯瑪絲Audrey Thomas、及瑪
森·漢·京斯頓Maxine Hong Kingston所顯示的那樣，「解定
論活動」（de doxification）是固有地屬於女性主義的一部份的，如
其屬於後現代論述一樣。這並不是要否認，很多無視性別的後現代寫
作。但很多作家，從約翰·栢傑爾 John Berger到瑪嘉烈·亞特
活德Margaret Atwood，皆致力探研，可能是不能避免的性別的
二元對立。例如，在克麗絲達·渥爾芙的《無地容身》No Place
on Earth中，兩位歷史名人——一男一女，詩人克利斯特Kleist和
甘達羅德Gunderrode——相逢於虛假的小說空間。他們對於各自
必須實踐的性別角色的最初觀感，不盡相同。克利斯特在女詩人中只
看到她的安穩：

> 她天賦異稟——不管該詞語意味著甚麼；她不會被逼，把心思集
> 中在日常生活最為渺小的需求之上。似乎對他來說，她在事物裏
> 全無選擇，反而有著某種好處。作為女性，她並不置身於規格之
> 下，需要成就一切，或目空一切。（渥爾芙1982：頁107）

甘達羅德對自己作為女性的命運，卻有不同的看法：

> 在十七歲的時候，我們必須接受自己的命運。是男性的，便只得
> 準備為抗拒命運這不當行為，學懂接受處罰。我多麼希望自己可
> 以成為男性，多麼渴望著如男性般顯露自身，而承受著真正的創
> 傷。（渥爾芙1982：頁112）

事實上,當兩位詩人皆理解到,「男女之間有著」內在於彼此之中的「敵對關係之時」:「女的。男的。靠不住的話語。我倆皆各自受困於自身的性別」(頁 108)。後現代及女性主義對於如上不能解決的二元對立情況,一方面既質疑、亦承認其矛盾及歧異,而另一方面既理論化、亦體現其呈現的位置。

視覺藝術亦如是,女性主義的作品,意味著呈現不再被視為政治地中立的、及理論上單純的活動:

> 呈現的課題,位於女性主義與藝術之間。這是對固有於文化意象(無論是視覺藝術、大眾媒介、或廣告)的重複形式的探討,有著特定的意識型態作用,把「女性」(feminine)或「男性」(masculine)的主體性,表現及定位為穩定不移。(嘉格農 Gagnon 1987:頁116)

毫不懷疑地接受該固定的呈現形式,只會寬容社會的權力系統。該系統使某些女性(或黑人、亞洲人、同性戀者等)的形象,而非別的,有效及合法。文化生產運作於社會脈絡及意識型態,這些活生生的價值系統之內,而女性主義的作品,則有助於教導人們這一切。在攝影及電影的藝術及理論中,已有很多有關呈現的攝影眼睛的男性特質(maleness of the representing camera eye)的研究。例如,瑪莉·克麗Mary Kelly的《產後記錄》 *Post-Partum Document*(1983),強調透過呈現系統產生的性別歧異,而拒斥傳統上各種支配性的男性凝視(mastering male gaze)形式,所創造的一切:這並不是母親／聖母與孩子的熟悉形象,而是把母子關係,透過文字及物象視覺化,成為複雜的社會心理過程,關係並不單純、祥和及自然——最少從女性的觀點看來不是。同樣地,漢斯·哈克Hans

Haacke有關塞哈特Seurat的《模特兒》*Les Poseuses*的十四面
資料版，追溯畫幅自1888到 1975年間，其擁有權的歷史。標顯了
女性裸體的傳統，及男性異性戀觀賞者，如何藉著支配性的視覺，「
擁有」（possesses）模特兒，其觀望女性的肯定目光，恰似性擁
有（sexual possession）的行動，與經濟上的擁有（economic
ownership）相類。該歷史便是哈克作品的主題。其藝術依然是父
權常規的作品，但為了駁斥該父權常規，唯有把一切放進全新而複雜
的社會政治脈絡，再加以質疑。

　　在視覺藝術中，我選擇集中討論攝影，原因跟我在芸芸文學體裁
中，選擇敘事小說一樣。在高雅藝術及大眾文化中，他們同樣地無所
不在。而他們真正的獨立性，傾向於惠予其呈現形式，某種透明度及
特定的複雜性。安納特‧庫恩Annette Kuhn所言及的攝影，如果
採用適當的媒介改易，也可應用於今日的小說敘述體：

> 呈現是創造性的：攝影並不僅是再現既有的世界，而是構成了高
> 度編碼的話語。該話語的其中一種作用，便是把一切在形象中的，構
> 設為消費的物象——藉著觀看，及常常頗為直接地藉著購買而消
> 費。所以並非偶然地，在很多社會上清晰可見（及有利可圖）的
> 攝影形式中，女性皆成為主要的意象。在攝影把女性作為其主題
> 之處，它亦購設了「女性」作為意義組別，然後以各自的方式，
> 進入文化及經濟的流通之處。（庫恩，1985：頁19）

在其對「男性」或種族或性取向的構設上，此言非虛。後現代的攝影
及小說，皆標顯他們呈現活動上創作的、構設的一面。無論如何，他
們政治上的共謀性（political complicity）與他們非自然化的批
判（de-naturalizing critique），同樣明顯。後現代及女性主義

的分別，可見於後現代主義的政治曖昧性，或矛盾邏輯的潛在沈默上。很多女性主義的社會項目，皆需要有關代理者的理論（theory of agency）。但該理論卻明顯可見地，不在後現代主義之中，反而陷入於某種負面性的行動之內。該負面性本然固有於對一切文化主導體的批判之中。在社會層次上，後現代主義沒有關於正面行動的理論，女性主義卻有。「解定論化」並沒有行動，縱使這可能是朝向行動所踏出的第一步，或甚至是必須的先在條件。

　　該介乎女性主義及後現代主義的關係，將成為本書最後一章所探討的課題。但在這裏，讀者必須注意女性主義對後現代主義的影響，及他們所共有的解構動力。後現代主義與女性主義，對非經典的論述形式的重新評價，彼此吻合相符，亦並非偶然。事實上，非常後現代的自傳（《羅蘭・巴爾特寫羅蘭・巴爾特》*Roland Barthes by Roland Barthes*），及非常後現代的家族傳記（米高・安達提爾 Michael Ondaatje的《家庭傳略》*Running in the Family*），跟克麗絲達・渥爾芙Christa Wolf的《童年模式》*Patterns of Childhood*，或瑪森・漢・京斯頓 Maxine Hong Kingston的《女戰士》*The Woman Warrior*類同之處極多。他們不但挑戰那些人們當作是文學的（或「文學的」）東西，亦質疑那些一度被假定為，在生平記錄（life-writing）中，有着統一完整的主體的敘述呈現活動。當然，同樣並非偶然的是，女性主義理論，近期自我置身於主流意識型態的內與外，在使用不同的呈現形式之時，既顯示呈現活動的錯誤，亦提供新穎的可能性，與後現代主義（被公認更為）共謀性的批判相符。兩者皆企圖避免欺騙性地相信自己可以置身於意識型態以外；但同時又都希望可以再次宣稱他們有著駁斥主流權力的權利，為此甚至願意採用妥協性的位置。維克多爾・栢根Victor Burgin曾宣稱希望其藝術及理論，皆可顯示兩性歧異（對其他人來說，亦是階

級、種族、民族性、或性取向）的意義，作爲生產過程，作爲「某些變動的、某些歷史性的甚麼，因而是某些我們可以做點甚麼的」（栢根1986a：頁108）。後現代主義也許不能做點甚麼，但最少可以顯示甚麼是需要首先解決的。

後現代性、後現代主義、及現代主義

有關後現代主義一詞用法上的混亂，很多時皆源於後現代「主義」（postmodernism）（及其與現代主義的固有關係），與後現代「性」（postmodernity），作爲社會及哲學時期或「處境」（condition）的指稱，及兩者在文化意念上的融合。後者曾被五花八門地定義爲介乎知性及國家論述的關係之間，作爲取決於普及、散漫的犬儒主義（cynicism）的處境，亦有著對超現實（hyperreal）及類象（simulacrum）恐慌的含意。對於後現代性這些指稱上的明顯矛盾，在現今喜好概括泛論的人們看來，不足爲怪。無論如何，後現代性被許多人視作與人文主義及實證主義的批判有關，亦涉及研究兩者與我們主體意念的關係。

在哲學的圈子裏，後現代性一詞，曾被用作定位明顯地不同的理論立場：包括德希達Derrida對西方現存性形上學的挑戰；傅柯Foucault對論述、知識、權力共謀性的探討；梵提姆Vattimo矛盾地強力的「軟弱思想」（potent weak thought）；及李歐塔Lyotard對於合法化及解放性的後設敘述（metanarratives）的有效性的質疑。廣義而言，上述一切皆同樣地把論述視作問題重重，組構系統則疑雲陣陣（因爲兩者皆是人工地構設的）。關於後現代性的爭論——及其與後現代主義的混淆——似乎源於約根·哈伯瑪斯Jurgen Habermas及尚方舒亞·李歐塔在現代性（modernity）論題上的對話。兩人皆同意現代性跟統一性及普及性，李歐塔所賜名

為「後設敘述」（metanarratives）的意念，不能分割。哈伯瑪斯辯稱現代性的大業，植根於啟蒙理性的脈絡，至今依然尚未完成，有待努力；李歐塔則反駁其論點，以為現代性實際上已被歷史清盤。該歷史的悲劇，其典型便是納粹黨的集中營，其最終的解合法化力量（delegitimizing force），則為資本主義的「技術科學」（technoscience）。凡此種種，已經永遠地改變了人們對知識的概念了。所以，對李歐塔來說，後現代性的特色，是沒有冠冕堂皇的總合性敘述（grand totalizing narrative discourse），只有小規模的多重性敘述（small and multiple narratives），亦並不追求普遍的穩定性或合法性。菲德烈‧詹明信Fredric Jameson曾指出李歐塔及哈伯瑪斯兩人明顯地運使著不同、儘管一樣地強大而合法化的「敘述原型」（narrative archetypes）——前者為法國式的，擁有（1789）革命精神，後者為德國式的、受黑格爾Hegel的影響；前者重視承諾（commitment），後者強調共識（consensus）。理查‧羅蒂Richard Rorty對該兩大立場，提供了深刻有力的批判，反諷地指出他兩皆有著今日把哲學的角色過份發展的傾向。企圖採用最後仍是後現代的、但更為中立的角色，接受知識與權力的共謀性——羅蒂的新實用主義（neopragmatism）便曾被視為勇於努力折衷兩者表面上的對立。

　　坦白地說，兩者的對立不是這麼容易便可以折衷的。部份的難處是歷史性的：現代性在哈伯瑪斯的德國，被納粹主義（Nazism）中途截斷，於是實際上「大業未成」（incomplete）。似乎正因如此，哈伯瑪斯對抗一切他認為是後現代歷史主義（postmodern historicism）的，對他來說，「現代性的極端化意識」（哈伯瑪斯1983：頁4）可以把自己在歷史之中解放出來，而奠定其榮耀及爆炸性的內容。該現代性的革命性觀念，特別是在德國的處境中，後現代看來正

如哈伯瑪斯所宣稱的一樣，頗像新保守主義。但亦有很多批評家，反對哈伯瑪斯把其對反現代性的地區力量的批判，伸展至特定的德國處境以外，而包括所有後現代性及後現代主義。

　　李歐塔關於哈伯瑪斯對後現代的定義上的挑戰，亦受到嚴格的評核。在其英文版的《後現代的處境》*La Condition Postmoderne* 的導言裏，詹明信企圖從李歐塔對源自哈伯瑪斯的攻擊中，拯救後設敘述這意念。部份原因是由於他自己有關後現代性的意念，亦是後設敘述性的，建基於曼德爾Mandel的文化分期：在其最精簡的辭彙中，市場的資本主義（market　capitalism）產生現實主義；壟斷性的資本主義（monopoly　capitalism）產生現代主義；而多國的資本主義（multinational　capitalism），則產生了後現代主義（詹明信1984a：頁78）。在其作品中，詹明信常常故意，從後現代「性」溜進後現代「主義」：對他來說，後現代主義就是「資本主義後期的文化邏輯」。它複製、強化、及深化後現代性的社會經濟成效裏，「可悲的及可受責難的」（頁85）一切。也許如是。但我希望辯稱，它亦同時批判這些成效，也從不假裝可以在這些成效以外運作。

　　詹明信影響深遠的1984文章，〈後現代主義，或資本主義後期的文化邏輯〉 "Postmodernism, or the Cultural Logic of Late　Capitalism"，在命題上，再一次從後現代「主義」溜進後現代「性」。但惹起混亂的，卻是詹明信在言及社會經濟分期和文化指稱之際，皆同時保留後現代「主義」一詞。在其新近的作品中，他固執地把後現代主義定義爲，既是「整個美學及文化特徵和程序的組合」，也是「在我們社會中，一般被喚作資本主義後期的社會經濟組織」（詹明信1986-7：頁38-9）。後現代主義和後現代性兩者的關係，無疑非常密切，但我希望把兩者於論述的脈絡之中，分隔開來。後現代性和後現代主義措辭上的相近，已經足以明白顯示兩者的關係。

甚至把同一個詞語指稱兩者，亦不產生混淆。或可用某種透明的因果邏輯，把兩者融合起來，而避過話題。其關係有待爭論（argued），而非以某種語言上的高明策略預爲假定（assumed）。我奉勸把兩者區分，源於我希望顯示批判性跟共謀性，於文化的後現代主義，對後現代性的哲學及社會經濟現實的回應上，同樣重要。後現代主義在這裏，不大如詹明信所言般，是資本主義的系統形式，反而是給與文化實踐的命名。供認其與資本主義必然有所共謀的同時，卻沒有放棄批判地介入其中的權力與意欲。

哈伯瑪斯、李歐塔、及詹明信，皆各自從非常不同的觀點上，提出後現代主義作爲建基於後現代性的社會經濟及哲學基礎這重要課題。但假定文化及其基礎互相等同，而不最少容許某種互相駁斥及顛覆的關係，只會忘掉後現代主義與現代主義的複雜關係這教訓：前者既保留後者早期意識型態及美學上的對抗動力，亦同樣有力地抗拒其形式主義上的獨立自主這基礎意念。

很多嚴肅的學術論文，已就後現代主義及現代主義的複雜關係，作出討論。肯定地，許多關於後現代的攻擊，皆來自華爾特・摩薩Walter Moser曾一度戲稱爲「再次沈淪的現代主義」（a re-lapsarian modernism）這或明或暗的觀點。其他——不那麼負面地——則希望把後現代主義在歷史上溯源於現代主義前衛思想的抗衡性(oppositionality)。於馬克思主義批判家來說，現代主義的吸引力，在於詹明信所喚作「烏托邦式的補償」（1981：頁42）及其對「激烈轉變的承諾」（1985：頁87）。雖然後現代實際上沒有該意欲，它基本上依然是解困惑的、及批判性的，而它所批判的許多事物，包括現代主義藉以成就該「激烈轉變」——自米亞斯・范・德爾・羅赫Mies van der Rohe到龐德Pound及艾略特Eliot，不用說還有西林Celine——的精英化及有時幾乎是極權性的模式。現代主義所

宣稱的對抗政治學（oppositional　politics），不是像辯護者如伊果頓及詹明信所以爲的那般，時常是左派的。我們不應忘記，正如安德利亞‧惠遜Andreas　Huyssen所言，現代主義亦曾被「左派分子責罵爲中產階級文化，精英化、趾高氣揚、故弄玄虛的支配性語規（master-code），亦被右派分子如妖物般，視作崇尚自然社會內聚性的愛爾蘭新教的代理」（惠遜1986：頁16-17）。惠遜繼續解釋，歷史（或現代）性的前衛主義，亦依次被右派分子（作爲對中產階級文化合法化意欲的威脅），及左派分子（第二國際及盧卡契Lukacs硬性定値的中產階級古典現實主義）所責難。

在衆多秘傳派現代主義的反後現代主義者中，有著很強的意念，以爲後現代主義總是代表了水準的低落，或作爲極端現代主義潛能的建制化及濫雜化的可悲結果。換句話說，要談及後現代主義，而不多少參與著現代主義關於價值、甚至身份的論辯，似乎十分困難。詹明信（1984c：頁62）宣稱，這裏有四個可能的立場：支持後現代而反對現代的；支持後現代亦支持現代的；反對後現代及反對現代的；和反對後現代及支持現代的。但不論人們如何打破各立場，始終有著甚至更爲基本的對立面，介乎那些相信後現代主義代表了與現代主義的決裂的一派，及那些視兩者爲有著傳承關係的另一派。後者強調兩者所共有的：他們的自覺性，或不論如何反諷地，他們對傳統的倚賴。某些批評家傾向於把美國的超小說（surfiction）及法國文本《如實》*Tel　Quel*命名爲典型地後現代的。與之相反，我將把這些視之爲現代主義獨立自主性（autonomy）及自我指涉性（autoreferentiality）意念上的延伸，因而屬於「後期的現代主義」（late modernist）。這些形式主義的極端發展，正是後現代小說及攝影的歷史和社會基礎所質疑的。用史丹利‧查治坦栢格Stanley Trachtenberg的話來說，後現代並非（或可能不單是）「不及物

的藝術，以為本身已是行動」；它亦是「及物的及有目的的」（〈序言〉，查治坦栢格1985：xii）。

那些把現代主義和後現代主義，視之為決裂而不是傳承關係的，則把論點建立在基本的歧異之處：社會經濟組織上；藝術家美學及道德立場上；知識這概念及其與權力的關係上；哲學的取向上；意義黏連於藝術的確實所在的意念上；訊息與接受者／發送者的關係上。對某些批評者來說，現代主義及後現代主義實際上可以逐點對立（見哈山1980b）。可是，這些論點中，其中最廣受爭議的，卻似乎是大眾文化與現代主義及後現代主義的關係。馬克斯主義者對於後現代的攻擊，常常在於其把高雅藝術與大眾文化融合為一。該融合是現代主義所堅定地拒斥的。安德利亞斯・惠遜Andreas Huyssen在其《大決裂之後》*After the Great Divide*（1986）一書中，正就這課題而有力地申辯。他以為現代主義可被定義為對大眾文化的抗拒。由於它對萌芽於其四周的消費文化的腐敗影響，深切恐懼，釀成了在美學形式主義及藝術的獨立自主上，一種精英式的、排外性的觀念。當然，是歷史性的前衛思想，為後現代主義作好準備的。它首先重新議定了高雅及普及文化形式之間，各種不同的關係（共謀性的及批判性的）。惠遜在顛覆人們有關大眾文化的觀念（顯現於詹明信及伊果頓等）上，貢獻良多。用他自己的話來說，該觀念把大眾文化視為「曖昧不分的陰霾背景，現代主義的成就，藉此而輝煌燦爛」（惠遜1986：頁ix）。並不是說現代主義的排外性，在歷史上，不能被諸如法西斯景象的脈絡所理解，而是惠遜聲稱，現時有一「有關歷史迭代更替的抗辯」（頁x），需要確切地在資本主義後期的脈絡中，再加以思考。

很多具影響力的作品，皆致力研究高雅／普及文化的對立及其交流，以顯示該界別的逾越，不一定意謂一切秩序的破壞。或如查理斯

‧紐曼Charles　Newman所想像那般，意謂一切既定意念的內在貶值（intrinsic　devaluation）。或如詹明信所似乎相信的那樣，意謂生活中漸增的非人化活動（dehumanization）。這裏依然有著某種傾向，把民族性、本土、或一般普及的藝術形式，視作屬於「次文化的」（subcultural）（佛斯特1985：頁25）；亦正因如此，我故意選擇集中討論，兩種最為持續地無所不在、卻問題重重的後現代呈現模式——依然是攝影及敘事小說。就在這兩者之間，構設了今日大眾文化及高雅藝術上，數目舉足輕重的呈現例子。後現代主義攝影，同時挑戰現代主義的高雅藝術攝影及大眾（廣告、新聞、雜誌）和普及（快照）攝影文化形式上，意識型態的基礎。它躍出了秘傳主義（hermeticism）及自戀情結（narcissism），這些常常只能成就於反身指涉（self-referentiality）的一切，而進入了文化及社會的世界——一個每日皆受到攝影意象所衝擊的世界。而它亦努力地即時指向藝術的偶發性及社會規條的首要性，使看不見的都能看見；已成定論的，被解定論化——不管是現代／形式主義的，或現實主義／紀實性的。同樣地，在後現代的小說裏，現實主義的紀實性意欲，遇到之前曾在反身性的現代主義裏出現的，那種對指涉物的質疑。後現代的敘述體，經過了兩重歷史的過濾。而這正是呈現的課題，及其政治學開始之處。

第二章　後現代的呈現

把自然的解自然化

如一切偉大的詞語般，「呈現」（representation/s）是一道
菜餚。一紙混雜的菜譜，同時提供幾種意義。呈現的形式，可以
是視覺的、語文的、或聽覺的……亦可以是敘述性的，表現連串
的意象及意念……或可以是意識型態的產品，顯現世界及為其運
作文過飾非。（史添普遜1988：頁223）

後現代的呈現，自覺地是上列的一切——意象、敘述、意識型態
的產品（及生產者）。它是今日社會學及文化研究上，不辯自明的真
理。說明了在後現代的世界中，生命完全是藉著呈現，作為中介的。
我們的衛星及電腦時代已經遠遠地超越班雅明Benjamin的「機械複
制時代」（Age of Mechanical Reproduction），及其特定的
哲學及藝術影響，而進入呈現的危機狀態。無論如何，在文學及藝術
的批評圈子裏，依然傾向於把後現代的理論與實踐，不是視作僅僅以
文本性的意念取代呈現的意念，便是索性否認人們與呈現活動有著複
雜的牽涉，甚至當很多後現代的思想皆質疑該看法之時：試想德希達
Derrida所言及關於呈現邏輯的必然性，及傅柯Foucault雖則不至
於拒斥一切，亦把我們知識話語的傳統呈現模式問題化吧。

我認為「呈現」一詞本身，必然假定了既有的，而呈現活動則以
某種方式把它複製出來。這是在一般情況下，被認為是屬於模擬的範
疇（the realm of mimesis）的。可是，僅是再次把呈現活動形成
課題，後現代主義已挑戰著人們關於呈現活動（在任何「混雜菜譜」

意義下）的模擬設想：其透明性及常識上的自然性。亦不僅是後現代的理論，才引發該再思。舉例來說，安祖拉・卡特Angela Carter的故事〈紫姑娘的韻事〉 "The Loves of Lady Purple" 的情節，便源自這些同樣的模擬假設——及其政治作用——的文學化。故事開始時是講述一個大師級的玩偶製造者，他的玩偶愈是栩栩如生，他便愈是被供奉為神（卡特1974：頁23）。他被認為是冥想於「無人的境域，介乎真實的，及儘管我們清楚知道不是、但卻似乎是真實的世界之間」（頁23）。他製造了「沒有生命的」玩偶，但它卻可以「模擬有生命的」，甚至「投射表意的訊號」。這些呈現的準確模仿性，被評定作「更為使人困擾，因為人們知道它是假的」（頁24）。其「顛峰之作」紫小姐異常成功，被譽為「不再倚賴他的手，而貌似全然真實的，雖然事實上不是」（頁26）。她不大模仿，反而昇華及強化真實女性的動作：「於是她可以變成色慾的精華，因為沒有女性生而具有如此明目張膽的誘惑力」（頁26-7）。

她的表演傳單，把她宣傳為有著「不能被滿足的肉慾」，說她曾是名滿天下的（真實）妓女，「被慾望的絲繩所驅策」（卡特1974：頁28），如今則化身為這泥塑木雕的玩偶。妓女這故事於表演時的敘述中呈現。卡特的文本所顯示的是，女性（作為妓女，實際上）不會是真實的；她們不過是男性的色情幻想及慾望的呈現，把「女性形而上地抽象化」（頁30）。甚至在其化身為有著生命之時，紫小姐依然被形容為玩偶。在某層面上，她常常是「自己的複製品」（頁33）。該短篇故事結束於玩偶回生，吮吸她主子的呼吸，喝飲她主子的鮮血。可是她將怎樣處理，自己新近發現的生命和自由呢？她唯一可以做的，便是走向城鎮的妓院之中。問題是：「到底是玩偶一直仿冒真人，還是她，現已化為真人的她，仿冒自己當玩偶時的表演呢？」（頁38）。可是這裏還有另一個問題：在甚麼程度上，所

有女性的呈現，皆是「真人的類像（simulacra）」呢（頁25）？該故事在這裏明顯地指涉霍夫曼Hoffman的〈沙人〉故事"Sandman" story、佛洛依德的迷離現象（Uncanny）、畢瑪利安Pygmalion、及甚至莫扎特Mozart（紫姑娘被喚作「黑夜女皇」（Queen of Night）。但這裏更為顯白地援引的，是當代的尚・波聚雅Jean Baudrillard的後現代類像理論（theory of the postmodern simulacrum）。

在其題為〈類像的歲差〉"The Precession of Simulacra" 的論文中，波聚雅辯稱今日的大眾媒介，已經逐步把現實中立化：最先他們反映（reflected）現實；接著他們掩飾（masked）及敗壞現實；然後他們掩飾現實的不存在（mask its absence）；而最後他們生產出真實的類像（simulacrum of the real），把意義及其與現實的一切關係，破壞淨盡。波聚雅的模式，由於有著把「真實的」（the real）形上理想化的觀念，又對大眾媒介出現之前的真實性懷念嚮往，再加上其天啟式的無政府主義，使之備受抨擊。可是，正如卡特的故事所顯示的那樣，對其設想更為基本的拒斥是，他認為可以存在著（或曾經存在過）與現實無中介的直接接觸（unmediated access）：試問人們可曾不透過任何呈現形式，而能理解「現實」？人們可以看到、聽到、感到、嗅到、及碰到，但是否可以在賦與意義的層面上，知曉（know）現實？以麗莎・狄克納Lisa Tickner的精簡措辭來說，真實的一切，「被符號系統，組織成世上的論述，而發生意義」（迪克納1984：頁19）。這明顯地是呈現的政治學顯現之處，根據阿爾杜塞　Althusser，意識型態亦不外乎呈現活動的產物。人們有關「真實」的常識假設，視乎該「真實」如何被描述，如何被置放於論述，而加以詮釋。「真實」的不會是自然而然的，亦從不曾是自然而然的——甚至在大眾媒介存在之前也不是。

　　雖然如此，波聚雅的類像意念，依然影響深遠——不論其關於曾經一度存在著單純直接而穩定不變的呈現形式的觀念，如何幼稚。試看詹明信版本，對大眾傳媒存在之前的世界的懷念嚮往。他雖沒有明言，但依然可見其影響：

　　在類像的影象或媒介這邏輯形式中，一切皆在某程度上成了「文化的」（cultural）建設。視覺的複製及文本的再產形式，建設了全新的鏡映樓臺，取代了舊日穩定不變的指涉現實及非文化的「眞實」（the non-cultural real）。（詹明信1986-7：頁42）

後現代的理論與實踐所一起顯示的，是在該層面上，一切皆是「文化的」建設，常常以不同的呈現形式爲中介。眞理、指涉、及非文化的眞實等意念，並不如波聚雅所言，不再存在，而是他們已經成爲了備受質疑的項目。後現代，正如我曾界定的那樣，並不是要墮落爲「超現實」（hyperreality），而是要質問現實可以意謂些甚麼，及我們如何可以理解它。並不是說呈現現在已經支配或抹掉了指涉世界，而是它現在自覺地承認其自身作爲呈現的存在——也就是作爲其指涉物的詮釋（實際上是創造），而非提供直接迅即可及的指涉世界。

　　這並不是說詹明信所喚作「指涉世界（或現實主義）的舊式邏輯」（1986-7：頁43），對於後現代的呈現，沒有歷史價值。事實上，很多後現代的策略，皆公開地挑戰現實主義呈現意念的前提。該意念假設中介的透明性（transparency），及符號與指涉物或文字與世界的直接自然聯繫。當然，現代主義藝術，在其各種形式下，亦同樣挑戰該意念，犧牲指涉物，以強調媒介的含混性（opacity）及表意系統的獨立自足性。但後現代主義所從事的，卻是把現實主義的透明性及現代主義的反身回應（reflexive response），非自然化，又

同時（以典型地共謀性的批判方式）保留兩者歷史上明證的力量。這便是後現代呈現的兩面政治學（the ambivalent politics of postmodern representation）。

藉著把現實主義的指涉及現代主義的獨立性問題化及「解定論化」，後現代呈現開啓了其他介乎藝術及世界的可能關係：一去不返的是班雅明式的「氛圍」（ Benjaminian aura）及其原創性、眞實性、及獨一性的意念，包括對所有倚賴於現存的呈現形式的諷擬及再次借用的策略，解除禁制。換句話說，呈現的歷史本身，可以成爲有效的藝術課題，而不僅是其於高雅藝術中的歷史。在後現代的理論及實踐中，高雅藝術及大衆或普羅文化，藝術及外在世界（特別是歷史）的論述之間的邊界，被定期地逾越。但必須承認的是，該逾越很少會在沒有相當邊界張力（border tension）的情況下進行。

在以後的章節裏，讀者將會看到，後現代攝影如何諷擬地借用各種大衆傳媒的呈現形式，而受到（依然很大程度上是現代主義的）藝術建制嚴厲的攻擊。類似的情況，亦出現於文學的場景，某些批評家對於史記式後設小說（historiographic metafiction），把歷史及小說的呈現混淆不分，充滿敵意。該含混不清的事實，並不新奇：不用說史詩，單是歷史小說，亦應已讓讀者習以爲常。問題似乎是其做法，在小說化的自覺意識中，缺乏了熟悉的透明性假裝，更質疑歷史寫作的事實基礎。後現代小說的反身性，實際上把很多敘事呈現中，不被言明而作爲本然如此的啓示前景化。在《反身性的政治學》*The Politics of Reflexivity*中，羅拔・色果爾Robert Siegle開列其中幾項：

> 我們用作組織眞實的語規，我們把字詞組織成敘述的方式，我們慣用的語言媒介的啓示，讀者被引進敘述的方式，及我們與現實

的「真正」狀況的本質關係。（色果爾1986：頁3）

　　色果爾更進一步地爭論，以為文本反身性本身，是「高度地負有意識型態的，因為它所解自然化的，遠遠超過僅是文學性的語規，比一些理論者希望規限於美學的『異例』（aesthetic heterocosm）所可以包容的更多」（頁11）。換句話說，反身性的文本顯示了，也許敘述並不從任何其呈現的外界現實，反而「從界定敘述及我們喚作『現實』的那些構設的文化常規中」（頁225），獲得力量。若然如此，把反身地小說性的，與可證實為歷史性的，攙雜在一起，只會使某些批評家，加倍地感到不安。史記式後設小說所呈現的，不僅是小說的世界，雖然它自覺地把一切表現為虛擬構設的，亦是一個屬於公眾經驗的世界。它與現實主義的指涉邏輯的不同，在於其把公眾世界，特定地演繹為論述性的。今日人們怎樣可以知曉過去？透過它的論述，透過它的文本——也就是，透過其歷史事件的軌跡：檔案資料、文件記錄、證人的敘述……及歷史家。於是，在某層次上，後現代小說不過是把敘述呈現——真實的或虛擬的及兩者間的相互關係——的過程明顯化而已。

　　《君子》Esquire雜誌近日出版了甚至其編輯亦明顯地感到異乎尋常的一期。證明了這類質疑，所引發的興趣和不安。彼得・戴維斯Peter Davis的〈查理斯王子險避斷頭之災〉"Prince Charles narrowly escapes beheading"對於讀者來說，是事實與幻想的開發。在其社論中，李・愛森栢格Lee Eisenberg稱之為「想像之作」，但又「編綴著事實——某些是真實而準確的，其他的則未能證實」。無疑，在這裏，其部份原因是為了法定的保障，但他亦意味深長地得力於多托羅Doctorow歷史小說化版本的黑人爵士樂時代（the ragtime era），及柯威Coover於《公眾的大火》The

*Public Burning*中的理查・尼克遜Richard Nixon作為先例。戴維斯被說成行走於查理斯王子所行走之處，企圖「做他做過的夢，想他想過的事」。他亦以更為傳統的雜誌風格，跟「那些企圖認識他的人」談話，「既閱讀書本，亦閱讀帳目」（彼德・戴維斯1988：頁93）。甚至在作品開始之前，讀者已被告知：「他帶著附有真實生活的小說離開。寂寞的王子是人，亦是故事。」戴維斯小心地顯示大體來說，有關英國皇位繼承人的生活及工作的（縱使是斷斷續續的）現實主義敘述中的小說性層面。他以被喚作「假面劇」（masque）的章節開始，諷擬介乎查理斯及戴安娜之間的文藝復興時代戲劇對話，再加上莎士比亞Shakespeare及丹恩Donne的雙關語（例如，「戴」音）。在作品的其餘章節中，則有著其他的文學指涉，同時指向文學的想像，及敘述的詮釋。在援引查理斯的政治立場及現時局限（「我服務於」）之際，作品提供了普佛洛克式的評論（Prufrockian comment）：「他既不是哈姆雷特王子，亦不打算是。更不是侍臣，雖然他可以訏尊降貴，亦甘願效勞。」（頁96）。

　　這並不真個是事實（fact）與小說（fiction）界限的模糊不清，而是更為攙雜的含混交流。邊界保持明確，雖則常被逾越。其他後現代的邊界張力，例如文學性的及理論性的亦如是。在當代批評學中，德希達的文字或巴爾特Barthes後期作品中的狂想片斷等，嚴肅地玩藝性的文本，是既文學亦理論性的，這已是不辯自明之事實。後現代主義把很多批評家，從傳統學術性的批判法規中，引進同樣的偏差：伊哈布・哈山、彼得・史洛特迪克Peter Sloterdijk，甚至小說家瑪里奧・華爾嘉絲露莎Mario Vargas Llosa。華爾嘉絲露莎的《永恆的宴樂》*Perpetual Orgy*分為三個部份——與「愛瑪・包法利Emma Bovary夫人正面交鋒」，是（以問答形式）對福樓拜Flaubert小說的起源及文本的批判研究，亦探討小說的影響，顯現

作者強烈的個人參與。

　　後現代的呈現實踐，拒絕工整地留守於既有的常規及傳統之中。反而展現出攙雜的形式及似乎是互相矛盾的策略，使企圖把他們系統化，把他們組織以便控制及支配——也就是，總合化——的批判努力（包括本書的努力）受挫。羅蘭・巴爾特Roland Barthes曾經問道：「難道不受支配（unmasterable）不正是現實的特色嗎？難道企圖支配不正是系統的特色嗎？那麼，面對現實之時，拒斥支配的人們，又可以做些甚麼？」（1977b：頁172）。後現代的呈現本身，抗拒支配性及總合性的方式，常常暴露了他們的權力與局限。人們眼見傅柯曾喚作對規限的質疑（interrogation of limits）這過程，今日正在取代對總合性（totality）的追尋。在呈現的層面上，該後現代的質疑，重疊於那些，比如說，從事於後殖民及女性主義脈絡的人，同樣地尖銳的挑戰。「他者」（other）如何在帝國主義及父權論述之中被呈現？警告（caveat）依然生效。說後現代思想「拒絕把異類化作同類」（杜寧1987：頁33），也許沒錯。可是在十分真確的層面上，後現代的歧異意念及正面地定值的邊緣性，卻經常顯示同樣慣見的總合性主導策略。該策略常被掩飾於第一世界批評家的解放性修辭之下，別有用心地借用著第三世界的文化（周蕾1986-7：頁91）。後現代主義的批判，常常是妥協性的。中心以外的「他者」（the ex-centric other）本身，也許有著不同（及較少共謀性）的呈現模式，因而可能需要不同的研究方法。

　　後現代主義標準的反面評核，斷言並無有組織而連貫的「真理」洞見（vision of truth）：「在後現代的思想中，一切在中心的，皆空蕩無物。人們的洞見，並不能融合成一體——亦缺乏形式與定義」（嘉碧力克1984：頁17）。事實上，位於中心的，與其說是空蕩無物的，不如說是備受質疑的，其權力及其政治作用皆被探研開發。如

果中心這意念——被視作「人」（Man）或眞理或其他的一切——在後現代主義中受到挑戰，那麼「中心的」主體性（centered subjectivity）這意念，或呈現的主體又怎樣？用凱塞琳‧史添普遜 Catherine Stimpson的話來說：

> 呈現的機制是現實的同義字，不是通向現實的（時常是破碎的）窗戶。這意念侵蝕了西方人文主義另一可愛贈品的即時安穩性：相信理性的自我能產生文本、意義、及實質的身份。（史添普遜 1988：頁236）

正如傅柯在《萬物的規律》*The Order of Things*中所建議的那樣，連貫、持續、獨立、及自由的主體這意念，是被歷史規限著及被歷史決定著的構設，類似於小說中的個人呈現。在史記式後設小說中，人物的呈現不盡相符。在不同歷史時刻的觀點下寫作，人們最少會懷疑該「西方人文主義的可愛贈品」。

　　例如，在約翰‧福爾斯John Fowles的《頑念》*A Maggot*中，自覺的當代敘事者把十八世紀的先知約翰‧李John Lee介紹爲，以他自己的話來說，一個「天眞自信……且無知的神秘主義者。」可是，他再加上：

> 這樣說與時間的順序不符。正如當時很多他那一個階級的人那樣，他始終欠缺了今日甚至最愚昧的人也會擁有的，甚至比他還要愚蠢的人，亦會察覺的——不容置疑的個人身份。處身於世界之中，在一定程度上，無論如何微不足道，皆被該身份支配及控制。約翰‧李不可能理解「我思，故我在」Cogito, ergo sum；更不可能理解甚至更爲精簡的現代同義詞，「我在」（I am）。當

時的我，不需要思想，不需要知道自己存在。可以肯定的是，約
翰・李時代的知識份子有著清晰但跟現代似是而非的自我意念。
（福爾斯1985：頁385）

這類主體意念的歷史處境，以最為後設反身性的方式表現出來：「約
翰・李在，當然；但仿似器物或野獸般，在一個完全地被注定的世界
中存在，像本書般被寫定下來」（頁385）。作品的呈現自覺性，顯
示出人們對自我的論述呈現的本質及歷史性，有著非常後現代的感知
（見史密斯1988）。而產生該複雜的感知的，亦不僅是後結構主義
的理論而已。正如在第一章中所示那樣，女性主義的理論與實踐，質
疑後結構主義的（潛意識地，也許，陽物中心的）傾向。該傾向把主
體以失落或離散的天啓式措辭（apocalyptic terms）看待。她們
拒絕把身份封存，而以女性的（歧異）歷史行事：「因為女性並沒有
男性所擁有的本源、建制、生產等類似的歷史身份關係，因而，女性
並不曾，我想，（集體地）為自我、本我、意識等問題而感到困擾。」
（米勒1986：頁106）。我認為女性主義先行嵌入——然後再顛覆—
—的需求，既強調、亦損害呈現主體的既有意念，對後現代共謀性地
批判的立場，有著最大的影響。

　　不論在維克多爾・栢根Victor Burgin或巴巴拉・克勞格爾
Barbara Kruger的攝影，或在約翰・福爾斯John Fowles或安祖
拉・卡特Angela Carter的小說中，主體皆被呈現為過程，而不是
固定不變的存在，更從不曾獨立於歷史之外。這常常是性別特定的主
體（gendered subjectivity），同時根植於階級、種族、民族性、及
同性戀。通常是文本的反身性，矛盾地把定論前景化，而喚起人們對
凡世諸事百體的關注的。定論（doxa）是隱伏的政治學，藏於自我
——及他者——視覺意象或敘述的主導呈現形式之內。當然，不獨攝

影與小說，其他的形式亦如是。電影如《查利希》Zelig或《森美與露絲上床了》*Sammy and Rosie Get Laid*，把呈現活動暴露爲構設自我的過程，但他們亦同時顯示「他者」在協調自我這意念時的角色。同樣地，加拿大作曲家摩雷·夏斐R. Murray Schafer的《彼脫亞㈠：男兒特質》*Patria I：The Characteristics Man*作爲戲劇／歌劇／搖擺樂的表演作品，把後現代主體性問題重重的特質，主題化及眞實化。一個沈默而無名無姓的入境者（"D.P."），作爲「受害人」（victim）般被介紹給觀衆（在舞台上，寫著「受害人」的大型符號，以箭咀指向著他）。他在這新鮮而敵意的世界中，企圖界定自我。但這世界卻拒絕給他（英語以外的）語言，使他只能有著種族編碼的手風琴（ethnically coded accordion），聊作象徵的聲音。一塊面向觀衆的鏡子牆技巧地設置著，使任何自我疏離或距絕參與的觀衆，皆無所遁形。

　　另一種質疑「中心式自我」（centered self）意念的方式，可見於後現代自傳式寫作，對自我呈現常規的挑戰。也許最爲惡名昭彰的例子，是《羅蘭·巴爾特寫羅蘭·巴爾特》*Roland Barthes by Roland Barthes*。單從題目看來，已引起對其作品本身，作爲諷擬的關注。仿照法文系列《某君自語》*X par lui-meme*，巴爾特亦曾獻上一冊給米契利Michelet。當作品以手寫的傳眞記錄，提醒讀者應把將會讀到的一切，視作出自小說角式之口時，他們便知道已經進入了後現代有關自我呈現的問題地帶。由於在本書中，我把重心放在攝影及敘述體的呈現形式上，所以巴爾特這書尤其重要。因爲它一開始便是巴爾特及其家庭的照片。可是，敘述的文本，卻倒置了讀者的感知秩序，告訴人們視覺上的一切，皆是「作者對其自身的加工，以便完成其書本。他沈迷於自得其樂（亦所以頗爲自私）。我只保存使自己迷戀的形象」（巴爾特1977b：頁3）。

在其作品中，該從第三身過渡至第一人稱的做法，頗爲常見。這樣強調了巴爾特所意識到的自我的雙重性（the doubleness of the self），既是敘述人，亦是被敘述者：「我看到了主體裏的間隙（他說不出所以然來的那樣東西）」（巴爾特1977b：頁3）。而這便是照片中自我的呈現，像寫作活動般，喚起了該雙重視野（double vision）。再者，還有著另一分裂，介乎自我形象（self-image）及形象化的自我（imaged self），介乎呈現於自我（representation to self）及自我的呈現（representation of the self），介乎呈現於照片及記憶中的孩提時期自我，及見於文字的成年自我之間：「『但我從不曾看似這模樣！』你怎麼知道？那個你也許像、也許不像的『你』又是甚麼？」（頁36）。

很難想像有比該後現代的自傳，更能直接地談及呈現作爲構設（representation-as-construction）這課題的作品：「我不會說：『我將描述自己』，反而說：『我正在寫作文本，我把它喚作R.B.（羅蘭‧巴爾特）』」（巴爾特1977b：頁56）。他再補充：「難道我不知道，在主體的場景中，根本就沒有指涉？」呈現自我，也就是要「構設」自我（頁82），不論以意象還是故事的形式亦然。甚至當啓蒙小說（Bildungsroman）的時間順序或因果性被拒斥，甚至當沒有中心的片斷被用作組織文本，這裏依然有著自我的故事，主體的構設，不管他如何被「解構、拆散、轉移、弄掉憑藉」（168）。如巴爾特所言：「沒有被記錄而不作表意的東西」（頁151）。

他在寫作及攝影上，對於呈現活動的自覺，鬆解了現實主義議程的模擬透明性假設（the mimetic assumptions of transparency），亦同時拒斥現代主義的反呈現主義（anti-representationalism）及現代主義後期的抽象性及文本性。《羅蘭‧巴爾特寫羅蘭‧巴爾特》努力把攝影的「複製」裝置（copying apparatus）

及現實主義敘述的反映鏡子，解自然化；同時繼續承認——及開發——他們共有的嵌入及構設力量。在攝影及敘述的呈現展示中，既使用、亦濫用現實主義的指涉性及現代主義的反身性，是典型的後現代手法。這兩種呈現形式，傳統上被假設為透明的媒體，可以矛盾地支配／捕捉／定形真實的一切。可是，現代主義的形式主義對該透明的功用性的回應，已顯示出攝影及小說，實際上，皆是高度地編碼的呈現形式。這便是後現代把呈現視作構設，而非反映的觀念的歷史背景。現代主義之後，人們自然會問，這觀念是否依然有待爭論？我想答案是正面的，因為現實主義及其伴隨而來的意識型態，皆在流行小說及電影中，找到新起的活力。正如視覺呈現的透明性，亦在環繞我們無所不在的廣告形象及我們拍攝的快照之中，被普遍地假定著。

這最後一個論點，提供了另一原因，解釋了本書為甚麼得把攝影和小說連繫在一起：兩者皆必然牽涉於今日大眾傳媒的呈現活動，甚至在他們高雅藝術的顯現中，亦傾向承認該不能避免（如果不是妥協性）的暗示。這最為明顯地可見於後現代攝影中，電影及廣告形象的借用上。但類似的過程亦出現於，比方說，如《玫瑰之名》*The Name of the Rose* 或《鷹隼曠野》*Hawksmoor* 等「嚴肅」小說（serious fiction）的偵探故事結構之上。蘭納德・戴維斯Lennard Davis甚至認為敘述呈現的課題，在小說作為文類最早期的例子裏，已經備受質疑：

> 無論怎樣，小說作為大眾傳媒及娛樂事業橫掃天下的第一波，成了典範的例子，顯示龐大而受控制的文化形式，如何被大量的人們使用著。他們希冀或被教導著跟現實保持與前人不同的關係。作為第一種有力、廣泛、及主導的文學形式，小說以前所未見的方式，使幻象與現實，事實與小說，象徵及呈現物的界限，模糊

不清。（蘭・戴維斯1987：頁3）

後現代的史記式後設小說，不過把這一切更為公開地顯現出來，要人們質疑他們對現實反自我的呈現——構設——方式。如我們將要看到的那樣，跟瑪莎・羅絲勒Martha Rosler、漢斯・哈克Hans Haacke、及蘇菲亞・科布絲姬Silvia Kolbowski一般，這些小說要求人們承認呈現的政治性。

攝影論述

　　作為視覺媒介，攝影有著悠久的歷史，既在政治上備受重用，亦在政治上備受質疑：試想布萊希特Brecht、或班雅明Benjamin、或哈特費爾德Heartfield的攝影蒙太奇（photomontages）。三位溫哥華攝影師（亞尼・盧納・哈露德遜Arni Runar Haraldsson、哈露德・歐秀拉克Harold Ursuliak、及米高・羅勒Michael Lawlor），在近期一次名叫《線性的敘述：後陽物中心主義》*A Linear Narration：Post Phallocentrism*的展覽中，對主流的文化呈現方式，提供了諷刺性的社會政治批判例子。羅勒源自媒體的攝影蒙太奇（media-derived photomontages），最使人懷念哈特費爾德的技法，縱使不像他那麼刻意：《兩女皇》*Two Queens*粗略地標顯了沃賀爾Warhol的瑪莉蓮・夢露Marilyn Monroe的破碎意象及伊莉莎白女王二世Queen Elizabeth II的新聞照片。該聯繫特別地暗示了加拿大式的反諷，指向加拿大的雙重殖民化：歷史的（英國皇室）及現時的（美國傳媒）。

　　攝影在今日是一種主要的論述形式，人們藉此觀看別人及被別人觀看。我希望喚作後現代攝影的，往往標顯了，意識型態作為呈現這意念。藉著自無所不在的視覺論述中，借用易於識別的形象，幾乎為

其（不被承認的）政治本質，或其（不被承認的）自我及世界形象的構設，作出報復行爲。攝影，正因爲其有著大眾傳媒的遍在性，容許被視爲屬於高雅藝術的呈現形式——如奈哲爾‧史葛特Nigel Scott、巴巴拉‧克勞格爾Barbara Kruger、或理察‧普林斯Richard Prince等——與那些更爲可見地屬於坊間的形式，對話及對抗，並開發上述形象的誘惑力。但後現代攝影，亦同時指涉傳媒的歷史。其做法超越明顯的雜誌式功用性及資本主義的誘惑：例如現代主義裏形式主義的藝術攝影，而1930年代紀實性的「受害人」照片，在雪莉‧里文Sherrie Levine及瑪莎‧羅絲勒Martha Rosler的作品中，被依次地弄得政治上問題重重；在仙迪‧雪曼Cindy Sherman的自設自拍像中，肖像透明性的指涉常規，既被設置，又被顛覆；敘述跟攝影順序的關係，在杜安‧米高斯Duane Michaels及維克多爾‧栢根Victor Burgin的作品中，被錯落動搖（見克林普1980；史達倫克1983；桑頓1979）。

在所有這些後現代對常規的挑戰中，常見的是他們同時開發這些常規的力量，及倚賴於觀看者對細節的知識。在大部份的案例中，該倚賴並不一定導致精英式的排外活動，因爲被喚起的常規，時常會成爲報紙、雜誌、及廣告常見的呈現詞彙的一部份——縱使其歷史更爲廣泛。以攝影師莎拉‧查理士華斯Sarah Charlesworth的話來說：「我使用常被喚作『借來的意象』（appropriated images），即從普羅文化中提取的意象，原因在於我希望描述及討論一種思想狀態，一種生活於日常世界的直接產品」（見克拉克遜1987-8：頁14）。很多錄像及表演藝術家，皆使用類似的方法，在包括電視、好萊塢電影、及商業廣告等，較大型的文化呈現場景的論述之中，指稱社會及政治的課題。當然，尚有其他成就該目的的方法，很多從事於其他媒體的藝術家，皆曾加以探研：理論靈通的後現代繪畫藝術是極佳的例子，但

實際上它亦提出了排外性的問題（the question of exclusi vity）。正如我們將會在以後的章節中可見的那樣，後現代攝影時常藉著在他們的作品中，引入說教的語言文本，而企圖避過該危機。

　　能有效地再借用現存的呈現形式，正因為他們負載著先在的意義。而把他們納入新穎反諷的脈絡，則是後現代攝影共謀性批判的典型方式：在開發熟悉的意象力量之時，亦把他們解自然化，使得令他們看似透明的隱伏機制無所遁形，更把他們的政治作用，也就是說，他們運作及運使的力量前景化（佛蘭德1988：頁60）。任何該實踐所引起的（現實主義的）紀實性價值，及任何形式主義（現代主義）的快感，皆被嵌入，縱使他們亦被減縮。任何與個性或真實性有關的意念亦然——包括作品或藝術家——儘管攝影作為機械複製的媒介這觀念，早已備受質疑。該技術性的層面，亦有著其他的含意。像安納特·庫恩Annette Kuhn、蘇珊·桑塔格Susan Sontag、及羅蘭·巴爾特Roland Barthes等如此不同的評論者，皆注意到攝影的兩面性：它對於文化的構設（或構設中的文化），斷不會置身事外。實際地，它於技術上跟真實的，或最少，視覺的及實在的一切，關係密切。而這便是後現代使用該媒體以暴顯的東西，甚至當其利用庫恩喚作「可見的便是可信的」意識型態之時亦然。它也同時暴顯主要的攝影語碼——雖然其假裝著看起來並沒有被編碼。

　　如果說後現代的攝影家，是符號的支配者，多於藝術物象的生產者；而觀看者，是積極主動的訊息解碼者，多於消極被動的消費者或美感的思考者（佛斯特1985：頁100），兩者不同之處，其實便已是其中一種呈現的政治學。可是，後現代攝影，卻常常明顯地與政治作用的呈現有關。漢斯·哈克有關跨國企業，或瑪莎·羅絲勒有關紐約包威利市Bowery的貧困景象的作品，提供了一種物質，及可能甚至是物質主義的批判。針對現代主義藝術建設，把政治上的和美學上的

區分開來，以及藝術展覽館／博物館，把任何視藝術為對抗（已經不算是革命）的可能層面中立緩和的做法。而巴巴拉・克勞格爾雙凸透鏡螢幕的使用，讓觀眾在不同的位置中，看到兩種不同的影像，便直接地指稱該課題。這是身體在意識型態的位置，意念上的字面化及物質化：人們所看見的，來自他們的立身所在。如前所述，雪莉・里文的著名相片，再現現代主義形式性和現實主義紀實性的傳統，顯示出人們所見的，視乎其處境而定。甚至如果不主要是藉著文化上已被認可接受的呈現形式，便根本不可能表達某些主題。不僅1930年代美國的貧下農民、黑人、亞洲人或土著，甚至女性亦然。

在《不同的觀看方式》*Ways of Seeing*一書中，約翰・栢傑爾John　Berger辯稱，女性「在其心目中，考慮著觀看者（the surveyor）及被觀看者（the　surveyed）的角式，恰似其女性身份的兩個相輔相成、又截然不同的元素」（栢傑爾1972a：頁46）。「我／她」或甚至「我／你」的分割，正是女性主義者及後現代攝影家如巴巴拉・克勞格爾，在其玄妙但有力的語文／視覺攝影拼貼（photographic　collages）中所探索的那樣：「你發跡於錯誤的身份」等字句，拼貼在樣板化，但又似被形狀扭曲的鏡子所拍攝的魅力女郎影象之上。「錯誤的」（mistaken）一詞，直接地放在她的眼睛上。克勞格爾的黑白照片，明顯地指涉俄國的構設主義（Rus-sian　constructivism）、哈特費爾德（Heartfield）的攝影蒙太奇（photomontages）、1940及50年代的文類影象（generic images）（布娃等1987：頁199），而他們有關呈現政治學的訊息，則如某些甚至更為說教的後現代政治呈現形式般，同樣明顯：漢斯・哈克對無比Mobil或艾爾康Alcan公司的攻擊，或克勞斯・史達克Klaus　Staeck反諷的攝影蒙太奇（ironic　photomontages），襄助無家可歸的老年人（照片是杜耳Durer的著名畫幅，裏面是其年老

的母親，上有標題：「你會否租賃房子給這女人？」），或1980年代英國的社會不平景象（政治海報的諷擬照片，特寫一碩大無朋的勞斯萊斯房車，駛進窮鄉僻壤的小巷，旁有文字寫著：「爲了更寬闊的街道，請投保守黨一票」）。攝影既可合法化及正常化現存的權力關係，但亦可用作對抗其自身，把權威及權力「解定論化」，以顯示其呈現的策略，如何構設「想像性的制度」（imaginary economy）（塞古拉1987：頁115），及該制度如何可被有效地解構。

再一次地，我必須重申，既建立亦破壞該「制度」的，不獨攝影而已。加拿大的藝術家史丹・德・格拉斯Stan Douglas使用多媒介的裝置，從文化跟科技的關係，特別是電影科技上，研究呈現活動。他把電影分類爲幾個組成部份（聲音；投射爲高映圖像的劇照），使得電影作爲現實透明性的攝錄／呈現形式的假設功能，更爲含混。自稱「一般意念」（General Idea）的藝術家們（布朗遜A．A．Bronson、菲里克斯・栢茲Felix Partz、及約治・桑圖爾Jorge Zontal）則另闢蹊徑：他們的《1984一般意念小姐盛會》*1984 Miss General Idea Pageant*，把高雅藝術的世界，呈現爲選美盛會，使藝術與被移置的慾望和商品擁有的關係形象化。更在該過程中，質疑我們文化內，色慾及性「佔有」等意念，跟資本主義價值觀的關係。

這些藝術家，與我所提及的後現代攝影家所共有的，是他們聚焦於藝術，與現在及過去的社會制度重疊及互動的方式。所有的呈現方式，皆有其政治學；亦有其歷史。兩者相關之處，亦即是被人們喚作新藝術史New Art History的一切的意義所在。課題如性別、階級、種族、民族性、及性取向等，現在已成爲視覺藝術論述的一部份，正如他們是文學的一部份一般。社會歷史不能自藝術史中分割開來；在任何藝術形式的呈現中沒有所謂中性價值的，更沒有所謂與價值無關

的位置。

講故事：小說與歷史

在《後現代主義小說》*Postmodernist Fiction*中，布萊安・麥黑爾Brian McHale指出，現代主義及後現代主義小說，皆顯示與電影模式有著相近性。而當然地，曼奴爾・普依格Manuel Puig或薩爾曼・魯殊迪Salman Rushdie的作品，皆支持該宣稱。但史記式後設小說縈繞於人們如何於現在知曉過去的課題，亦對攝影模式──及照片──顯出很大的吸引力，不論是作爲物質性的存在（於米高・安達提爾Michael Ondaatje的《安渡屠殺》*Coming Through Slaughter*）或作爲歷史檔案（historical archive）的敘述裝飾（於提摩斯・芬德利Timothy Findley的《戰爭》*The Wars*，瑪森・漢・京斯頓Maxine Hong Kingston的《中國人》*China Men*，或蓋爾・鍾斯Gayl Jones的《柯利吉多拉》*Corregidora*）。藉著提出（及質疑）攝影呈現上的課題，後現代小說常常喻況性地指向敘述呈現的相關項目──包括其權力及其局限。這裏，同樣地，沒有透明性（transparency），只有含混性（opacity）。約翰・栢傑爾John Berger小說內的敘述者G，企圖描述眞實的歷史及政治事件，但卻以失望告終：「寫點甚麼，是否眞理，已不再重要。要說亦說得溫柔一點，因爲這已是所有你能稍爲效勞的一切。建立文字上的屏障，不管它有甚麼意義」（栢傑爾1972b：頁75）。敘述性呈現的政治作用，當涉及政治的呈現之時，明顯地效力不大。

縱使如此，亦不足爲奇，特別是有關歷史的呈現。歷史寫作（historiography）呈現力的問題，在很多的論述中，都成了通行的關注。該關注也許最爲明顯地，可見於史記式後設小說（histo-riographic metafiction）上。羅亞・巴斯托斯Roa Bastos的

《無上的我》*I the Supreme*是典型的、也是極端的例子。艾爾‧蘇普林默El Supremo（祖西‧嘉斯巴爾‧羅德力吉茲‧法蘭西亞Jose Gaspar Rodriguez Francia）確有其人，於1814到1840年間統治巴拉圭 Paraguay。但我們讀到的小說，故事卻以甚至是獨裁者的權力，亦不能為自己於歷史記錄的自我呈現上，得到安穩保障為開始：他發現到其命令，常常被極佳地諷擬仿效著，完備得「甚至真理亦貌似虛言誑語」（羅亞‧巴斯托斯1986：頁5）。而專責獨裁者所「裁定」（dictates）的文本的文書，其勝任能力，亦深受懷疑。該小說在其敘述（誰說的？文本是書寫的？口語的？還是轉錄的？）、其情節及時間結構、及甚至其物質性的存在（文本的部份，據說曾被燒毀）的層面上，皆使讀者迷失方向：「形軀消失，文字遺留，表現不可能的一切，沒有可以再說的故事」（頁11），也許，尤其是沒有關於絕對權力的故事。

　　「無上的我」及《無上的我》，同樣地懷疑歷史傳達「眞理」的能力及意欲：「權力的文字，權威的文字，文字之上的文字，將被轉化為巧妙的文字，騙人的文字，文字之下的文字」（羅亞‧巴斯托斯1986：頁29）。歷史家，如小說家般，被形容為失去興趣於「複述事實，反而興緻勃勃地複述著他們正在複述事實」（頁32）。可是文本的確提供了巴拉圭歷史過去的敘述。雖然複述的文字，時序錯謬，強調了複述時的現在時態，與（被雙重裁定的）文書在寫下他被囑咐寫下一切時的角式。又或者，他究竟有沒有寫下一切呢？他公開地承認不能理解他所轉錄下來的東西的意義，因而錯誤地安排文字，把一切「往前」寫（頁35）。文本後設小說地甚至包括了對羅亞‧巴斯托斯及其小說自身的指涉：「某些離鄉別井的拙劣作家，無疑會藉著遠離禍害之便，敢膽憤嫉地」在我們閱讀的文本上「簽上名字」（頁35）。而他自己亦照做無疑。

　　《無上的我》是有關權力、有關歷史寫作、有關講故事的口語傳統的小說。它主題化了後現代對於文本性（textuality）及主體性（subjectivity）極端地不確定和不穩定的本質上的關注。文本性及主體性兩者的意念，被視為不可分割：「我必須裁決／寫作；在某些地方上寫下來。這是我證明自己繼續存在的唯一方式」（羅亞·巴斯托斯1986：頁45）。寫在這裏的並不是「溯源花巧喻詞的藝術」，而是要把「符號摧殘」（頁58）。或許，正如文本所明顯地表明的：「這是呈現。文學。文字呈現作為呈現形式」（頁60）。可是，文學呈現的力量跟歷史寫作同樣是暫時性的：「讀者們不知道他們〔唐·吉訶德Don Quixote及桑楚·潘莎Sancho Panza〕是否寓言、真實的故事、還是假冒的真理。同樣的亦將發生在我們的身上。我們同樣地會成為真假之間的存在物」（頁60）。

　　整本小說充滿類似有關呈現的評論——有關既是小說、亦是歷史的敘述。「編輯的最後評註」中，寫道：

> 讀者應已察覺，與一般的文本不同，這是先行閱讀，再行寫定的。並不是要説些及寫點新奇的東西，反而不過忠實地抄錄人們已經説過的，及寫過的一切……轉錄者宣稱，用當代作家的話來説，這些評註中所包含的歷史，被縮減為應講而沒有講的故事。結果，被顯現的角色及事實，透過書寫文字的消亡，贏得虛構及獨立的存在的權利，以效力於同樣地虛構及獨立的讀者。（羅亞·巴斯托斯1986：頁435）

這便是後現代的解自然化活動——同時嵌入及顛覆敘述的常規。

　　與這類對小說本身的挑戰相符的，還有很多有關敘述體，本質上作為主要的人類理解系統的理論考核——不獨在小說，亦在歷史、哲

學、人類學、及其他的項目之上。彼得・布魯克斯Peter Brooks（1984：頁xii）曾宣稱，隨著浪漫主義的進展，敘述體成為了呈現的主導模式。雖然人們也許會懷疑古典史詩及聖經的可能地位。可是，他這樣說可能是對的，在二十世紀裏，對於敘述體的情節及其策略，懷疑日增。但人們對於情節的依賴，不管如何加以反諷及諷擬，亦並無減少（頁7）。人們也許不再求助於曾一度使生命有意義的冠冕堂皇的敘述體（grand narratives），但仍繼續求助於某種在他們大部份的語言論述中存在的敘述呈現形式，其原因也許是政治性的。

蘭納德・戴維斯Lennard Davis這樣描述小說敘述呈現上的政治性：「小說並不描述生活，他們描述被意識型態呈現的生活」（蘭・戴維斯1987：頁24）。意識型態——文化自我呈現的方式——「定論化」（doxifies）或自然化（naturalizes）敘述性呈現，使之看似自然或常識性（頁25）；它把實際上構設出來的意義（cons-tructed meaning），表現為某些天賦現存（inherent）於呈現物的一切。而這正是後現代小說如彼得・亞克萊德Peter Ackroyd的《查特頓》*Chatterton*、或羅亞・巴斯托斯Roa Bastos的《無上的我》*I the Supreme*、或格拉姆・史威夫特Graham Swift的《水鄉》*Waterland*所關注的。但上列各例卻沒有一項是詹明信聯想為後現代「拒斥呈現活動，與講故事的（壓抑性）意識型態，一般而言，『革命性』的決裂」（詹明信1984c：頁54）。該謬誤顯示了，如很多批評家般，以法國或美國反呈現的現代主義後期，作為後現代的定義的危機。這些小說並沒有消解或拒斥呈現活動，只是質疑該活動而已。

今日的史記式後設小說，出現於歷史寫作的脈絡中，嚴肅地對呈現本質作出當代的質問。近期湧現了各種有關敘述體——其形式、作用、力量、及局限等各方面，但特別是歷史——的濃厚興趣。海登・

懷特Hayden White甚至堅稱，後現代受到「程式化——雖則反諷性——的承諾所啓發，回歸敘述體，作爲其中之一使其成就的先在假設」（懷特1987，頁xi）。如果事實如此，他自己的工作，確實對這一切貢獻良多。論文如〈現實呈現上敘述性的價值〉"The Value of Narrativity in the Representation of Reality"，在引發有關敘述呈現的問題，及其在歷史及文學的政治作用上，影響深遠。從另一個角度來看，多明尼克・拉卡普拉Dominick LaCapra的作品，已曾運作於，把在歷史著述及小說呈現上，以歷史記錄（historical documents）作爲過去的呈現，及以這些歷史事件作爲檔案軌迹使用等觀念，解自然化。檔案記錄並不是單純不變的，而是可能實際上，「跟裏面所『呈現』的現象，有著批判的、或甚至潛在地變質的關係」（拉卡普拉1985：頁38）。這將是下一章討論的主題。

　　當然，解構敘述性呈現的，並不僅是歷史寫作的理論。女性主義思想，諸如杜麗莎・德・勞勒提絲Teresa de Lauretis的那類，對解構敘述呈現，已貢獻良多。它展示了「敘述體及敘述性……如何作爲策略上及技術上的機制，努力建設其他有著連貫性的形式，轉移呈現的措辭，產生另一——及性別特定的——社會主體的呈現狀況」（德・勞勒提絲1987：頁109）。敘述體實際上如詹明信所宣稱的，是「社會性的象徵行爲」（socially symbolic act），亦是社會上交流的結果。在瑪森・漢・京斯頓Maxine Hong Kingston或蓋爾・鍾斯Gayl Jones的作品中，故事講述並不被表現爲私人形式的經驗，而是被堅稱爲社交構通的聚合，介乎說話者及接收者之間，在歷史、社會、及政治，還有文本互涉的脈絡之中。

　　同樣的一切，於薩爾曼・魯殊迪Salman Rushdie或蓋布利爾・嘉西亞馬奎斯 Gabriel Garcia Marquez的後現代小說中亦然。這並不僅是小說的案例，後設小說地顯現他們自身的敘述性或故事性；

在這裏敘述呈現形式——故事講述——是歷史及政治性的行動。也許已慣常如此。彼得・布魯克斯Peter Brooks爭論：「人們居住與浸淫於敘述體之中，複述及重審他們過去行動的意義，期待他們將來計劃的結果，把他們自己處身於幾個尚未完成的故事的交匯點」（1984：頁3）。在福爾斯Fowles的《法國中尉的女人》*The French Lieutenant's Woman*中，男主角——鉅細無遺地——正是如此；而當代的敘述者，像預知讀者的拒斥般插入討論，以某種後現代對過程的模仿，提醒讀者他們自己亦時常如此。無疑，現代主義已經挑戰了甚麼是可以／應該被敘述的常規，及探索開展了敘述體呈現「生活」（life）能力上的局限。但是後現代的文化，大體而言，依然可以成為相當「小說化的」（novelistic）。正如史提芬・赫斯Stephen Heath所爭論那樣，它（為電視、收音機、電影、錄像機、雜誌、喜劇書籍、小說）大量生產了敘述體，於是創造了使人們可以消費「個人社會關係的穩定敘述，及為社會上的個體組織意義」（赫斯 1982：頁85）的環境。也許這便是為甚麼故事講述會以質疑，而不是既定的形式，重新出現。

　　這依然是反後現代主義批評，不辯自明之理，而該回歸或多或少犧牲了歷史。但可能這不過視乎是狹義的歷史（history）——或廣義的歷史（History）之間的定義。我們也許實際上，只有很少後現代的敘述，是有關英雄勝利者的呈現的。傳統上，這些敘述呈現，定義了誰人及甚麼可以被寫進廣義的歷史。相反地，人們看到的，是非搏鬥者、或失敗者的故事及故事講述：魯迪・威伯Rudy Wiebe《大熊的誘惑》*The Temptations of Big Bear*中的加拿大印度人，或里歐納德・柯亨Leonard Cohen的《美麗的失敗者》*Beautiful Losers*；克麗絲達・渥爾芙Christa Wolf的《卡桑德拉》*Cassandra*的特洛伊城Troy女子；在柯茲J．M．Coetzee、安德

利‧布林克Andre Brink、東尼‧摩利遜Toni Morrison、或伊斯美爾‧利德Ishmael Reed的作品中的南非或美國黑人。

同樣有趣的是，後現代努力超越小說及歷史敘述的傳統呈現形式：巴特瑞克‧舒斯京德Patrick Suskind的《香氛》*Perfume*以所有的嗅覺榮耀，提供了十八世紀法國的小說化歷史，雖然它必須用敘述體從來很少記載的、物質性的語文呈現，以達成該效果。小說提供了嗅覺，作為媒介，不獨為了其歷史及社會上的脈絡化作用，亦為了其後設小說式的評論，因為這是尚巴提斯特‧格蘭努爾Jean-Baptiste Grenouille的故事，法國農民困境下的產物。該農民生而受人憎惡——沒有任何體香，卻有著世上最為警覺的鼻子。故事的敘述者無所不在，亦控制大局，作為我們同時代的人，亦與讀者同時參與一切。他使用該權力及位置，以強調他的（及我們的）語言，從一開始便有著的局限。作為男孩，格蘭努爾在學習與嗅覺無關的事物的文字時，困難重重：「他不能保留他們，又把他們彼此混淆，甚至作為成年人，依舊不情願地、及常常不正確地使用著他們：公義、良心、上帝、樂趣、責任、謙卑、及感激等——凡此種種所意謂及表達的，對他來說，繼續是一個謎」（舒斯京德1986：頁25）。對於以《殺手的故事》*The Story of a Murderer*為副題的小說中的主角來說，也許這不足為奇。

格蘭努爾常常自覺「世上可被嗅覺感知的世界的豐裕」及「語言的貧乏」之間的分別（舒斯京德1986：頁26）。敘述者以為該語言上的貧乏，可解釋人們為甚麼一般只能粗略地區分在「可嗅到的世界」（smellable world）內的一切。文本把語言的失敗，連繫著格蘭努爾的創作力，作為世上最偉大的香氛的提煉者及創造者。而身為讀者，我們亦永遠不能忘記，只有藉著小說的語言本身，我們才能知道一切。後現代嵌入與顛覆的矛盾，規範了後設小說的反身性。它亦同時結構

了情節，因爲這是有關權力的小說：窮苦農夫所沒有與生俱來的權力；他藉著其天賦（作爲香氛的大師）取悅他人而獲得的權力；殺伐的權力（爲了完美的香氛）；完美的香氛駕馭他人的權力。其行刑者，及聚集見證該多項謀殺者被審判的群衆，突然地跟他們的受害人，墮進愛情的狂歡聚會之中——當他把從世上擁有最強力香氣的受害女子提煉出來的「香氛」散佈開來之時：「所顯現的，是一股比金錢、或恐懼、或死亡還要強大的力量：一股無可抗拒的、控制人類愛心的力量」（頁252）。

《香氛》Perfume指向歷史的、社會的、或小說的敘述體裏，在嗅覺方面，呈現上的匱乏。小說內嗅覺的密度——當然，被語言呈現所複述——是歷史上特定的、準確的、亦社會上必要的。這便是史記式後設小說，有著轉折的小說化歷史。該轉折所採用的形式，在小說與小說之間也許略有差異，但卻時常存在：瑪里奧・華爾嘉絲露莎Mario Vargas Llosa的《世界末日之戰》The War of the End of the World，呈現了在巴西Brazil東北部1896年康奴度斯戰役Canudos War的歷史，但該呈現卻顯示了傳統的敘述模式——既歷史寫作化，亦小說化，建基於連續順時性及因果關係的歐洲模式——如何完全地不足以敘述新世界的歷史工作。

該各種可行的敘述呈現論述上的衝突，是其中一種顯現後現代常規被使用及濫用的方式。努力把自然的及文化的、世界的及文本的，被天衣無縫地混然擾合的一切，「解定論化」。於是使人們意識到每一種呈現——過去的或現在的——不可避免的意識型態本質。該衝突論述的複雜性，可見於很多史記式後設小說。在安祖拉・卡特Angela Carter的〈黑維納斯〉"Black Venus"中，正如我們將在最後一章內會看到的那樣，男性對女性的色慾呈現和女性及殖民性的自我呈現的論述，與某些政治的效能並置。同樣地，介乎當代敘述者及

他們所敘述的歷史脈絡之間的衝突，出現在截然不同的小說如班維爾
Banville的《科佩尼克斯醫生》 *Doctor Copernicus* 及福爾斯
Fowles的《法國中尉的女人》*The French Lieutenant's Woman*
或《頑念》*A Maggot*之中。

在挑戰現實主義所暗示的歷史／小說（或世界／藝術）混然不分
的融合特質時，後現代小說卻沒有把自己與歷史或世界割裂開來。它
前景化而因此反駁，該混然不分的假設的常規性，及沒有明言的意識
型態，讓其讀者質疑人們呈現自身及其世界的過程，而意識到人們在
其特定的文化經驗裏，產生意義及構設規律（construct order）的
方式。我們不能避免呈現活動，我們只能企圖避免，把我們的意念停
滯於此，而假設它是超歷史及超文化的。我們同時可以研究呈現活動
如何合法化及優惠某種知識——包括某種歷史知識。正如《香氛》
*Perfume*所暗示的，人們透過敘述體而達致的經驗世界——過去的或
現在的——常常以人們的呈現能力及局限爲中界。這在史記式的敘述
體和小說形式的敘述體中皆然。

在其書評論文〈當代歷史理論的敘述體課題〉 "The Ques-
tion of Narrative in Contemporary Historical Theory" 中，海
登·懷特Hayden White概述了在各學派有關歷史理論的思想中，
所給與敘述呈現的角色。假設敘述體在歷史寫作及小說中皆問題重重。有
趣的是，出現了同樣的問題：敘述呈現作爲知識及解釋的模式，作爲
不能避免地意識型態的，作爲有著地區性局限的語碼。其中一種把這
些平行的關注概述的方法，是觀察一本直接地談及關於小說及歷史呈
現的論辯交接的史記式後設小說：格拉姆·史威夫特Graham
Swift的《水鄉》*Waterland*，可作爲說教的小說化課程或對歷史的
沈思——或兩者兼而有之。書內沒有歷史人物，但無論如何仍不失爲
深奧的歷史作品，無論在形式上及內容上。

　　書中一開始（佚名）的卷首引詞，已規限了讀者如何進入小說的世界，並爲他們把它將要奉行的敘述呈現「解定論化」而作出準備：「歷史Historia，衆數作ae，注 1.詢水問、調查、學習。 2.(a)過去事件及歷史的敘述。(b)一切種類的敘述：說明、故事。」小說的活動以「神仙故事」（fairy tale）的形式，開展於英國沼澤鄉郊地帶。該處地勢平坦，使其居住者沒法安靜生活，只有講述故事，特別是要把兒童的恐懼，安靜下來。這是「既可被感知，又不能說是眞實」的土地（史威夫特1983：頁6），一處對於任何小說而言，皆是合適而反身性的背景。敘述者湯姆‧克力克Tom Crick來自一個「擅於講說各種故事」的家庭：不管是眞是假，可信的還是不可信的——「難於歸類的小說」（頁1-2）。對於《水鄉》來說，這亦是恰當的描述。

　　可是，第二章卻被喚作〈歷史終結的一章〉，是克力克寫給第二身衆數的「孩子們」的。他作爲他們的歷史教師，窮畢生之力，企圖「解開過去之謎」（史威夫特1983：頁4），可是現在卻由於某些個人的尷尬處境，不得不退休下來，但官方的原因則是他的學校「縮減歷史課的開支」。克力克的回應，是保衛其專業守則——及其自身的過去：「開除我，但不要解除我所代表的一切。不要放逐離棄我的歷史」（頁18）。但他的學生似乎對他的主題不感興趣；對他們來說，歷史不過是「神仙故事」（頁5），而他們情願學習「此時此地」（here and now），被核子毀滅所威脅著的世界。從小說開始的幾頁裏，已顯示出歷史講述及故事講述，因而皆與恐懼相連。

　　這些亦同樣與沼澤鄉郊潤濕、再殖的土地有關，主要是透過小說中的重要歷史比喻：「淤泥：使陸地成形，亦使陸地敗壞；既破壞亦建設；同時地增建及腐蝕；既不是進步，亦不是腐敗」（史威夫特1983：頁7）。很難可以找到比這些更爲完美的意象以形容後現代的矛盾。以歷史的措辭來說，比喻「人類淤泥化的緩慢過程」，是與革

命及「大蛻變」（grand metamorphoses）相反的。對於克力克來說，現實是單調的沼澤所提供的一切：現實是「甚麼都沒有發生」。歷史寫作的因果關係，亦不過是人為的構設之物：「有多少歷史事件曾經發生……原因是如此，原因是這般，但基本上原因卻是企盼事情發生的慾望？我把歷史表現給你看，捏造的、轉向的、及矇蔽現實的戲劇。歷史（History），及其近親戲劇（Histrionics）（頁34）。他喜歡以「為了應付現實而做牛做馬」的沈默群眾，取代歷史上的英雄（頁34）。

無論如何，克力克明白到人們全都是「歷史大體」（the grand repertoire of history）的縮影，亦認可「其對現存性、特點、目的、內容的企盼」（史威夫特1983：頁34-5），以說服自己，現實並無意義。他把自己成為歷史教師，歸因於他孩提時期害怕黑暗時，其母親告訴他的故事。後來，當他希望「解釋」（an Explanation）之時，他把歷史研究作為學術訓練，只為了「在這奉獻的追尋中，發掘更多的奧秘、更多的幻想、更多奇異的、及引起驚訝的基礎」（頁53）。換句話說，正如讓他開始時的那樣，歷史繼續成為了「線索」（a yarn）：「歷史本身、冠冕堂皇的敘述體、空隙的填補物、在黑暗中驅趕恐懼的工具」（頁53）。

克力克實際上告訴人們及「孩子們」的故事，是明顯地小說化的歷史，而人們必須看到運作中的小說化過程。他在某處告訴讀者：「歷史並沒有記錄到底湯瑪斯 Thomas喪禮那天，是否仲冬的沼澤地裏，其中一個燦爛的日子」（史威夫特1983：頁70），但十四頁之後，湯瑪斯的喪禮卻明顯地在燦爛的天空下舉行。克力克意識到該創造性、建設性的過程。在某處，他停頓下來：「孩子們，你們是正確的。有些時候，我們必須把歷史自神仙故事中解脫開來……歷史，作為認可的次科學，只希望知道事實。假使歷史希望繼續構設道路，

以邁向明天，便必須腳踏實地」（頁74）——這好像正是其濕滑的沼澤鄉郊所時常欠奉的。史威夫特在開始質疑歷史知識的意念的同時，亦努力提出敘述的情節化課題，及其與小說性及歷史寫作的關係。克力克告訴他的學生：「當你們問，如所有歷史課般問，如所有歷史課應該會問的那樣，甚麼是歷史的要義？為甚麼是歷史？為甚麼是過去？」他感到他能回答的是：「難道這理智的尋覓本身，不會無可避免地是一種歷史過程？它必須時常往回運作，自後來的，追溯先來的。」（頁92）

歷史的研究——這「笨重但珍貴的線索包袱」——牽涉企圖「解開因果之謎」的詢問（史威夫特1983：頁92）。但最重要的是，它教導我們「接受自己凡事皆欲探求原因這負累」（頁93）。該探求的過程，比歷史著述上的細節，更加重要：「以不完備的知識，企圖解釋在不完備的知識之下進行的活動」（頁94）。正如他後來所說的：「歷史：意義的幸運接觸。事件避過意義，但我們卻找尋意義」（頁122）——亦創造意義。

湯姆·克力克在某方面是後現代歷史家的比喻呈現。後現代的歷史家所熟讀的，不單止柯寧活德Collingwood，其把歷史家看作故事講述人及偵探的觀念，亦包括海登·懷特、多明尼克·拉卡普拉、雷蒙德·威廉斯Raymond Williams、米素·傅柯及尙方舒亞·李歐塔。有關在歷史論述中，敘述呈現的本質及地位的爭論湊巧碰上，亦複雜地纏結於史記式後設小說所提供的挑戰。可是我們已經看過，後現代小說被典型地詆毀為解歷史性的（dehistoricized），假使不是非歷史性的（ahistorical），特別是在馬克思主義的批評家的筆下。在小說如《水鄉》或《午夜之子》*Midnight's Children*或《黑人爵士樂》*Ragtime*的啓示中看來，該立場似乎難於保持。當然，後現代主義的問題化歷史，與馬克思主義單一總合性的歷史

（the single totalizing History of Marxism）關係不大，但亦不可以被指摘為漠視或拒絕參與歷史呈現及知識上的課題。

後現代把歷史解自然化的慾望的其中一個結果，是一種新現的自我意識，介乎過去的原始事件（the brute events of the past），及人們從中構設出來的歷史事實（the historical facts）。事實，是被賦有意義的事件。不同的歷史角度，於是可以從相同的事件中，找到不同的事實。拿保羅‧維恩Paul Veyne對路易十四Louis XIV的傷寒為例：縱使傷寒現於皇室，卻並不是政治的事件，而於是對於政治歷史，無關痛癢。但這對於法國的健康及衛生的歷史，卻非常重要（維恩 1971：頁35）。後現代小說常常透過檔案記錄的過濾及詮釋，主題化該把事件轉變為事實的過程。羅亞‧巴斯托斯Roa Bastos的《無上的我》I the Supreme表現了一個承認自身是論述的編纂人的敘述者，其文本，組織自作者搜尋過的上千計的記錄。當然，任何一類的歷史小說，皆時常以該形式顯現其作用。但在史記式後設小說中，透過檔案證據的詮釋，把事件轉化為事實的過程本身，被顯示為把過去的遺跡（我們今日唯一可以接觸那些事件的方法）轉化為歷史呈現的過程。如此一來，該後現代小說強調了「過去並不是『它』，一種客觀的存在，可被中立地呈現於其自身，亦為了其自身，或以我們自身狹義地作為『表現者』的利益的措辭，投射性地再加工」（拉卡普拉1987：頁10）。上述的話語，可作為歷史家有關歷史呈現的寫作，亦同時描述了後現代有關小說化歷史呈現的一課。

呈現的課題，在小說及歷史中，皆被人們以知識性的措辭處理，也就是人們如何知曉過去的方法。過去並不是某些有待逃避、躲開、或控制的一切──如各種形式的現代主義藝術，透過他們所暗示的歷史「惡夢」（nightmare of history）觀念般。過去是一些我們必須處理的東西，而該衝突牽涉對局限與權力的供認。今日我們只能透

過其遺跡——其記錄、證人的供詞、及其他檔案資料——而接觸過去。換句話說，我們只有憑著過去的呈現，以構設我們的敘述體或解釋。在非常眞實的層面上，後現代主義顯現了，把現有文化，理解爲以前的呈現產物的慾望。歷史的呈現，成爲了呈現的歷史。這意味著後現代藝術，承認及接受傳統的挑戰——不能逃避，但卻能以反諷及諷擬開發及批判地評論呈現的歷史，這些我們將在第四章中詳加討論。該矛盾的後現代策略，所使用及濫用呈現的形式，變化多端：從彼得‧亞克萊德Peter　Ackroyd的《鷹隼曠野》*Hawksmoor*中諷擬及歷史性的建築形式般，反映及組構小說的複雜的敘述呈現（本身亦是諷擬性的及歷史性的），到如羅素‧霍賓　Russell Hoban的《黎德利的散步者》*Riddley　Walker*般，於核子毀滅世界後，被奇特地譯寫而成的口語歷史。在這裏存在著有關過去的敘述，但用文中的話來說，卻「在許多年來，改變極大，以致支離破碎、混雜不清」（霍賓1980：頁20）。

正如該類小說所弄清楚的，這裏有著重要的平行，介乎歷史寫作及小說寫作的過程之間。而問題最大的，則是他們有關敘述體及模擬呈現本質的共同假設。後現代的處境是，「眞理被吐露，以『事實』爲基礎，但卻是說話者所構設的眞理，其自行選定的事實」（佛利1986：頁67）。事實上，該說話者——故事上的或歷史上的——亦藉著把特定的意義賦與事件，而構設那些事實。事實不能以任何的敘述形式，爲自己說話：說話者爲其說話，把過去的片斷，組成論述整體。我們在威廉‧甘乃迪William　Kennedy的《小腿》*Legs*中讀到的傑克‧戴亞蒙德Jack　Diamond，歷史上有名的歹徒的「眞實」故事。自其題目本身，已被顯示爲後現代折衷的結果：「小腿」是主角公開的標籤，報紙給他的名字。以傑克的話來說：「所有他們曾經寫過關於我的垃圾，對於不認識我的人而言，都是眞的」（甘乃迪

1975：頁245）──也就是說，對於像我們般的人而言。布萊安‧麥黑爾把該類工作喚作「修正主義的歷史小說」（revisionist historical novel）（麥黑爾1987：頁90），因為他覺得它修正及再詮釋了官方的歷史記錄，及轉變了歷史小說的常規。我則寧願把該挑戰，以把敘述體內呈現過去的常規，解自然化這措辭作形容。敘述體──不論是歷史性的及小說化的──皆把呈現活動的政治作用，標顯出來。

該自覺的運作過程，其中最明顯的例子，（反諷地）是一位馬克斯主義的批評家的小說：德里‧伊果頓Terry Eagleton的《聖哲與學者》Saints and Scholars。他是一個曾指摘後現代小說為非歷史性的批評家。小說的介紹小注中，聲稱故事「並不全然是幻想。」某些角色是真實的，正如某些事件般，但其他的大部份卻是創作。這在第一章中變得更為明顯。這一章是關於愛爾蘭革命者詹姆斯‧康奴利James Connolly在一九一六年五月十二日，克爾曼漢監獄Kilmainham gaol中被處決之前最後幾個小時的小說化歷史記述。但該記述卻以產生以後其餘小說的評論作結：

> 可是歷史並不經常以最為重要的次序獲得事實，或把他們以最美學地令人舒暢的形態排列。拿破崙Napoleon在滑鐵盧戰役（the battle of Waterloo）中生存下來，但如果他在戰役中死去，將更為象徵地適合。佛羅倫斯‧南丁格爾Florence Nightingale直至1910年才逝世，但這只會是歷史的疏忽。（伊果頓1987b：頁10）

於是，敘述者把射擊隊的子彈在半空中截停，以便「在緊密的事件中，撐起一處空間，使占美Jimmy可以奔竄，自歷史陰森的連貫性中，射進完全不同的地方」（頁10）。

　　情節活動最後安頓於愛爾蘭西岸的茅舍。全賴反諷與機緣，這裏聚集著歷史及小說非中心的奇妙組合：「一個蘇格蘭的愛爾蘭人〔康奴利〕、一個愛爾蘭的匈牙利人〔利歐波德·布魯默Leopold Bloom〕、英國的奧大利人〔盧德維希·維根斯坦Ludwig Wittgenstein〕、及一個俄國人〔尼哥拉·巴克丁Nicolai Bakhtin，米克海爾·巴克丁Mikhail的兄弟〕」（伊果頓1987b：頁131-2）。雖然有真有假，但所有的角色皆努力質疑區別活動本身：尼哥拉·巴克丁被說成極度奢華，但無論如何，是歷史上真實的，而其他的人則覺得他是「完全地虛構的角色，唯一真實的，是他自知如此」（頁30）。當他後來告訴虛構的利歐波德·布魯默，有關個性的意念是「最大的假話」，喬伊斯Joyce的角色回答：「你也許是有血有肉的虛構物⋯⋯對我來說，你很像。我恰巧是真實的。我想我是唯一在這裏的真人」（頁135）。

　　小說的後設小說性，透過很多該類反諷的文本互涉迴響而運行。試舉另一個例子：巴克丁問康奴利有關復活節升天之成敗，因為他希望知道到底他是否「存在於世界歷史人物」之間（伊果頓1987b：頁94）——這是盧卡契Lukács的措辭，以形容歷史小說中找到的真實人物。文本的自我反身性亦運作於語言的層面，而這則是維根斯坦湊合之處。但同樣清楚的是維根斯坦著名的語言理論，是他個人歷史的直接成果，特別是他作為維也納人的國家歷史，及他作為猶太人的種族歷史。當他（自我一格地）企圖說服康奴利，其語言的局限，亦是其世界的局限的時候，該演說者及行動者答：「那麼你有甚麼其他的建議？我們是否應該在語言的牢獄中軟弱無助⋯⋯？」（頁114）。詹明信Jameson的書本題目《語言的牢房》*The Prison-House of Language*的迴響，不僅是某些文學批評覺醒遊戲的精明舉動：它喚起了整個馬克斯主義批評學（及伊果頓自己的）立場處境，對抗以政

治爲名的語言及敘述的反身性。這非常重要，因爲《聖哲與學者》企圖協調該表面上的對立位置——正如很多史記式後設小說實際上做的那樣。

伊果頓的小說，以瞄準康奴利身體的射擊隊子彈的另一延遲作結：「當子彈到達他時，他完全地隱藏於神話之內，其身體不是甚麼，而是一篇文章，新共和國的第一聲」（伊果頓1987b：頁145）。當然，今日我們的確主要地從語言篇章，從過去的遺跡與文本中，認識康奴利。但伊果頓卻不僅是質疑該知識論現實而已。他同時提供了呈現歷史的新方法——並不源自勝利者的官方記錄，而取自非官方的、通常是歷史受害人未經記錄的視點。小說對於在都栢林市Dublin窮人及工人階級生活，密集而詳盡的描述，伴隨著有關窮困現象的原因的分析：帝國主義英國經濟及政治的動員。情節與維也納猶太人希望「躲過歷史」（頁84）的慾望相反。以愛爾蘭革命領袖的觀點來看，要自由便「必須記著」（頁128），說你自己的故事，及呈現你自己：「殖民地的領土是甚麼都不會發生的地方，你只能對領導者的敘述作出反應，而不能創造你自己的」（頁104）。「一個被剝奪歷史的種族」（頁104），只能說長道短，但說話——「論述」——卻是一種行動：「論述是一些你幹的好事……愛爾蘭人從不掉進英式的神話中，以爲語言是現實的二手反映」（頁105）。明顯地，後現代的亦不會上當。

這是一種透過——而非漠視——後設小說式自覺性及諷擬的文本互涉性，朝向歷史及政治的批判式回歸而運作的小說。這是後現代主義的矛盾，既「使用亦濫用」歷史。甚至當尼采Nietzsche思考該主題之時，亦不敢想像。以羅蘭·巴爾特Roland Barthes的話來說，顯示給讀者的，是「到處皆沒有甚麼是自然的，到處皆沒有甚麼不是歷史性的」（巴爾特1977b：頁139）。而該了悟的結果，則是下一章的主題。

第三章　再現過去

「總合性歷史」非總合化

在很多近期的理論作品的啓示下，我們看到敘述體主要被供認爲人工的結構——不再是「自然而然的」或本來既有的。不論在歷史或小說的呈現上，熟悉的起題、承轉、再結局的敘述形式，暗示了通傳意義及秩序的結構過程。其「結局」的意念，表達了目的及終結。當然，這兩個概念，近年來在哲學及文學的圈子內，頗受抨擊。那麼多的通行理論所挑戰著的敘述觀念，卻沒有什麼新奇之處，只是把新的指稱，給與被視爲「總合性」的呈現模式（a mode of totalizing representation）而已。

「總合」（totalizing）一詞的作用，正如我所理解的，指向一種過程（process）（所以使用著笨拙的 "ing" 進行式）。藉著該過程，歷史、小說、或甚至理論的作者，使他們的素材連貫、持續、及統一——亦經常同時控制及支配那些素材，甚至冒使用暴力之險。形容詞「總合性」，也因爲該與權力及過程的聯繫，而被用作界定從自由人文主義理想，到歷史寫作目標的一切。正如多明尼克・拉卡普拉Dominick LaCapra所寫出的：

> 「總合性歷史」（total history）的夢想，與歷史家自身的意欲攜手，渴望支配檔案記錄的整體，及爲讀者提供帶有代理意味的甚麼——或可能是一套計策——以控制失去秩序的世界。這當然吸引著從黑格爾Hegel到編年學派Annales school的歷史寫作。（拉卡普拉1985：頁25）

試看編年史家法蘭德・布勞德爾Fernand　Braudel所訂下的目標：「一切必須在歷史的普及架構下，被再掌握及再定位，以排除萬難。儘管有著基本的矛盾及衝突，人們仍能尊重歷史的統一性，這亦是生命的統一性」（布勞德爾1980：頁16）。當然，總合性的敘述呈現，亦同樣被某些批評家，視為小說在各文類中的定義特色，從其自塞曼提斯Cervantes及史特恩Sterne明顯的控制性及組織性（及小說化）的手法開始，已經如是。

以很廣義的措辭來說，後現代對該總合性動向的質疑，可能根植於某種1960年代或浪漫主義後期，優惠自由放任及無拘無束的經驗的需求。但該需求，似乎在這些日子裏，被同樣強大的恐懼所抗衡著。所恐懼者，實際上是別人——而不是我們自己——為我們計劃、組織、及控制我們自己的生活。英式的批評家，企圖把該矛盾地同時渴望及懷疑總合性活動的傾向，地區化為特定的美國現象，而作家如約瑟夫・赫勒Joseph　Heller及湯瑪斯・平春Thomas Pynchon的作品，肯定地解釋了為甚麼他們會這樣認為。但在絕對地並非源自美國的小說如《午夜之子》*Midnight's　Children*、《玫瑰之名》*The Name　of　the　Rose*、或《白色的酒店》*The　White　Hotel*中，卻有著同樣有力的例子，顯示出後現代反總合性的總合活動這矛盾。這些小說，結構上既設置、亦顛覆了歷史及小說敘述的目的論、終結論、及源起論等。

類似及同樣地矛盾的傾向，可見於後現代的敘述性攝影。同樣的雙重壓逼，反諷地玩弄著常規，使攝影的透明真實性，反過來對抗自身。舉例來說，杜安・米高斯Duane　Michaels作品裏明顯的反身性，指向其各系列的照片，作為自覺地被編寫、小說化、及受支配的一切。可是無論如何，意象本身亦在時間的框架中，以似乎是透明的記錄呈現方式運作。該反身性及記錄性的矛盾融合，正是界定詩歌朝

向故事的後現代發展。瑪佐麗・佩洛芙Marjorie　Perloff（1985：頁158）曾爭論說，很多近期的敘述詩，皆藉著前景化敘述語碼（narrative　codes），及他們（和我們）對於結束感及一般被有系統的情節結構所暗示的秩序上的欲求，而挑戰現代主義或浪漫主義後期，把抒情詩與敘述性散文分開的做法。這——恰似在小說般——意味著把詩歌開放給，曾被該文類排斥爲不潔淨的素材：政治的、倫理的、歷史的、哲學的一切。該類詩句，亦可以在其質疑敘述形式的層面上，用以拒斥傳統中，把語言作爲透明的指涉這意念。而如此一來，在效能上，因而相近於史記式後設小說。

在所有這些案例中，有著藉著矛盾，而前景化對敘述支配（narrative mastery）——及支配敘述（master narratives）——的欲求與懷疑的壓力。歷史寫作，同樣不再被視爲，對過去客觀的及無私的記錄；反而是一種藉著某些（敘述／解釋性的）運作模式，以理解及支配過去的努力。實際上，這正是把特定意義賦予過去的方式。史記式後設小說如《水鄉》Waterland或《無上的我》I　the　Supreme所提出的問題，如前所見，是到底歷史家發現還是創造了他們自己所使用的總合性敘述形式或模式。當然，發現及創造，皆牽涉某些對技藝及想像力的依賴，但傳統上，負於該兩種活動的知性價值，卻有著天淵之別。而後現代主義所質疑的，亦正是該分別。

後現代藝術既嵌入、亦挑戰的總合性傾向，也許不應該被視爲，故意地朝向全面控制的帝國主義式慾望的純樸形式，或作爲完全地及人爲地不能避免、甚至不可或缺的一切。該總合活動的推動力，及甚至其存在，也許必然地繼續是屬於潛意識的、及受壓抑的（或最少是未被言及的），亦可能是完全地顯而易見的。正如菲德烈・詹明信Fredric　Jameson故意以馬克斯主義之名，把這些總合爲唯一可以對歷史主義的困境，提供「在哲學上連貫及意識型態上有力的解決方

法」（1981：頁18）。但詹明信的總合性大「歷史」（History），作爲「從來沒有被中斷的敘述」，無論怎樣備受壓抑，亦依然正好被如魯殊迪Rushdie的《午夜之子》*Midnight's Children*小說般，衆數的、被中斷的、未受壓抑的小歷史（histories）所拒斥。

該小說中後現代地敘述的歷史家，可被視爲，間接地覺得，甚至馬克思主義亦不能完全地統攝所有其他的詮釋模式。在其後現代的故事講述中，並沒有中介活動，可作辯證的措辭，以建立介乎敘述形式及社會基礎之間的關係。兩者皆如常繼續，亦始終分離。其導致的矛盾，並不能辯證地解決，卻以多元的形式，同時存在著。魯殊迪的小說，實際上可被用作預防任何把其矛盾，詮釋爲僅僅是某些被壓抑的整體——例如馬克思主義的大「歷史」（History）或大「眞實」（the Real）——的外在的、不連貫的符號。事實上，一本如《午夜之子》*Midnight's Children*般的小說，正好企圖藉著與本土的印度歷史模式抗衡，而前景化西方帝國主義歷史寫作模式的總合性傾向。雖然薩里姆・西奈Saleem Sinai以英語及「觀點平衡的文字」作敘述，其歷史寫作及小說寫作的相互文本是雙重性的：一方面來自印度傳說、電影及文學，另一方面來自西方——《錫鼓》*The Tin Drum*、《脫斯特蘭姆・山迪》*Tristram Shandy*、《百年孤寂》*One Hundred Years of Solitude*等。

魯殊迪爲其史記式後設小說過程而設的，矛盾地反總合性的總合性意象，是「歷史的生果雜碎」（chutnification of history）（魯殊迪1981：頁459）。他告訴我們的，是小說的每一章，皆如泡菜瓶般，以其形貌塑定其內容。薩里姆所明白地玩弄的陳腔濫調，是如要理解他及其國家，我們「必須吞掉世界」，及吞掉其字面上反常的故事。可是雜碎亦是保存的意象：「無論如何，我的雜碎及卡桑迪斯（kasaundies）是與我夜間的草稿相關的……記憶，如生果一般，

被拯救於時間的敗壞作用」（頁38）。可是，他亦承認兩者皆不能避免地有著歪曲：原料被轉化，賦與「形狀及形式──也就是說，意義」（頁461）。這段說話，對於歷史寫作及小說寫作而言，亦正確無訛。正如薩里姆自己所承認的：

> 有些時候，在歷史的泡菜版本中，薩里姆似乎所知太少；其他的時候，又太多……；是的，我應該反覆修改、不斷改進；但我既沒有時間，亦沒有精力。我能夠提供的，只有該頑固的句子：它這樣發生，因為這是它發生的方式。（魯殊迪1981：頁560-1）

但最後一句中開頭的「它」是否指涉過去的事件，或這些事件的寫作和保存？在一本關於一個男子，寫作其自身及其國家歷史的小說中，男子「拼命地」找尋意義，正如他在第一段開始便堅持的，可是答案卻不大清楚。

　　要挑戰總合化的傾向，即是要拒斥歷史及其寫作中，整個有關連貫性的意念。以傅柯Foucault的話來說，一旦當歷史家的專業工作，成了自歷史中，移去「時間錯位的污名」，連續性便成為了歷史分析的新工具，而亦同時成為了該分析的結果。傅柯辯稱，歷史家不再追尋因果性及類比的公分母及劃一的系統網，反而自由地關注不同的、多元組合的論述。這些論述，承認了過去及我們有關過去的知識，皆不能有所定論。某些與我們傳統上所知的、單一的、封閉的、進化的歷史寫作敘述體不同的東西，被顯露了出來──跟我們在史記式後設小說中所見的一樣。現在我們有了失敗者及成功者的、地區（和殖民地）及中央的、未經傳誦的大眾及廣為傳誦的少數的，而我也許可以加上，女性及男性的（眾數的）歷史。

　　這些皆在後現代小說，於其自覺地小說化的、決斷地歷史性的、

矛盾地自相抵觸的呈現下，所引發的課題之內。過去事件的敘述活動，沒有被掩飾；事件不再似乎能自我表達，反而被顯示爲自覺地被編寫爲敘述體。其構設——非尋獲——的秩序，是時常明顯地被敘述者強加在上的。從順序事件中製造出故事，從連串事件中構設出情節的過程，正是後現代小說所強調的一切。這並不是以任何方式，否認過去真實的存在，反而把關注，集中於強加秩序於過去的行動，及藉著呈現而產生意義的編碼策略上。

該說教的後現代小說的其中一個教訓，在於訓示人們，在小說和歷史寫作的敘述行動中，脈絡及論述處境的重要性。小說如提摩西・芬德利Timothy Findley的《最後的名言》*Famous Last Words*或薩爾曼・魯殊迪的《醜事》*Shame*，教訓我們這兩種敘述呈現的形式，事實上皆是語言（也就是論述）嵌入社會及意識型態脈絡後的特定用法。當歷史家和小說家（不用說文學批評家）皆有著久遠的傳統，企圖抹掉會把他們「置放」於文本之中的文本元素之時，後現代主義則拒絕該發聲語境的困惑。標顯後現代重心的特殊化及脈絡化，當然是對於那些強大（及十分常見）的總合性及普及性傾向的直接回應。可是，藉此而來的後現代的相對性及暫時性，卻不是使人失望的原因；他們也許應被承認爲固有於歷史知識的處境本身。歷史意義在今日於是可能被視爲不穩定的、脈絡化的、相對性的及暫時性的。而後現代主義所辯稱的是，它一向如此，更使用小說的呈現形式，以強調該知識的敘述本質。

正如李歐塔於《後現代的處境》*The Postmodern Condition*中所爭論的，敘述體依然是人們呈現知識的主要方式，而這解釋了爲甚麼被實證主義科學所詆毀的敘述知識，能在那麼多不同的區域及觀點中，引發如此強烈的反應。在許多領域裏，敘述體是——亦經常是——解釋的有效模式，而歷史家則經常利用其組織及解釋上的力量。

　　這與柯寧活德Collingwood早期的意念相符，認爲歷史家的工作，是在一團糟的斷續及殘存事實中，說出似乎合理的故事。他或她在整理事實的過程裏，透過事實的情節化，而賦與意義。海登・懷特Hayden White，當然，甚至更進一步，指出歷史家如何壓抑、重覆、降級、強調及組織那些事實。再一次地，其目的是要賦與過去的事件某些意義。對懷特來說，把該行爲喚作文學活動，並不絲毫貶抑其重要性。可是，矛盾的後現代小說所顯示的，卻是該賦與意義的過程，如何甚至在被堅稱之際，亦可同時被損害著。例如，在平春Pynchon的 *V* 中，歷史的寫作，便被視爲最終無用的企圖，枉費心機地把經驗塑成意義。小說裏目擊證人的敘述，所提供的多重性的及邊緣性的觀點，抗拒任何最終的意義封閉活動。儘管有著可見的歷史脈絡（冷戰年代及其逼害感，或德國於西南非的政策），過去的一切，始終抗拒完全地被人類理解。情節，無論被視爲敘述的結構或陰謀，皆經常是由總合性的呈現形式，把多重的及散亂的事件，融合成一個統一的故事。可是，既需要亦同時懷疑該呈現形式，也是後現代對情節化活動，矛盾的回應的一部份。

　　在歷史事件的寫作中，從事於情節化活動的歷史家和小說家，皆時常被視爲，於某些限制之下工作：例如，時間的順序。但當後現代小說甚至把該明顯及「自然」的限制「解定論化」之時，又應如何對待？當《午夜之子》*Midnight's Children* 的敘述者，發覺其敘述出現時間先後的差錯時，他於是決定：「在我的印度裏，難道甘地Gandhi將繼續在錯誤的時間中死去？」後來他亦倒轉了他自己的十歲生日，及1957年選舉的先後次序，更由於他的記憶，頑固地拒絕更改事件的順序，於是繼續保持該順序。魯殊迪對薩里姆提出的問題，沒有給與眞正的答案，但問題以這樣明白的態度提出來，使讀者亦不得不加以面對。擔憂著甘地死亡日子的錯誤，薩里姆問：

> 一點差錯是不是就使整個組織無效呢？是否由於我對意義的需要太過不顧一切，使得我準備歪曲一切——重寫我的時代的整個歷史，以便把我自己放在中心的位置呢？今日，我在困惑之中，難以作出判斷。我只有留待他人決定。（魯殊迪1981：頁66）

其他的人（如我們般）事實上真的留下來問——但不單是詢問該特定的小說裏該特定的差錯——是否一個差錯，便可以使歷史或小說裏整個的呈現組織無效呢？

相關的問題是：在總合化，及把統一的意義給與歷史寫作及小說的慾望裏，省略（如果不是錯失）是否不大會出現呢？因為這些可能規範任何過去「從真理到事實」的呈現。相關的課題，肯定在今日馬克思主義及女性主義理論中，備受討論。這些課題亦出現於小說如約翰·柏傑爾gohn Berger頗為說教的*G*。在這裏，當小說虛構的角色，陷入於真正的歷史事件之時，敘述者在描述之中途介入：

> 我不能繼續該十一歲的男孩，在一八九八年五月六日於米蘭的敘述。從這裏開始，我寫下來的一切，將會匯合為一個最終的句號，否則只會漫無邊際地擴展開去，變得支離破碎。儘管我還有許多未說的，在這裏停下來，便是承認了這樣做，比給與敘述體一個結論，有著更多的真理。作家找尋結局的慾望，對真理而言，是致命的。結局統一一切。統一性卻必須以其他的方式建立起來。（柏傑爾1972b：頁77）

這裏所提供的唯一方式，是歷史事件的原始資料（在米蘭動亂中，死去工人的數目）的呈現，及其政治結果——「意大利一段歷史分期的結束」及另一段新的開始，意味著「粗暴壓抑讓步給政治控制」（頁

77），使任何革命的衝動繼續被壓抑下來，最少達二十年之久。

　　該「結局」（End）及「統一性」（Unity）與小說的敘述體相差不遠，卻前景化了後現代對於終結（closure）的專斷性及其封閉的詮釋力量。可能這樣解釋了在《丹尼爾書》*The Book of Daniel*中，多托羅E.T. Doctorow的羅森栢格 Rosenberg歷史的小說化多重結局（multiple endings）。各種的情節及主題的絲線，是頗為混亂地交搭在一起的，但卻以該明顯的方式，指向可疑的連貫性，正如其指向相對性的結局一般。在其中一個結局中，丹尼爾回到過去創傷的地點，他因叛國罪被處決的父母的家中，只發現這裏的生活質素，也許比他以前所經驗的更差。可是，在窮困的黑人居民中，他看到苦難的持續，阻止他沈迷於個人的痛楚。另一個結局，表現了他姊姊的葬禮，完全有著僱來的祈禱者，為丹尼爾的生活及其小說，所有過去及現在的死人，提供了靈修聚面（Kaddish）的機會。而在另一個結局中，他在1968年5月，坐在哥倫比亞大學的圖書館書架前，寫作著我們所閱讀的論文／小說／學刊／懺悔錄之時，有人叫他「把書合上，先生」，因為革命已經開始了，其場地是生活，不是書本。當他寫到我們閱讀的最後幾頁時，書本及該結局，卻自覺地自毀其基礎，該手法使人想起《百年孤寂》*One Hundred Years of Solitude*的最後一頁。而當然，我們真正看到的最後幾個字，是另一本《丹尼爾書》——像聖經般的版本。

　　像這樣的後現代小說，開發——但亦同時質疑——終結（closure）、總合性（totalization）、和普及性（universality）等，作為冠冕堂皇的敘述體（grand narratives）那些備受挑戰的意念的一部份。後現代小說，不但沒有把該矛盾的使用及濫用，作為衰敗的徵兆，或作為使人失望的原因，反而可能假設了沒有那麼消極的詮釋，最少容許有著極端的批判可能性的潛質（potential）。也許我

們需要重新思考，我們理解自己的世界時，社會及政治（和文學及歷史）上的呈現形式。或者我們需要停止找尋，會融合歧異及矛盾（於，例如說，人文主義的永恆眞理或馬克斯主義的辯證法）的總合性敘述體。

於現在知曉過去

在後現代小說的呈現中，最難以解決的矛盾，是過去及現在兩者的關係。在《丹尼爾書》中，該課題的各種立場皆被主題化：1960年代的革命者亞提・史頓力希特Artie Sternlicht，以現在及將來的名義拒斥過去；蘇珊Susan太過留戀過去，亦因此而死；丹尼爾企圖組織過去，以便理解其現在。最少自從上一個世紀開始，該關係一直佔據著歷史寫作。歷史家皆意識到，他們正在建立着，與他們寫作有關的過去及他們寫作時的現在，兩者間的關係。在生活上，過去也許跟現在同樣混亂、繁複、及無序，但歷史家的工作，卻是把該支離破碎的經驗，組構成知識：「因爲歷史的整個要點，並不是像證人般知曉有關行動的一切，而是要如歷史家般，把過去的事件連繫爲時間整體的一部份」（丹圖1965：頁185）。在史記式後設小說中，時序錯誤（anachronisms）的經常出現，亦建基於同樣的觀念。早期的歷史角色，使用著明顯地屬於後來角色的語言概念（見於班維爾Banville的或多托羅的《黑人爵士樂》*Ragtime*）。

大體而言，史記式後設小說，像大部份當代的歷史理論般，在與其所呈現的過去的關係上，並不屬於「現在主義」（presentism）或懷舊的一類。它所做的，不過是把該時間的關係，解自然化。歷史寫作理論及後現代小說，對於在現在敘述過去事件的活動，及對於現在的活動，與過去該活動下的不復存在的客體的聯繫，有著強烈的（理論上的及文本上的）自覺性。在歷史及文學的後現代呈現中，該雙重性（doubleness）持續不減；這裏沒有歷史家或小說家，把奇

異的過去簡化爲逼眞的現在的意味。歷史時期的敘述作品如納塔利‧齊門‧戴維斯Natalie Zemon Davis的書（或電影）《馬丁‧吉雅的回歸》*The Return of Martin Guerre*的當代迴響，與挑戰人們愛情可征服一切的陳腔濫調，意想不到地並存著。這是故意地雙重編碼的敘述體，正如後現代建築是雙重編碼的形式一樣：他們都是歷史的及當代的。兩者皆沒有辯證的解決或還原方案。

作品如柯威Coover的《公衆的大火》*The Public Burning*，或多托羅的《丹尼爾書》，並不僅爲了滿足某些遊戲或總合性的傾向，而重寫、翻新、或徵用歷史；相反，他們以另類的呈現，前景化有關歷史知識本質的後現代知識論的問題，與人們認爲自己知曉（自官方的檔案來源及個人記憶）的過去並置。是那一些「事實」使之成爲歷史？誰的事實？魯殊迪的《醜事》*Shame*中的敘述「歷史家」，發覺要避免自己對事件的現有知識，敗壞其過去的呈現，異常困難。這亦是一切有關過去的寫作的共同處境，無論是虛構的（「似乎將來的不能被規限，而堅持滲透回過去」（魯殊迪1983：頁24）），還是事實的（「也許可以把巴基斯坦的連串歷史，視作兩層時間的爭持，模糊的世界透過強加於上的一切，闖出一條歸去的路」（頁87）。敘述者知道這「是每一個希望把自己的看法，強加於世界的藝術家的眞正慾望」（頁87）。他繼續思考該介乎歷史與小說寫作之間的傾向的相似性：「我，同樣地，面對歷史問題：甚麼是要保留的，甚麼是要放棄的，怎樣可以堅持記憶所希望忘掉的，怎樣處理無常的變化」（頁87-8）。無論在他的小說及在實際的、今日的巴基斯坦歷史中，他現在所知曉的，使他敘述過去的工作倍加複雜。他正在處理著「拒絕被壓抑，而每天都與現在抗衡」的過去（頁88）。他甚至承認，引起他的小說，探討羞愧這意念的靈感，來自倫敦一個巴基斯坦的女孩被她的父親——或他說是其他人——所殺的眞實新聞記載（頁116）。

現在的及過去的，小說的及事實的，在後現代小說裏，其界限也許可以時常被逾越，可是接踵而來的矛盾，卻不會有任何解決的途徑。換句話說，其邊界維持原狀，縱使其備受挑戰。

　　也是在該層次上，後現代敘述呈現的知識論問題，被提引出來。怎麼可以從現在知曉其講述的過去呢？我們不斷地敘述過去，可是甚麼才是，該敘述的總合性活動所暗示的知識狀況呢？一篇歷史的記載，是否必須承認，那裏是它不能確切知曉的，或它是否容許被猜測？我們是不是只有透過現在，才能知曉過去？或問題是否只有透過過去，才能理解現在？如前所見，這些使人困惑的問題，正是後現代小說，如格拉姆・史威夫特Graham　Swift的《水鄉》*Waterland*所引發的。在歷史教師敘述人及其以現在為方位的學生的對立之間，有著當代歷史寫作論辯的矛盾。對於敘述者來說，「生命只有十分之一是當時當地的，十分之九是歷史教訓」（史威夫特1983：頁52），但亦是這十分之一教導我，「歷史並非創作，而是真實地存在著的──我已經成為它的一部分了」（頁53）。小說的沼澤地形，把水的流動（既是時間、亦是空間的意象），相對於土地開拓下固定性的企圖──也相對於歷史訓練（作為記憶及作為故事講述）的企圖。問題從不在於到底過去的事件，是否真正曾經發生。過去的確存在──獨立於我們知曉的能力之外。史記式後設小說，先接受該對於過去的哲學性的現實主義觀念，然後以反現實主義的觀念，與之進行對抗。該反現實主義的觀念建議，不論其獨立性如何真實，無論如何，過去是為了我們──為了現在──而存在的，只有於現在才有軌迹可尋。不復存在的過去，只能根據旁證推想出來。

　　我們可能只有透過現在，才能知曉過去。該領悟所產生的張力，並不使後現代的歷史家或小說家，不再企圖避免這些張力──無論他們的努力如何笨拙。當然，這亦是布萊希特的其中一個教訓：

> 我們必須放棄，抽出不同時代的社會結構，然後剝掉一切使他們
> 與別不同的東西的習慣。該習慣使一切看來與我們自己沒有差別，然
> 後，從這過程中獲得某種亙古長存的味兒。換句話說，獲得純淨、簡
> 單的永恆性。相反地，我們必須保留他們與別不同的印記，在我
> 們的眼中，經常保持著他們的短暫性，使得我們自己的時期，亦
> 可被視爲短暫的。（布萊希特1964：頁190）

後現代小說所強調的，甚至不止這些。（如果可能的話）存在著的張
力，一方面介乎過去的過去性（及欠缺性）（the pastness (and
absence) of the past），及現在的現在性（及現存性）（the
presentness (and presence) of the present）之間；而另一
方面，介乎過去的眞實事件（events），及歷史家把他們加工爲事
實（facts）的活動之間。班維爾Banville的《科佩尼克斯醫生》
*Doctor Copernicus*中，對於現代科學、哲學、及美學，時序錯誤
的文本交互指涉，其牽涉與當代相關的課題，亦同樣在十六世紀時提
顯出來：包括理論與實踐、文字與事物、科學與世界之間的關係。可
是，由於表現這些問題的方式，是自覺地時序錯誤的，文本亦同時顯
示，小說家把過去／現在相連的活動方式，始終在當時及現在、經驗
及知識之間，有著極端的斷離性。

　　知曉過去成爲了呈現上的課題，成爲了並非客觀的記錄，而是一
種構設及詮釋。正如朗克的歷史寫作客觀性理論（Rankean ob-
jectivity theory of history-writing），被黑格爾、德萊森
Droysen、尼采、克羅齊Croce等挑戰，使得史記式後設小說的後設
小說性，亦同時強調詮釋（於敘述策略、解釋範例、或意識型態編碼
的選擇上）進入歷史寫作呈現領域之處，規限任何把歷史作爲過去事
件的客觀表現的意念，反而把歷史作爲那些過去事件的詮釋呈現。歷

史家藉著論述本身，賦與意義（使事件成爲歷史事實）。後現代的理論與實踐所前置的，是歷史家處理他們的資料時，所自覺地嵌入於歷史的現存的——雖然時常是秘而不宣的——態度。暫時性及不確定性、黨派性及甚至明顯的政治性——取代了否定歷史呈現詮釋性及隱伏評價性本質的客觀性和中立性姿態。

　　歷史寫作的客觀性課題，並不僅是方法學上的。正如在前一章裏所討論的，這同樣與詹明信所喚作我們文化的「呈現危機」有關。「在這裏，基本上是現實主義的知識論，把呈現活動設想作爲了主體而再生產的、外在的客觀性，從而投射出知識及藝術上的鏡映理論，以充裕性、準確性、及眞理本身作爲基礎的評審性分類。」（詹明信1984b：viii）。在歷史寫作及小說中，呈現活動所引起的知識論課題，屬於該危機的一部份。海登・懷特Hayden White的作品，在把這些課題帶引至歷史及文學批評討論的前線上，明顯地十分重要。他曾經問過，如柏傑爾的小說*G*或波伊德Boyd的《新懺悔錄》*The New Confessions*中所問過的同類問題：

　　　甚麼是特有的歷史意識的結構？與其他歷史家用作處理日常資料的解釋相比，甚麼才是歷史解釋的知識論位置？甚麼是歷史呈現的可能形式，甚麼是他們的基礎？歷史記載藉著甚麼力量，可宣稱一般來說，對現實知識的穩固，及具體來說，對人文科學，有所貢獻？（懷特1978a：頁41）

　　呈現的課題及其知識論的宣稱，直接地引導至上一章所介紹的，有關歷史寫作及小說寫作中，「事實」（fact）的本質及位置的問題。所有過去的「事件」（events），皆是潛在的歷史「事實」（facts），可是成爲事實的，卻是那些被選擇作敘述的一切。我們

曾經看過，該介乎原始事件及賦與意義的事實之間的分別，亦正是後
現代小說似乎關注的。在《午夜之子》的某一時刻，薩里姆‧西奈把
印度和巴基斯坦的當代史聯結起來，他告訴讀者：「我努力地阻止自
己故弄玄虛。重要的是專注於鐵一般的事實。但那一個事實？」（魯
殊迪1981：頁338）。這是非常嚴肅的問題，因為在某一刻裏，自
「準確的」（報紙）檔案記載中，他也說不出來，到底巴基斯坦的軍
隊，有沒有真正地開進喀什米爾。「巴基斯坦之聲」及「全印度廣播」發
放著完全地相反的記錄。假若他們真的有（或沒有）進入，目的何在？
「再一次地，只有一堆可能的解釋」，他這樣地告訴讀者（頁339）。
薩里姆藉著其簡化的、妄自尊大的誇張手法，諷擬朝向原因及動機的
歷史寫作式慾望：「這或那或其他的原因？為了把問題簡化，我提出
了自己的兩個解釋：戰爭發生了，因為我夢到喀什米爾進入了我們的
統治者的幻覺中；此外，我繼續是不乾不淨的，戰爭卻把我自我的罪
孽中，分隔開來」（頁339）。

　　該觀點也許是留給一個「沒有甚麼是真實的；沒有甚麼是肯定的」世
界的唯一回應（魯殊迪1981：頁340）。當然，在這裏，文本的文法
改變了——從肯定式的句子到一串長長的疑問句，結束於可被作為矛
盾的後現代論述的最終例子：「飛機，真實的或是虛構的，投下了真
的或是假的炸彈」（頁341）。與提供給他的歷史來源及檔案相比，
薩里姆自己是在「真理由別人教導出來的」國家裏，「一個最為卑下
的事實的騙子」（頁326）。在這裏，意識型態及歷史寫作式的暗示，
非常明顯。文本的反身性，同時指向兩個方向，朝向在敘述中被呈現
的事件，及敘述活動本身。這正同樣是標顯所有歷史敘述的雙重性
（doubleness）。兩種形式的呈現，皆不能把「事實」從詮釋活動
及構成事實的敘述中，分隔開來，因為事實（雖然不是事件）是被那
些活動所創造的。而到底甚麼會變成事實，則視乎歷史家的社會及文

化脈絡，正如女性主義的理論家所顯示，多個世紀以來，歷史上的女性作家那樣。

　　不管其初步印象如何，事實和事件的分別，實際上是與其他於小說文類的批評上，非常重要的對立面，頗有不同的：也就是小說與非小說的對立。可是，由於後現代小說，專注於事件成為事實的過程，他們引起了對於隱藏於實證主義的、經驗主義架構的真實與虛構的二元對立的懷疑。他們以為非小說的與小說的，同樣是構設上的、敘述上的結果。對於一些批評家來說，所有的小說在把事實和故事分割的態度上，皆是兩面性的（ambivalent），只不過某些史記式後設小說似乎更為明顯地、及問題重重地如此而已。在其《真實小說：英國小說之源》*Factual Fictions：The Origins of the English Novel*（1983）中，蘭納德‧戴維斯Lennard Davis有力地為狄福Defoe等的十八世紀中葉小說，事實與小說毗連的論述性等同而爭論。可是在柯茲J.M. Coetzee的《敵人》*Foe*中，《魯賓遜漂流記》*Robinson Crusoe*的後現代重寫，卻必須讓人們分隔他們對於狄福的小說寫作的歷史知識（其來源、其指涉），及柯茲所提供的（虛構地）真實的——但欠奉的、無聲的——故事的女性來源：難民蘇珊‧巴頓Susan Barton的經驗。在狄福的特定故事中，這也許不會是「真的」，但它的確對於十八世紀的小說及非小說的女性位置及呈現政治，有著其要說的話。

　　當史記式後設小說，使用可經證實的事件及歷史人物如狄福或甘地夫人Indira Gandhi之時，他們是暴露於如不盡不實、滿口胡言、妖言惑眾、或不過是品味低劣等指責之下的。富安提斯Fuentes的《德拉諾斯脫雅》*Terra Nostra*，故意地及氣人地抵觸過去的事件，所有被常規地接受為真實的一切：伊利莎白女皇結了婚；哥倫布尚差一個世紀才發現美洲新大陸。可是，該歪曲了的歷史事實，比起在小

說中明顯地虛構的及交互指涉的事物，其小說化的構設上，不遑多讓。從不同的西班牙及美國小說而來的角色，在同一個場景中，濟濟一堂，恰切地使人回味《在二鳥涵泳》*At Swim-Two-Birds* 及《穆力更燉肉》*Mulligan Stew* 及其他的實驗小說。有關角色的現實主義意念，認為只有在同樣的文本中，他們才能合法地並存在一起的看法，明顯地在這裏被歷史及小說的措辭挑戰著。這些小說呈現的事實，跟歷史寫作中的事實，同樣地眞——亦同樣地假——因為他們通常以事實，而不是事件的形式存在。柯威 Coover 的《公衆的大火》*The Public Burning* 中尼克遜及包威寧 Bowering 在《沸水》*Burning Water* 中喬治・溫可華 George Vancouver 的呈現，使該詮釋過程更為明顯。

有趣的是，在其影響深遠的歷史小說討論中，蓋鷗・盧卡契 Georg Lukacs 並不要求把個別事實的準確性，作為定義處境的歷史忠實性的條件。傳統上，歷史資料被寫進十九世紀的歷史小說之中，以強化文本眞確無訛的宣稱，或最少給與事件轉化為事實時，使人信服的詮釋。當然，所有的現實主義小說，皆經常使用歷史事件，把一切恰切地轉化為事實，以賦與其虛構的世界，細節上的環境性、特定性、及眞實性。後現代小說所做的，是使造就事實及賦與意義的過程，更為明顯。魯殊迪《醜事》中的敘述者宣佈：

> 該故事中的國家不是、或不大似是巴基斯坦。這裏有著兩個國家，眞實的及虛構的，佔有著同樣的空間。我的故事，我小說化的國家，跟我一樣，存在於現實的傾斜面。我覺得該中心的偏離，是有所必要的；但其價值，當然有著討論的餘地。我的看法是，我並不僅是要寫關於巴基斯坦的一切。（魯殊迪1983：頁29）

在敘述者的故事講述中，小說上的及歷史上的公開混雜起來，成爲了敘述體本身的一部份：

在德里Delhi，國家分裂的前一日，政府把所有的回教徒聚攏起來……鎖進紅色的城堡之中……包括我自己的家人。不難想像，當我的親屬在平行的歷史世界裏，步向紅城之際，他們也許已經感覺到比爾吉斯・克瑪爾Bilquis　Kemal虛構存在的某些暗示。（魯殊迪1983：頁64）

可是，在幾頁之後，他提醒我們：「假如這是有關巴基斯坦的眞實小說，我便不會寫有關比爾吉斯及風的一切；而會講述關於我最小的妹妹的故事」（頁68）——關於他接著的而且確地將會講述的一切。在這裏，似乎不合邏輯地同時指向決定那些事件成爲事實的過程的專斷性，及介乎現實主義小說和歷史寫作之間的關係。雖然敘述者寫作時身在英國，但他選擇了寫作關於巴基斯坦的一切，承認「我被逼以破碎的鏡子片斷反映該世界……我必須協調無可避免地失去了的碎片」（頁69）——個給與小說及歷史的讀者的警告。

像這樣子的史記式後設小說，是自覺地關於既是總合性的，亦不能避免地是不完整的敘述呈現活動的矛盾的。它公開地把關於——無論是小說的或歷史的——敘述體中，呈現實在的一切的過程的既有意念「解定論化」。它追溯從事件加工至事實的過程，先開發、然後破壞小說的現實主義及歷史寫作的指涉常規。這裏暗示的是，像小說般，歷史構設其自身的客體，榜上有名的事件成爲了事實，於是同時既有、亦沒有保留他們在語言之外的地位。這便是後現代主義的矛盾。過去的一切的確曾經存在，但我們今日只有透過其文本軌跡，透過現在常常是既複雜、又間接的呈現形式——記錄、檔案，但亦包括相片、繪

畫、建築、電影、及文學——才能對它略知一二。

檔案作為文本

　　當批評家寫到歷史的「先在文本化」（prior textualization），或提出事件實際上不過是敘述體的抽象形式的時候，他們其實直接地反映出史記式後設小說的看法。在理論性的論辯中，具體地被強調的是那些事件的檔案軌迹（archival traces）的文本性質。藉著這些軌迹，人們才可以推知意義，及把那些經驗性的資料，賦與事實的地位。例如，人們只可以從當時的記錄及目擊者的口供的記載中，知道戰爭的存在。而重點是，這些檔案的軌迹，在其不同的可能詮釋裏，是並不會全無問題的。史記式後設小說，自覺地把該事實生產過程主題化的同時，亦前置了該詮釋的問題。

　　克麗絲達·渥爾芙Christa Wolf的《卡桑德拉》*Cassandra*要求讀者把巴黎仕 Paris誘騙海倫Helen到特洛依城這普遍被接受的「事實」，想像為實際上是特洛依城的議會及祭司所創造的小說。誠然如此，以卡桑德拉的話來說：「我看見一段新聞記錄，如何被生產出來，堅實地、打磨鍛鍊得像長矛一般」（渥爾芙1984：頁64）。她看著「人們在街道上奔走歡騰，看著一段新聞項目轉變為眞理」（頁65）。渥爾芙所假設的是，被想像作為了海倫而進行的戰爭，其實是為了自欺的驕傲而戰：海倫事實上已被埃及的皇帝，自巴黎仕的手中奪去，從未踏足於特洛依城。而當然，如果不根據荷馬Homer的史詩，而根據歷史書的話，正如她所提醒我們的，戰爭是正式地為了海上的貿易航線而戰的。這便是後現代主義，把詮釋性的、選擇性的事實，相關於實在事件的一切，問題化的手法。

　　這類小說所強調的是介乎res gestae和historia rerum gest-arum之間的分別。不用說，這亦成為了歷史寫作理論的基礎項目

之一。甚至目擊證人的口供，亦只能爲所發生的一切，提供頗爲局限的詮釋而已；其他的目擊證人可以作出完全不同的口供。原因多的是，包括背景知識、環境、視野、或證人所須的冒險。無論如何，正如法朗克‧克爾慕德Frank Kermode提醒人們那樣：

> 雖然我們意識到對世界的某一特定觀點，關於甚麼是必須或應該發生的，影響了眞正或曾經發生的事情的記載，但在寫作及閱讀歷史之時，我們傾向於壓抑這知識，只有當堅穩地置身於小說這不同的優惠基礎之下，才容許它自由運作。（克爾慕德1979：頁109）

可是，史記式後設小說亦同樣動搖該優惠基礎。蓋布利爾‧嘉西亞馬奎思 Gabriel Garcia Marquez的《預言死亡的編年史》*Chronicle of a Death Foretold*中的敘述者，企圖在事件發生了二十七年之後，從他自己及目擊證人的記憶中，重構當年的謀殺。可是，在書本的第二頁裏，讀者便已經意識到兩者皆極不可靠：「很多人都不約而同地記起那是一個晴朗的早晨……可是大部份都同意天氣是陰沈的，有著低矮多雲的天空」（嘉西亞馬奎斯1982：頁2）。他轉而找尋調查人員有關案件的500頁記錄，卻（重要地）只能尋到322頁。同樣地檔案證據也是偏頗的——應用著偏頗一詞的兩重意義，因爲似乎調查人員，是「沈溺於文學」（頁116）而不是歷史的人。

　　像這樣的文本，指出被「解定論化」的呈現項目，應該包括（與現實）相符的眞理，跟（敘述體裏）連貫性的眞理，兩者相關的概念（懷特1976：頁22）。甚麼是檔案記錄及其與歷史寫作呈現上的形式化傾向之間的關係？在後現代小說中，該問題重重的根源，似乎在於轉化爲事實的事件本身，檔案軌跡的文本特質（the　textual nature of the archival traces）。由於那些軌迹是已然文本化的，他們可被「埋藏、挖掘、廢棄、抵觸、撤銷」（多托羅1983：頁23），他們是可被、而實際上已被不能避免地詮釋著的。同樣有關文件及其詮釋地位於歷史寫作中的質疑，亦可見於如栢傑爾的 *G* 、或班恩斯Barnes的《福樓拜的鸚鵡》*Flaubert's Parrot*、或湯瑪斯D.M. Thomas的《白色的酒店》*The White Hotel*等後現代小說裏。該類小說對於文件證據（documentary evidence）的特質，於今日頗為普遍的反思上，貢獻良多。如果檔案是由文本所組成的話，它必然會開放給各種被使用及濫用的方式。檔案記錄常常是許多活動交互作用之所，但卻很少如今日般，成為如此自覺的總合性活動之地。甚至被視為可接納作文件證據的一切，亦已改變良多。而肯定地，文件的地位，亦不盡相同：因為人們已經承認，它不能提供到達過去的直接途徑，只能藉著原來事件的文本加工，而呈現或替代開來。

後現代小說既矛盾地轉向檔案記錄，亦對抗其權力。在瑪森・漢・京斯頓Maxine Hong Kingston的《中國人》*China Men*中，文件被顯示為極端地不穩定的身份來源：美國的公民文件、簽證及護照皆被隨意買賣。歷史檔案也許可以證實多托羅的《黑人爵士樂》*Ragtime*裏，哈利・何迪尼Harry Houdini、西格蒙德・佛洛依德Sigmund Freud、卡爾・容格Karl Jung、安瑪・高德曼Emma Goldman、史丹福・懷特Stanford White、摩根J.P. Morgan、亨利・福德Henry Ford及其他角色的存在，但卻始終不能證實佛洛依德與容格曾一起穿越考尼島Coney Island的愛的隧道，雖然該小說化事件可被爭論為兩個男子之間關係的比喻，因而是歷史上正確的。多托羅在《丹尼爾書》*The Book of Daniel*中，對於羅森栢格Rosenberg的審判的詮釋，是否有點輕視？他把他們的名字改為艾

錫遜Isaacson，又把他們的兩個兒子改爲一子一女，他們的原告證人，又從家族成員改爲朋友。多托羅並不嘗試解決他們在歷史上清白或有罪的問題。他透過其角色丹尼爾的追尋過程所做的，是要調查人們怎樣可以開始查探文件，再以不同的方式，把一切詮釋。

如果過去只能在今日，透過其文本化的軌跡讓人知曉（而這些軌跡像所有的文本一般，時常是開放於詮釋活動的），那麼歷史寫作及史記式後設小說，便皆成爲了複雜的文本交互指涉形式，運作於（亦並不否認）其不能避免的論述語境。後結構主義有關文本性的理論（poststructuralist theories of textuality），對於該類寫作的影響，不容置疑。因爲這些寫作提出了在呈現過去時，意義上的可能性及局限性這類基本問題。以拉卡普拉的話來說，文本性的重心，「在於藉著指出人們是『時常已經』牽涉於語言使用」及「論述的問題這一事實上，把現實的概念，弄得不那麼教條化」（1983：頁26）。

可是，要說過去的一切，只有透過文本軌跡，才能讓我們知曉，並不等於說，正如某些形式的後結構主義似乎假設著的符號學理想般，過去只能是文本性的。該本體性的簡化活動，並不是後現代主義的特點：過去的事件，存在於經驗之中；但在知識論的層面上，今日我們只有透過文本，才能知曉過去。藉著歷史的呈現所賦與過去事件的，是意義（meaning），而不是存在（existence）。這跟波聚雅Baudrillard的宣稱，不盡相符。過去的事件，並不被簡化爲類象（simulacra），而是被作爲表意活動。歷史不似我們說過的話那麼使人傷心——因爲我們不可挽回地被時間所隔離，但卻又決心給別人（及自己）的眞實痛楚，賦與意義。

後現代小說如福爾斯Fowles的《頑念》*A Maggot*或芬德利Findley的《最後的名言》*Famous Last Words*所達致的，是以非常反身性的方式，專注於矛盾地小說化的歷史寫作的生產及接受過程。這

些後現代小說提起了歷史的交互文本，其檔案或其遺跡，如何在保留他們的歷史記錄價值的同時，融合進該公開的、虛構的脈絡這課題。該特定的融合呈現活動的實在物質形式，也許不出為奇地，常常是歷史寫作，特別是其「旁注文本」的常規（paratextual conventions）：具體上是其腳注及解說，亦包括其副題、序言、後話、引題等。當然，這類見於後現代小說的旁注文本實踐，並不是其特有的。例如可以試想德萊薩Dreiser的《美式悲劇》*An American Tragedy* 裏，報紙記載的檔案紀實作用。或嘗試記起在非虛構小說如諾曼·梅爾勒Norman Mailer的《月亮之火》*Of a Fire on the Moon*，如何引用歷史。我特別提到這篇作品，只因為在裏面，梅爾勒描述蒼鷹號登陸月球的光線時，出了一個事實上的差錯。雖然該錯誤立刻被比較博學的讀者察覺，他卻並沒有在文本上糾正錯誤，只在平裝版上，加入腳注。他似乎希望保留其想像性的、儘管是錯誤的、虛構的一面，對立於糾正後的旁注文本，以顯示給讀者，其亞波羅號任務呈現的雙重位置：事件實際上發生了，但我們閱讀到的事實，則是被其敘述記錄所構設而成的。

同樣地，框設許多其他非虛構小說的前言和後話，亦提醒人們，儘管這些作品植根於檔案現實，他們仍然是創造出來的形式，以特定的觀點轉變了（transforms）現實。在這些文本裏，檔案記錄（documentary）被顯示為不能避免地受虛構的、被塑做、及創作出來的一切所影響。而在史記式後設小說中，該關係通常更為複雜。約翰·福爾斯John Fowles反身性的「十八世紀」小說《頑念》中的後話，有著兩種作用。一方面，它為不斷發生的歷史事件的小說化作出聲明：出現於小說的實在歷史人物，「除了名字外，盡皆虛構」。同時後話亦把小說堅穩地植根於歷史——及意識型態——的真實性之內：包括歷史的謝克斯族Shakers的來源，及寫作中的敘述者自己現時的

比喻「信念」。以下的一段說話，反映了福爾斯較早期（反身性的「十九世紀」）小說《法國中尉的女人》*The French Lieu-tenant's Woman*中，敘述上的語調及情懷。框構脈絡的後話敘述者聲稱：「其餘的一切，我們皆大量地發展自十八世紀；包括其主要的簡明問題——是甚麼樣子的道德標準，使人類社會聲名狼藉的不公允及不平等合理化的呢？——我們其實半點也沒有進步過」（福爾斯1985：頁454）。福爾斯並沒有為他先嵌入、再顛覆的十八世紀敘述體，提供完整的結局，反而寫下題為「後話」（epilogue）———也就是，在敘述體以外——的一段說話。但（與文本之前的「前言」（prologue）不同的是）簽署者並非「約翰·福爾斯」。那麼，到底是誰在最後跟我們說話呢？我們不能肯定地作答。這裏顯示的，並非任何簡潔完整的情節結構，而是我們作為作家及讀者，如何期望及達成終結。

不論旁注性怎樣複雜，在這類後現代寫作中，其存在不容忽視。威廉·嘉斯William　Gass曾指出，一開始，小說已是「事實叢生的形式」（嘉斯1985：頁86），而對他來說，追尋「現實」的小說戰，時常爭衡於「資料與設計」之間（頁95）。於是後現代旁注文本，於小說敘述設計之中，呈現歷史資料的自覺用法，可被視為高度地人工化及無機性的模式，做小說時常做的一切。而這肯定是真實無訛的。但也許這是故意笨拙地，把我們的關注，投入於我們透過其文本呈現——不管是歷史上的，還是小說上的——以理解及詮釋過去的過程本身。

歷史寫作的旁注文本（尤其是腳注及書寫記錄的文本結合），是史記式後設小說既使用、亦濫用的常規，也許諷擬地為某些歷史家，只把文學閱讀為歷史文件的傾向，作出報復。雖然如前所見，歷史寫作作為客觀無誤的記錄，整個概念的有效性皆被質疑。甚至在今日，旁注文本亦依然是文本上檢定歷史事件的中心模式，而腳注則繼續是

促成該信念的主要文本形式。雖然出版商討厭腳注（他們是昂貴及擾亂讀者關注的東西），這些旁注文本常常對於歷史寫作實踐，及以現在寫作過去的雙重敘述體（doubled narrative）來說，非常重要。

史記式後設小說，在很多重意義上——甚至更為明顯地是另一個雙重敘述的例子，甚至簡單一瞥小說如福爾斯的《法國中尉的女人》*The French Lieutenant's Woman*中，腳注的作用——皆顯現了旁注文本在把歷史文本嵌進後設小說時，所可以扮演的角色。在這裏，透過解釋維多利亞時代的性習慣、語彙、政治、或社會實踐的細節的腳注，維多利亞的社會及文學史的特定性，因而（先後以小說敘述及後設小說評論的形式）被顯現了出來。有些時候，注釋為現代讀者提供了翻譯，因為他們不一定可以像他們的維多利亞祖先般，輕易地把拉丁文翻譯出來。這與勞倫斯‧史特恩Laurence　Sterne在《脫斯特蘭姆‧山迪》*Tristram Shandy*中，假設讀者及評論者共同有著某些教育背景的做法，明顯地（及反諷地）不同。當然，這些後現代注釋的部份作用是在文本以外的，把人們指向小說以外的世界。但還不止於此：大部份的注釋，皆明確地指涉其他的文本，先指涉其他的呈現，再間接地透過他們，指涉外在的世界。

那麼，旁注文本的第二個作用，便基本上是論述性的了。讀者的線性閱讀，被同一頁下面文本的存在所擾亂。而該詮釋上的干擾，則喚起對腳注自身，非常雙重性或對話性的形式的關注。在歷史論述中，我們知道。腳注時常是處理（及文本上邊緣化）對立觀點的地方，但我們亦知道，腳注可以為上面的文本提供補充，或提供權威性的支持。在史記式後設小說裏，這些腳注的常規，既被嵌入，亦被諷擬地倒轉過來。他們實際上，在這裏以反身性的標記運作，為讀者保證特定的證人，或所援引的權威的歷史可信性；亦同時破壞——我們所創造的——連貫、總合性的小說敘述體的閱讀。換句話說，這些注釋既離心

地、亦向心地運作。該類矛盾實踐的根源，當然在後現代主義之前經已存在。試想《芬尼根的守靈》*Finnegans Wake*中的注釋。

　　後現代腳注既呈現、亦對抗權威的矛盾，所促成的後設小說反身性，在小說如亞拉斯達爾·格萊Alasdair Gray的諷擬之作《蘭納克》*Lanark*中，更為明顯。該小說文本併入了自我評論的腳注，而這些腳注本身，亦指涉一組的邊緣記號（實際上，是「剽竊的索引」），依次地成為了較早期文學，如《芬尼根的守靈》*Finnegans Wake*或〈老水手之歌〉"The Rime of the Ancient Mariner"的眉批旁注上的諷擬遊戲。像這樣子有著中國盒子結構的後設小說，時常擾亂（亦於是前景化）正文，與及傳統上次要的旁注文本注釋或評論，其正常或常規性的平衡關係。同樣地，有時注釋甚至會吞沒文本，正如普依格Puig的《蜘蛛女之吻》*Kiss of the Spider Woman*那樣。在這些特別壓抑性的腳注中，對於心理分析這解釋權威，其彷彿可靠的記錄的反諷是，他們時常根本並不解釋角色的行為——不論是性慾上的，還是政治上的。腳注的形式及內容，在常規上假設的權威，縱使不被完全地敗壞，亦被弄得問題重重。把先例、根源、及權威等課題解自然化的旁注文本例子，亦可見於其他常被討論的經典作品如：拿布哥夫Nabokov的《微弱的火》*Pale Fire*及德希達Derrida的《喪鐘》*Glas*。

　　相關的、雙重的常規期望的使用及濫用，伴隨著其他形式的後設小說式旁注文本，例如標題及引題。跟腳注、前言、及後話一樣，在史記式後設小說中，這些設計同時朝著兩個方向活動：提醒我們正文的敘述性（和虛構性）及堅稱其事實性和歷史性。在小說如約翰·巴斯John Barth的《字母》*LETTERS*般，故意地過份的描述性的章節標題，指向小說及組織性的格式，辜負了書信形式現實主義常規上的呈現假設。另一方面，小說如奧德利·湯瑪絲Audrey Thomas的

《潮汐浮生》*Intertidal Life*及依舊是《法國中尉的女人》*The French Lieutenant's Woman*，皆使用引題，把讀者引導至具體的、真實的歷史脈絡。在（或相對於）該歷史脈絡中，虛構的世界運作起來，儘管問題重重地。這些旁注文本，防止讀者有著把一切普遍化及永久化——也就是說，解歷史化——的傾向。

福爾斯的小說，堅稱維多利亞及當代兩個時期，各自不同的歷史特性。這亦不過是後現代文學，用以（在內部）駁斥任何總合性敘述傾向的另一方式而已。讓我們重溫李歐塔Lyotard有關後現代處境的定義吧。李歐塔認為後現代處境的特色，是對於支配敘述體（master narratives）積極的懷疑。敘述體，曾經令世界充滿意義。但這些小說的虛構世界，對於歷史及社會特質侵略性的堅稱，最終卻並沒有為合乎支配敘述體的一切喚起關注，反而強調了非中心的、邊緣的、及邊界的——所有威脅著我們文化內屬於中心的、總合性的、支配論述（虛幻但使人心安）的安全感。

不論旁注文本的形式——腳注、引題、標題——為何，作用都是要為小說文本裏的歷史交互文本，留下空間。雖然對於歷史家來說，這些「交互文本」（intertexts）常常以頗為不同的措辭來表達：作為文件記錄備案。但如前所述，歷史家傳統上對於檔案真實性的信念——以之為容許他們，毫無疑問地把原經驗事件（brute experiential events），重組為歷史事實（historical facts）的真理貯存處——受到愈來愈多的挑戰。於歷史家而言，檔案文件的來源，經常有著潛伏或明顯的架構：離開真實事件愈遠，則檔案記錄的可信程度愈低。可是，無論歷史家所處理的是似乎直接的資訊記錄及登記，還是目擊證人的記載，問題依然是，得由歷史家處理呈現形式及文本，然後再加以整理。否認該整理行動的話，可能會引致某種對檔案文件的過度崇拜，以之取代過去。在如克利斯・史葛特Chris Scott的《抗

體》*Antichthon*或魯殊迪Rushdie的《午夜之子》*Midnight's Children*等後現代小說般，重點被放在歷史及小說寫作，把文件記錄解定論化的行動上。檔案記錄不再能假裝作通向過去事件的透明方式；相反地，它是該過去，自文本上轉化過來的軌迹。湯瑪斯D.M. Thomas在其《白色的酒店》*The White Hotel*中，使用典娜・普朗尼切娃Dina Pronicheva有關巴比・雅爾Babi Yar的目擊證供記錄文本，但該記錄卻已經跟歷史事件有著兩重距離：這是她後來對自己經歷的憶述，由安納托利・考茲尼索夫Anatoli Kuznetsov複述於其書《巴比・雅爾》*Babi Yar*的。歷史家從不能直接地及完全地掌握事件，只能局部地、旁敲側擊地——透過檔案記錄，也就是，透過像這樣的文本而已。歷史不大講甚麼是過去。相反地，它會說甚麼是仍然可以知道的——而把這些呈現出來。

　　歷史家是殘缺不全的文件記錄的閱讀者。像小說的讀者那樣，他們填補空隙及創造組織結構。而他們所填補及創造的，則會被新的文本的不穩定因素所敗壞，被逼再創建新的總合性模式。以利安奴・高斯曼Lionel Gossman的話來說：「歷史家的敘述體，並不構設於現實本身，或其透明的意象，而是源自歷史家自己使之轉化為符號的意符。並非歷史現實本身，而是歷史家的現存符號，局限及組織了歷史敘述體」（高斯曼1978：頁32）。高斯曼更指出，旁注文本正是該本體分裂的真正顯示：「歷史頁碼之〔被腳注所〕分裂，是過去『現實』跟歷史敘述體互不相連的證詞」（頁32）。但甚至該過去的「現實」，亦是文本上的——最少，今日對我們來說如此。史記式後設小說所指出的，是要確認歷史家與小說家的主要責任：作為透過呈現而產生意義的人的責任。

　　後現代文本持續地使用、及濫用真實的歷史文件及證明，同時強調有關過去，其呈現上的論述本質，及我們閱讀之際的敘述形式。在

柯達薩Cortazar的《曼奴爾的手稿》*Libro de Manuel*——意味深長地譯作《給曼奴爾的手稿》*A Manual for Manuel*——中，文本裏報紙剪貼物質性的侵入，爲我們所閱讀的一切，構設了形式上及詮釋上的分裂。他們印刷上的再產（以跟正文不同的鉛字），堅守著他們旁注文本的、眞實化的角式。他們有著某種拼貼（collage）的作用，但只是反諷地運作着。因爲他們所包含的，並非任何眞正指涉物的眞實片斷，而是——再一次地——其文本化的呈現而已。有人認爲拼貼的形式，繼續是屬於呈現性質的，但依舊藉著其破碎片斷及不連貫性，與現實主義分家。柯達薩插進小說文本的報紙剪貼拼湊，作爲旁注文本的用法，不獨指向小說行動眞實的社會及政治背景，更指出我們對該背景的知識，常常已經是論述性的：我們所知道有關過去（及現在？）的現實，大部份是透過呈現而複述出來的文本，正如我們透過其他的呈現形式，作出對歷史知識的判斷一般。（如其題目所顯示的那樣）小說是給革命者的兒子曼奴爾的手稿。報紙和雜誌，則是當代歷史的記載文本及呈現。在柯威Coover的《公衆的大火》*The Public Burning*中，《時代》雜誌*Time Magazine*及《紐約時報》*New York Times*，皆被揭示爲二十世紀美國，意識型態的眞正創造者及控制者的文件記錄——或檔案小說（docu-fictions）。

　　另一個把眞實歷史檔案，嵌入到史記式後設小說的旁注文本作用，可與布萊希特Brecht的隔離效應（alienation effect）相連：正如他戲劇中的歌唱那樣，投進小說的歷史記錄，有著干擾一切幻像，使讀者成爲有意識的合作人，而不是被動的消費者的潛在效用。布萊希特對於意識型態的挑戰潛力，也許可見於那些把歷史文本，非常自覺地及物質地兼容在內的藝術模式。在瑪森・漢・京斯頓Maxine Hong Kingston的《中國人》*China Men*中，把中國公民當作移民的美國法律文件，與有關美國人如何對待中國鐵路工人的眞正現實的小說化

敘述，並置起來。其中一章以該記錄呈現開始：

> 美國及中國的皇帝熱切地承認，人類有着可以轉變其家居及忠誠
> 這與生俱來、不容剝奪的權利，亦同時承認他們雙方的利益。彼
> 此的公民及人民，可以自由出境及入境；為了好奇心、貿易、或
> 作為永久的居民，而從一個國家走到另一個國家。（伯寧甘條約
> 第五條，簽署於華盛頓，一八六八年七月二十八日，及於北京，
> 一八六九年十一月二十三日。）（京斯頓1980：頁150）

可是，直到1878年，仍然只有中國在加州的漁民，被要求繳付捕魚
稅項；直到1882年，中國通過第一條閉關法，十年內不允許入境移
民；直到1893年，美國的最高法院頒令，國會「有權驅逐任何種族
的成員，如果他們『繼續是外僑，而不努力逐步成為本土公民，或在
歸化法例中，*不能成為本土公民*』」（頁153，筆者的強調標示）。
最高法院似乎沒有意識到，強烈的反諷是，「卡茲22號」的中國入
境移民，所以不能成為公民，事實上正是礙於法例。

　　但值得一提的是，像這樣的小說，如果不把其後設小說式的反身
性計算在內的話，其小說式現實主義的一般裝置，在某程度上是被保
留下來的。例如，在《頑念》*A Maggot*中，《紳士雜誌》*Gentle-
man's Magazine*於1736年複製的篇幅，的確提供了另一——外在
但依然是文本化的——小說脈絡。這些篇幅記錄在敘述體中，有著自
我證定、但亦常常是十分矛盾的位置：既堅稱外在的指涉，也矛盾地
提醒人們，他們只有透過其他的文本，才能知曉外在的世界。該把明
顯的文本互涉性，作為正宗形式的旁注文本的後現代用法，一方面運
作於、另一方面顛覆著依然是小說文類典型的現實主義機制，甚至在
其更為後設小說的形式上亦如是。諷擬地玩弄著，可被我們喚作現實

主義呈現的外觀形貌，最近大量地增長著，也許是由於科技給與我們新的面貌。例如，錄音機這通行工具，已經把我們帶入（錄音訪問、轉譯、及編輯的）「有聲的書本」，及基於錄音記錄的非虛構小說裏。這些錄音記錄，也許似乎可以濾去敘述者，而容許人們某種直接進入眞實世界的法門——只要我們不管錄音過程本身，加於說話者的歪曲效果。該假冒客觀的後設小說諷擬，有時會以會話錄音過程中，強烈的文本自覺形式出現（如珠莉奧・柯達薩Julio Cortazar的《霍普史葛茨》*Hopscotch*，或杰克・霍德根斯Jack Hodgins的《世上的發明》*The Invention of the World*）。

可是，在某一層意義上，這些後現代諷擬手法所指向的，是承認一切不過是那些早期現實主義外飾，科技上的更新：口語陳述，文字上的、筆錄上的譯寫。《頑念》充滿了後設小說的反諷，帶著眞實性的架子，但卻有著更多謬誤的（或小說性的填充補遺的）空間。在詢問之下，以速寫記錄目擊證人證供的書記承認：「我在以全寫抄錄之時不能辨清的一切，我便自由增補。所以我也許使他伏罪而死，或無罪釋放，沒有比這更聰明的做法了」（福爾斯1985：頁343）。史記式後設小說同樣使用著某些較新的外飾，以模擬電子複製的口語文化，卻又經常意識到，讀者只能以書寫的形式，接觸該口語文化。正如小說家朗奴德・蘇根尼克Ronald Sukenick所言：「小說到底牽涉著把一切印在紙上，這並不是偶然地爲了生產及傳銷之便，而是該媒介的根本要素」（1985：頁46）。

口語傳統在傳統上，直接地跟文化從過去到現在的傳承，及我們對過去的知識相關。在後現代小說中，其具體的角色，與旁注文本倚賴的現實主義外飾，息息相關。自我證定口語現存性的慾望，又吻合於憑文字而永垂不朽的需求。在《大熊的誘惑》*The Temptations of Big Bear*中，盧迪・威伯Rudy Wiebe企圖以非常反身性的方

式，把一個以聲音爲主的歷史角色，捕捉於白紙黑字的小說裏。他同時得以書面英語，傳達印度口語的修辭及儀式的力量。該表現大熊的口語現存性的歷史事實，由於欠缺偉大的克里演說者（Cree orator）的演說記錄（較少現存的錄音），而更形複雜。但小說有關該口頭／書寫語言的對立的文本自覺性，卻指向文本的三重反諷實踐：大熊在過去的動態口語現存性，在今日只能以靜態的印刷，傳達給我們；超越文字的演說魔力，亦只能以文字表達；而也許，歷史事實的眞理，在今日也只能以自覺的小說形式，最爲有力地呈現出來。

插圖，特別是相片，作用上與其他的旁注文本，跟小說性的現實主義機制的關係一樣。在史記式後設小說中，這份外眞確，不足爲奇。如前所述，相片把過去的，呈現爲現存的；又把現在的，呈現爲不能避免地是歷史的。所有的相片，在定義上皆是過去的呈現。在《安渡屠殺》*Coming Through Slaughter*中，米高·安達提爾Michael Ondaatje在旁注文本裏，複製了早期爵士音樂家卜迪·波登Buddy Bolden那楨由貝洛克E.J. Bellocq所拍攝的著名相片。在該傳記式的後設小說內，貝洛克在敘述體的現身存在，及敘述者粉墨登場爲攝影者（及作者），作用便是要把瘋顚失常、而最終沈默無言的波登，其流動、有力、未被錄下的音樂，並置於簡約、靜止、但持久的紙上記載——相片及傳記。可是這兩種形式的記載或呈現，在某程度上，卻只標顯出被記錄的一切的欠缺匱乏。兩者都能把一切記錄下來，但在很眞實的層面上，他們同樣使他們所呈現的眞實，虛假失眞。這便是後現代的矛盾。

在《盧斯達照相機》*Camera Lucida*中，羅蘭·巴爾特提供了另一種觀看相片及歷史的方法，似乎能更有效地解釋，相片對於後現代小說旁注文本的吸引力。相片被認爲可以自身負載指涉物：所指涉的，必然是眞有其物，曾被置於鏡頭之下的。雖然只是曇花一現，卻

可複製於紙上。正如巴爾特所言，在過去「東西曾在這兒」（1981：頁76）。相片以語言永遠不能做到的形式，證實它所呈現的、曾在這兒的一切。不足爲奇的是，史記式後設小說者，在掌握有關過去呈現的同樣課題時，也許會爲了比喻及靈感，而希望轉向該其他的媒介，該「現存性的證明」（certificate of presence）（頁87），該有關過去眞實，矛盾地自損性、但又眞實化的呈現。如前所示，華爾特・班雅明Walter　Benjamin早已洞見，攝影可以同時顚覆浪漫主義的唯一性，及作者的眞實性，而在其攝影旁注文本呈現的中心裏，正是該顚覆作用，時常被後現代小說以矛盾的方式前景化：相片繼續是欠缺的現存（presences of absences）。他們既證實過去，亦剝奪其歷史性。跟寫作一樣，攝影是記錄，亦是轉化；呈現活動，常常便是變易活動，不論在語言，還是在意象上，它經常有著其政治性。

　　這些不同種類的歷史事件軌跡，歷史家所喚作文件記錄的一切——不論是剪報、法律條文、或攝影插圖——嵌入於後現代的旁注文本之中，把所有解自然化，尤其是前景化了其所呈現一切的文本性。這些檔案文本可見於腳注、引題、序、及跋之中，有時他們會被直接地空降於小說論述之內，仿如拼貼。可是，他們所做的，卻是再一次地提出該重要的後現代問題：我們知曉的過去，有多準確？在這些小說裏，我們字面上看到了歷史的旁注文本，過去的論述或文本，其檔案記錄及其敘述化的呈現。但所有這些自覺性的最終結局，卻並不是要爲我們對該問題提供任何答案，而只是要提出更大的質疑。歷史寫作（少一點小說成分），怎樣可以開始處理柯威Coover的森姆叔叔Uncle　Sam所喚作「事實本身致命性的偏頗無效」呢？

第四章　諷擬的政治學

諷擬的後現代呈現

諷擬手法（Parody）——常常被喚作反諷的援引、仿作、借用、或文本互涉性——通常被視爲後現代主義的中心所在，對其貶抑者與其支持者皆然。於藝術家來說，後現代據說牽涉搜尋過去的意象存案，以顯示諷擬所引起關注的呈現歷史。以亞碧蓋爾・所羅門－葛都Abigail Solomon-Godeau（1984a：頁76）的恰切言辭來說，杜象Duchamp的現代主義「現成的一切」（ready made），變了後現代主義「既成的一切」（already made）。可是，該有關過去藝術的諷擬重奏，並不是懷舊的，反而經常是批判性的。它同時並不是非歷史性的，或解歷史性的；它並不把過去的藝術，硬生生地扯離其原生的歷史脈絡，而把它重新組合成某種表現性的景象。相反，藉著置入及反諷（installing and ironizing）的雙重過程，諷擬顯現了現行的呈現形式，如何源於過去，而過去和現在的連貫性和歧異性，又有著甚麼意識型態上的影響。

諷擬活動亦同時拒斥，人文主義有關藝術的原創性及獨一性（artistic originality and uniqueness），和資本主義對於擁有權和資產意念的假設。諷擬活動——正如任何形式的呈現活動般——使把原創的東西作爲珍貴的、獨一的、及有價值的一切這概念，（以美學及商業上的措辭來說）受到質疑。這並不意味著，藝術已失去其意義及目的，但它不能避免地會有著新的及不同的重要性。換句話說，諷擬活動著力前置呈現的政治作用（the politics of representation）。不用說，這並不是後現代諷擬爲人認同的觀念。通行的看

法是，後現代主義提供了，對過去形式取向中立、裝飾性、解歷史化的援引，而這對於我們過度為意象所滲透的文化來說，最為恰切有效。相反地，我希望爭論的是，後現代主義的諷擬手法，（藉著反諷）是把廣受承認的呈現歷史（及政治學），在價值標準上問題化，及解自然化的形式。

　　有趣的是，很少後現代主義的評論者，實際上使用「諷擬」一詞。我想原因是該詞語本身，仍然帶有十八世紀雋語及嘲諷的意味。可是我要提出的爭論是，我們不應被該局限於某時期的諷擬定義所規範。而二十世紀的藝術形式給我們的教訓是，諷擬是有著廣闊界限的形式和目標的——從雋永的嘲諷，到玩笑式的荒謬語，及嚴肅的敬辭。很多批評家，包括詹明信在內，把後現代的反諷援引喚作「仿作」（pastiche），或空泛的模擬。假設著只有與別不同的風格，才能被諷擬，而今日則不再可能有著該新奇性及個別性了。可是，從薩爾曼・魯殊迪Salman Rushdie及安祖拉・卡特Angela Carter既諷擬而獨特的聲音看來，該見解似乎難以自圓其說，事實上大可對之不加理會——如果它不是有著強而有力的後著，證明其見解的話。

　　例如，仿作曾被認為是新保守派後現代主義（neoconservative postmodernism）的「欽定標記」（official sign）（佛斯特1985：頁127），因為它被說成妄顧過去的脈絡和聯繫，而錯誤地企圖解決「藝術的衝突性形式及生產模式」（頁16）。可是我的看法卻是，後現代的諷擬，並不妄顧其援引有關過去的呈現脈絡，反而使用反諷，以宣示人們今日已不能避免地與該過去分隔開來——藉著時間，亦藉著那些接踵而來的呈現歷史。這裏有著連貫性，但同時亦有著反諷的歧異——正好是被該歷史本身促成的歧異。在後現代的諷擬中，不但沒有對衝突形式（錯誤或其他）的解決方案，反而前置了那些衝突本身。試想艾誥Eco的《玫瑰之名》*The Name of the*

*Rose*裏各種諷擬的文本：楊・普托基Jan Potocki的《自沙哈各斯尋來的手稿》*Manuscrit trouve a Saragosse*及波基斯Borges的作品，考南・多爾Conan Doyle及維根斯坦的寫作，《考安納・西普利安尼》*Coena Cypriani*，及從偵探小說到神學論辯，如斯廣泛的常規。反諷（Irony）使得這些文本的交互指涉，比單純的學術遊戲，或某些不斷反覆的文本活動，更為複雜。喚起我們注意的，是廣泛的形式及生產模式下的整個呈現過程，不可能找到任何的總合性模楷，以解決因此而來的後現代矛盾。

　　藉著對比，可以爭論的是，歷史連貫性及呈現脈絡較少問題的觀念，為多斯・巴索斯Dos Passos的美國三步曲，提供了穩定的情節結構。但該穩定性本身，卻在多托羅Doctorow的史記式後設小說《黑人爵士樂》*Ragtime*中，被其把同樣的歷史素材重組的後現代反諷手法所質疑。藉著諷擬多斯・巴素斯的歷史性本身，多托羅既使用、亦濫用一切。他利用著我們對於佛洛依德Freud或容格Jung或高德曼Goldman曾經於歷史上存在這知識，挑戰我們有關可以構成歷史眞理的一切，其未經審度的意念。後現代的諷擬，大概拒斥過去的修正或重讀，既肯定、亦顛覆歷史呈現的力量。該一方面承認過去的遙遠性，另一方面又需要在現在處理它的矛盾，曾被喚作後現代主義的「喻況傾向」（allegorical impulse）（歐文斯1980a：頁67）。我則會簡稱之為諷擬。

　　彼德・亞克萊德Peter Ackroyd的《查特頓》*Chatterton*提供了一個極佳的例子，以顯示後現代小說的形式與內容，如何於視覺及語言媒介中，把呈現活動解定論化，因而準確地描畫出諷擬的解構潛能——換句話說，其政治作用。《查特頓》是有關歷史及呈現的小說，亦是有關諷擬及剽竊的小說。正如其題目所顯示的那樣，在這裏（歷史、傳記、及藝術的）呈現中心是湯瑪斯・查特頓，十八世紀的

詩人及「僞造者」——也就是，被傳爲屬於中世紀僧人的詩歌的原作者。小說假定，與官方的傳記歷史相反，查特頓並不在1770年死於自殺，年方十八歲（於是成爲了天妒英才的典型代表）。相反地，這裏提供了兩個其他的版本：他死了，但不死於自殺，而是死於他不適當及不熟練地自行治療性病時的意外；及他並不死於18歲之年，反而訛稱已死，逃避騙徒之名，而繼續以餘生，創造出更多偉大的僞作，例如一些今日我們認爲是威廉・布雷克William Blake的作品。

官方的歷史記錄刊於小說的第一頁，使讀者時常意識到小說的偏離，包括實在歷史性的，如亨利・華里斯Henry Wallis有關查特頓之死的十九世紀名畫。畫中詩人屍體的意象，源自某模特兒：作家喬治・麥勒迪斯George Meredith。該畫幅的產生，提供了情節活動的第二行。十八及十九世紀的故事，因此而延長了，相對於當代的故事。後者亦同樣牽涉一位詩人（查理斯・韋希瓦德Charles Wychwood）。該詩人找到了一幅畫，他相信畫中人正是年邁的查特頓。添進該本來已是諷擬地複雜的情節的，是查理斯有時會爲一個善於剽竊的作家而工作。她又依次地有著一個正在寫作有關英國繪畫史中，死亡之美的呈現——如華里斯的查特頓般——的朋友。查理斯的妻子，又受聘於一間處理贋品的畫廊。於是，從一開始，該小說便自覺地、甚至過份地與呈現活動相關——它的幻像及它的力量、它的可能性及它的政治性皆然。在十九世紀的情節線索中，麥勒迪斯爲了華里斯，而佯裝已死的查特頓，自稱「模範詩人」，因爲「我正在假裝別人」（亞克萊德，1987：頁2）。無論如何，他正在不安地扮演著已死的詩人：「我可以忍受死亡。我不可以忍受的，是死亡的呈現」（頁2及138）。

所有在小說中的視覺及語文呈現，皆十分重要：從所描述的畫像，到小說念念不忘的，把名字作爲人物的呈現。華里斯的查特頓之死的繪

畫呈現，對於各種情節及小說的主題，皆非常重要。但作爲模特兒的作家，亦不能被忽略：當華里斯繪畫麥勒迪斯之時，他們談到在——文字及繪畫上的——呈現中，眞實的相對於理想的一切。兩種形式，皆被喚作創造了「眞實的假像」（true fictions），矛盾地固定與妄稱現實。最終的反諷是，所呈現的一切，將會持續地存在下去；但他們的創造者及模特兒卻不會。華里斯的現實主義信念：眞實的始終存在，「只需要把它描繪出來」，被麥勒迪斯的信念反駁下來，一部份是由於被繪畫的眞實（查特頓）的一切，其實是屬於麥勒迪斯的。他提醒大家：

　　我說的是，文字是眞的，亨利，我沒有說其描繪的一切是眞的。我們親愛的已故詩人，無中生有，創造了僧人羅利Rowley，可是該僧人，卻比任何確有其人的中世紀僧人，有著更多的生命力……查特頓不僅創造了一個個別的人。他創造了整個時代，更把其想像力，據爲己有……詩人不獨再創造或描寫世界，他實際上創造了世界。（亞克萊德，1987：頁157）

同樣地，華里斯藉著其呈現的麥勒迪斯畫像，爲後人創造了查特頓之死：「這畫幅將被永遠地懷想爲眞正查特頓的死亡」（頁157）。而這亦的確如是。甚至將死的查理斯·韋希瓦德，也把自己認同查特頓這使其困擾的人，而感到自己——在將死之時——存活於華里斯對死去的查特頓的呈現下。但查理斯知道他應該拒斥這一切：「這並不是眞的。我不應眈擱於此。我以前已經看過了，這不過是幻覺」（頁169）——在多於一層的含義上如是。

　　該小說的情節，有著很多類似的反身性時刻，又有著以剽竊、僞造、假冒、及諷擬爲主的，疑團重重的巧合。第六章甚至是由查特頓

現身說法的，告訴人們他如何混合真實的及小說的，技巧上頗近於
《查特頓》，而「再生產過去」：「所以到底我們有沒有在每一行中
感到其韻律呢？因爲最真的剽竊，亦是最真的詩」（亞克萊德1987：
頁87）。於同樣地自覺的方式上，歷史的記錄，顯得並不保證任何
的真實性。當查理斯閱讀查特頓生平的各歷史呈現時，他發現「每一
篇傳記所描述的，都是頗爲不同的詩人：甚至最爲簡單的觀察，亦與
其他的有所抵觸，使得沒有甚麼似乎是肯定的」（頁127）——主體
不是，在現時知曉過去的可能性亦不是。後現代歷史方面的處境，也
許可被描述爲對於極端的不確定性的接納：「爲甚麼歷史研究不應該
……維持其不完整的狀態，作爲某些可能性而存在，而不衰落爲知識
呢？」（頁213）。假設爲真實的記錄——繪畫，手稿——變成贗品；
死亡的美麗呈現，變成謊話。小說以有關砒霜毒素的死亡真相的有力
文字作結——與華里斯自其（非常生機勃發的）模特兒，那麼漂亮地
「描繪」出來的死亡，頗有分別。

今日很多其他的小說，同樣地挑戰著隱藏著的，或不被承認的政
治作用及美學呈現的忌諱。他們以諷擬作爲聯繫現在與過去的方式，
卻並沒有假設呈現的透明性——無論語言上的、還是視覺上的。例如，在
莉達及天鵝的女性主義諷擬中，安祖拉・卡特的《馬戲團之夜》
*Nights at the Circus*裏（喚作費威斯Fevvers）的主角，成爲
了「不再是想像出來的小說，而是平白的事實」（卡特1984：頁286）
——「女性的典範」，「百年難遇的純潔男孩，現在正展翅等候，再
沒有女性會在新時代中受到束縛」（頁25）。小說裏《佩利克利斯》
Pericles、《哈姆雷特》*Hamlet*、及《高力法之旅》*Gulliver's
Travels*的諷擬指涉，跟葉慈Yeats的詩句作用相同。當描述到妓寨
內滿是奇形怪狀的女子，猶如「該女性的雜物房，該感情的零碎店」
時（頁69），她們卻又全都是「人」（Man）——以反諷的女性角度，

表現該傳統或經典的男性中心呈現類型。這些便是諷擬手法引起人們關注的呈現的政治學。

　　正如我曾經反對把後現代的諷擬手法，從屬於仿作這無歷史的空泛領域，我亦不希望建議說，在許多當代的文化項目中，沒有對於過去意義的懷戀及新保守性的尋求；我只想在於該類實踐及後現代諷擬之間，劃下界線。後現代諷擬跟過去一切的關係，基本上是反諷的及批判的，而不是懷舊的或復古的。它把人們有關過去的呈現所假設的一切，「解定論化」。後現代諷擬，既是解構地批判性的，亦是建設地創作性的，矛盾地使人們意識到呈現——於任何媒介上——的局限和力量。雪莉・里文Sherrie　Levine——作為今日藝術界彼雅・孟納德Pierre　Manard的諷擬，其名字將在這裏被不斷地提及——曾說過，為甚麼後現代主義，是躲不開諷擬手法的：

> 每一個字，每一個意象，皆是租借抵押而來的。我們知道，圖畫不過是一堆意象，所佔據的空間。沒有一處是原創的，只有彼此混合的和互相衝突的。圖畫不過是取材自數不盡的文化中心的一串引句……。觀看者是一塊刻板，所有組成圖畫的引句，皆毫無遺漏地嵌於板上。（里文1987：頁92）

當她拍攝愛根・謝爾里Egon　Schiele的自拍照時，她不獨諷擬地引用該藝術家的作品，更包括藝術作為表情達意感（art-as-expression）的常規及神話，更指向該特定觀念上的呈現的政治學。

　　馬克・湯西Mark　Tansey喚作《單純的眼睛試驗》*The Innocent Eye Test*的諷擬畫幅，使用了另一個經典的呈現形式。它展現了保勒斯・普特Paulus Potter 1647年畫幅《牛犢》*Young Bull*的另一面。該畫幅曾被接受為現實主義藝術的典範。可是湯西

諷擬的現實主義複製，則把該作品描述為被母牛所審核。除了母牛，又有甚麼可以更完善地評訂該「牛型」的現實主義作品，是否成功？又有甚麼可以更完善地以反諷的形式，象徵模仿理論呈現透明性所假設的「單純的眼睛」？（已然瞄準，隨時當頭棒喝，以防她用物質性的措辭「提出」異議）。這便是後現代反諷的諷擬手法（postmodern ironic parody），使用現實主義的常規以自諷，把呈現的複雜性及其潛伏的政治性前景化。

　　當然，諷擬手法亦同時是很多現代主義藝術的主流模式，特別是艾略特T.S. Eliot、湯瑪斯‧曼Thomas Mann、及詹姆斯‧喬伊斯James Joyce的寫作，及畢加索Picasso、莫奈Manet、和瑪格列特Magritte的繪畫。這些作品皆使用諷擬手法，既嵌入常規及歷史，亦與兩者保持距離。從現代主義到後現代主義，連貫地使用諷擬手法，作為借用過去的策略，可見於他們對於呈現常規，共同（妥協性）的挑戰。可是，在諷擬用法的最終影響上，兩者卻有著重大的差異。這並不是如某些人所宣稱的，現代主義是認真的及重要的，而後現代主義則是反諷的及諷擬的；而是後現代主義的反諷，拒斥現代主義朝向終結或最少是距離上的反覆追求。共謀性（complicity）常常伴隨著批判性（critique）。

　　現代主義有關終結（closure）、距離（distance）、藝術的獨立性（artistic autonomy）、及呈現的非政治本質，其種種隱而不宣的假設，皆是後現代主義努力顯現及解構的。在後現代的諷擬中：

> 現代主義假冒的藝術獨立性，已被意義生產時必然涉及的「文本互涉」本質（ intertextual nature）的展現，所進一步地顛覆了；我們再不能毫無疑問地假設，「藝術」在某程度上是「外在於」其他呈現實踐，及其當時的建制的──特別是，那些構成

我們那麼問題重重地喚作「大眾媒介」（the mass-media）的一切。（栢根1986a：頁204）

這些諷擬呈現策略的複雜性，可見於巴巴拉・克勞格爾Barbara Kruger或蘇菲亞・科布絲姬Silvia Kolbowski，所諷擬地借用大眾傳媒意象的相片之中。題為《相生相》*Photographs Beget Photographs*的1988展覽（由明尼亞波利斯藝術協會主辦），恰切地顯示了諷擬的後現代遊戲及攝影史的意義——既作為科學上準確的檔案記錄，亦作為形式主義的藝術。瑪利安・法爾勒Marion Faller及賀利斯・法萊普頓Hollis Frampton表現了「『蔬菜運動』的十六項研究」，使用（一般來說是靜止的）蔬菜及生果作為主題，（在其題目及形式上）諷擬穆布烈治Muybridge有關人類及動物科學運動的著名研究。在同一展覽中，其他的藝術家，則選擇諷擬安素・亞當斯Ansel Adams（約翰・普法爾John Pfahl，占美・史東Jim Stone）或威斯頓Weston（也是普法爾Pfahl，肯勒斯・約瑟遜Kenneth Josephson），把攝影作為高雅藝術（photography-as-high-art）的圖像的手法。經常反諷地指出，現代主義如何使攝影呈現神秘化及經典化。與把諷擬作為某種非歷史及非政治仿作的流行觀念相反，像這樣的後現代藝術，使用諷擬及反諷手法，並透過再思他們一般不被承認的呈現政治性，把藝術史及觀看者的記憶，投進美學形式和內容的重新審訂上。正如多明尼克・拉卡普拉Dominick LaCapra曾如此有力地指出：

反諷及諷擬本身，並不是遺世獨立的明確符號：對於非政治的、超越性的自我來說，可以飄浮於歷史現實之上，或沈沒於困境的深淵引力之下的。相反地，某種反諷及諷擬的用法，也許同時扮

演著意識型態批判及政體預期的角色。在這裏，承諾本身並不排斥、反而帶來了某種力量。縱使在最深的承諾及慾望中，仍然保留著批判性的疏離。（拉卡普拉1987：頁128）

後現代主義正好提供了該「反諷及諷擬的某種用法。」

雙重編碼的政治學

作爲反諷的呈現，諷擬在政治的措辭上，是雙重編碼（doubly coded）的：它既合法化、亦顛覆它所諷擬的。該類獲得授權的越軌行爲，正好使它成爲一般後現代主義政治矛盾的就手工具。諷擬可被用作反身性的技巧，爲藝術而藝術，但同時亦顯視出，藝術是不能避免地牽涉著其美學及甚至社會上的過去歷史的。其反諷的報復，又爲我們文化使意識型態合法化的方式，提供了某種自覺的內殖符號。某些呈現形式，是如何被合法化及授權的？是犧牲了甚麼而換來的？諷擬手法可以提供一種探討該歷史過程的方式。在其女性／反戰主義作品《卡桑德拉》*Cassandra*中，我們看到克麗絲達・渥爾芙Christa Wolf諷擬地重寫荷馬Homer有關人及戰爭的故事，爲特洛伊城之戰Trojan war，提供經濟及政治，而不是浪漫的起因（直達博斯波魯斯Bosporus的貿易路線，及性的優勢，而不是爲了凱倫Helen），更講述特洛伊城婦女的日常生活。這些鮮被言及的故事，並沒有被外來的統治者——希臘人——的歷史及史詩敘述所記錄下來。其他的文本亦同樣被諷擬——埃斯克勒斯Aeschylus的《奧麗斯蒂亞》*Oresteia*、赫洛多德斯Herodotus及亞里士多德Aristotle的寫作、哥德Goethe的《浮士德》*Faust*、席勒Schiller的〈卡桑德拉〉——而很多時候，重寫的重心，都在於男性有關女性（或缺乏女性）的呈現。正如渥爾芙在其論文〈敘述體的處境〉 "Conditions of a

Narrative"（該論文附載於《卡桑德拉》的英譯本內）所宣稱那樣：
「話語的匱乏，轉化爲身份的匱乏，何其快捷？」（渥爾芙1984：
頁161）。對於卡桑德拉來說，此言尤其眞確。雖然她可以說話，卻
無人相信。此外，像渥爾芙的問題那樣：「在人們寫及她之前，到底
誰是卡桑德拉呢？（因爲她是詩人們的創造物，只有透過他們，她才
能說話。我們只有他們對她的看法）」（頁287）。由於人們只有透
過男性對她的呈現，才能知曉卡桑德拉，故此渥爾芙唯有加上她自己
的女性主義呈現。當然，這依然同樣地是作者的「創作」。

在女性主義的藝術中，包括文字上的及視覺上的在內，呈現的政
治學皆無可避免地牽涉著性別的政治學：

> 女性打扮自己的方式，男性觀看女性的方式，女性被描繪於傳媒
> 的方式，女性觀看自己的方式，男性性慾變成盲目崇拜的方式，
> 身體美的標準──大部份是文化呈現的各種形式，而因此雖被規
> 範，卻恆久不變。（瑪倫1988：頁7）

後現代的諷擬策略，常被女性主義的藝術家所使用，以指向那些文化
呈現方式的歷史及歷史力量，又同時反諷地把兩者脈絡化，以解構一
切。當蘇菲亞・史萊芙Sylvia Sleigh在其生動地題爲《躺臥著的菲
臘・果洛拔》*Philip Golub Reclining*的作品中，諷擬維拉斯克
斯Valasquez的《羅克比的維納斯》*Rokeby Venus*時，她便是藉著
明顯的性別倒置，把女性色慾裸體的圖像傳統，解自然化。在這裏，
男性被呈現爲躺臥著的、衰弱的、及被動的。單是題目，已諷擬地對
抗著女性模範，作爲男性慾望的類型神話形象，這具體但無名的呈現
形式。該後現代的版本，有著素描的歷史特定性。但在後現代的諷擬
中，不獨高雅藝術呈現的歷史，被「解定論化」：1988年的《媒界

後媒界》展覽*Media Post Media*（紐約史葛漢生畫廊），所表現的混合媒介作品，諷擬了高雅藝術（大衛・沙勒David Salle）的呈現實踐，但亦同時包括大眾傳媒（影帶、廣告）。所有十九個藝術家皆是女性，也許強調了，藉著呈現的政治批判，女性贏得的，比失去的多。

有些男性的藝術家，在該呈現的裝置中，使用諷擬手法，以探討他們自身的共謀性，而同時繼續企圖為批評學尋找空間——不論如何節衷妥協。維克多爾・栢根Victor Burgin的攝影，正是該共謀性批判的後現代形式的一個例子。在一幀源自《橋》*The Bridge*系列的相片中，他藉著「改編」（transcoding）其女性主體，諷擬約翰・愛威律・米萊John Everett Millais的《奧菲莉亞》*Ophelia*。模特兒以奧菲莉亞的姿勢被呈現，所描繪的卻是金・努維克Kim Novak在希區考克Hitchcock電影《暈頭轉向》*Vertigo*中呈現的角色瑪德蓮Madeleine。這並非透明的現實主義呈現：水，明顯地是玻璃紙（諷擬塞梭・畢頓Cecil Beaton在其時裝攝影中使用的玻璃紙）；而模特兒，則明顯地穿戴著周期件數的假髮及裙裳。但該奧菲莉亞／瑪德蓮／（時裝）模特兒人物，卻依然被呈現為已死的或將死的，在上文下理中，縈繞不斷地成為了在男性的偷窺好奇心態探究下的謎。栢根承認自己是現代主義訓練出來的藝術家，希望在其攝影中，擠出藝術史的稠密及豐盈，但他同時亦希望達成兩點：首先，使用諷擬手法，以擺脫藝術史的「桎梏」（dead hand）及其對於永恆的價值及即興的才華的信念；其次，使用呈現的歷史（在這裏是繪畫及電影），以批判地評核男性有關女性呈現的政治學——包括他自己的在內。

性別與階級政治學的交匯，是栢根的特定興趣所在。在一系列諷擬愛德華・賀伯Edward Hopper的繪畫《辦公室之夜》*Office*

at Night 的相片中，他以在資本主義之內、及為資本主義而設的性
慾組織措辭，重新詮釋該經典肖像（柏根1986b：頁183）。賀伯把
秘書及她的上司，在辦公室中工作至夜深，描繪為代表所有在資本主
義父權價值系統下的夫婦：男的對女的視而不見。女子緊身的裙裳及
豐滿的體態，加上低垂的雙眼，使她既誘惑、亦謙厚。柏根認為在相
片中男性對女性視而不見，容許了男性的觀賞者凝望及享有相片中的
女性，而又同時安穩地認同於，並不凝望、亦不享有她的那位男性。
柏根的《辦公室之夜的準備工作》*Preparatory Work for Off-
ice at Night*，反身地把這些呈現，及他們現時被問題化的政治性，
藉著空置（安穩的）男性，在性別及階級的措辭上，更新到現在的時
空。

　　當我們討論諷擬及其政治學之時，所考慮的，不獨該類視覺藝術
而已。例如拉丁美洲的小說，便持續地強調著諷擬內在地政治性的特
色，及其對於常規及權威的挑戰。呈現的政治學（the politics of
representation），及政治學的呈現（the representation of
politics），在諷擬的後現代史記式後設小說中，經常攜手共進。諷
擬成為了——在藝術及歷史中——反諷地重訪過去的形式。在小說如
薩爾曼・魯殊迪Salman Rushdie的《午夜之子》*Midnight's
Children*般有著雙重的諷擬交互文本：格拉斯Grass的《錫鼓》*The
Tin Drum*及史特恩Sterne的《脫斯特蘭姆・山迪》*Tristram
Shandy*。兩者皆把呈現政治化，但卻以非常不同的方式。《午夜之
子》把所有格拉斯小說內，德國的社會、文化、及歷史細節，譯寫作
印度的脈絡。此外，薩里姆・西奈Saleem Sinai跟小奧斯卡Oskar
與其社會肉體上的疏離隔漠，亦一般無異。兩人皆向別人講述故事，
也同樣提供了字面上自我成長的小說：啟蒙小說（*Bildungsroman-
en*）。用薩里姆的話來說，則是顯示了他們如何被「歷史縛手縛腳」。

這裏藉著把呈現活動明顯地政治化及歷史化,而達成了政治學的呈現。

　　薩里姆及奧斯卡兩人的故事,都有著山迪式的開端——或非開端。而兩個敘述者,皆讓人想起史特恩更爲早期的、對於敘述常規的諷擬手法。可是,在魯殊迪的文本中,《脫斯特蘭姆・山迪》的文本互涉手法,卻不僅藉著提醒人們,暫時性(contingency)是不可避免的,而努力減弱薩里姆妄自尊大的組織及系統化企圖。亦同時指出帝國主義的英國過去,字面上是薩里姆,也是印度自我呈現的一部份。諷擬的結構,使該過去被承認爲既是被嵌入的、亦是被顛覆的。文學上遺留下來,英語的印度寫作,不能避免地是雙重性的,跟歐瑪・卡恩姆 Omar Khayyam 在《醜事》*Shame* 中清楚地看到的一樣。在黑人的美國寫作中,同樣的政治矛盾,亦成爲諷擬手法的使用基礎。伊斯美爾・利德 Ishmael Reed 曾諷擬歷史小說(《加拿大之旅》*Flight to Canada*)、西部故事(《黃色背的收音機壞了》*Yellow Back Radio Broke-Down*)、偵探故事(《嘰哩咕嘟》*Mumbo Jumbo*)、迪更斯 Dickens(《可怕的另一半》*The Terrible Twos*),及《湯姆叔叔的艙房》*Uncle Tom's Cabin*(《加拿大之旅》)),但一切卻經常寫於政治脈絡之內,指向主流的白人傳統噤聲之處:既是有關黑人的呈現、亦是由黑人所呈現的,整個有關過去及現在,非洲美國的文學傳統。

　　類似地把過去及其呈現實踐,批判地脈絡化及借用的做法,也可見於視覺藝術,如三藩市的現代藝術博物館的《再看一眼》*Second Sight* 展覽。在這次展覽中,馬克・湯西 Mark Tansey 展現了他題爲《紐約學派之勝利》*The Triumph of the New York School* 的繪畫。在這裏運作的諷擬是多重性的。題目指涉愛溫格・桑德勒 Irving Sandler 的著名課本《美國繪畫之勝利》*The Triumph of American Painting*。但作品本身卻又反諷地把該題目演譯出來:

法國軍隊的成員（看似畢加索Picasso、杜象Duchamp、艾普利尼爾Apollinaire、及利雪Leger），把他們過時的軍備，獻給技術上更爲超卓的美國軍隊（代表的軍官包括傑克遜‧普洛克Jackson Pollock、克利蒙‧格林柏格Clement　Greenberg、及班納特‧紐曼Barnett　Newman）。湯西的整體構設，是維拉斯格斯Velasquez的《伯利達的投降》*Surrender of Breda*（1634），既呈現了在三十年戰爭中，騎士的特定活動，及更爲普遍地把戰爭用以榮耀藝術的做法（見比歐1986：頁9）。在這裏，一切皆被反諷地倒置，而放進截然不同的脈絡之中。

　　但這裏是否有著可及性（accessibility）的問題呢？假如我們並不承認所呈現的人物，或被諷擬的作品又如何？我認爲其題目的確提醒我們，那裏是找尋可及方法的地方——桑德勒的課本。它跟後現代諷擬小說的聲明章節（例如栢傑爾Berger的*G*、湯瑪斯Thomas的《白色的酒店》*The White Hotel*、班維爾Banville的《科佩尼克斯醫生》*Doctor　Copernicus*）的作用相同。他們也許並不提供所有的諷擬典故，但卻教導人們遊戲的規則，使人覺察到其他的可能性。可是，這並不是要否認，在任何藝術的諷擬用法中，皆存在著非常眞實的精英主義的、或不可及的威脅。該可及性的問題，是後現代呈現政治學的一部份，不容置疑。但卻正是後現代諷擬的共謀性——既嵌入、亦敗壞其所諷擬的——對其是否可以被理解，起着關鍵的作用。這也許解釋了特別是很多後現代的攝影師，經常諷擬地重新借用大眾傳媒意象的原因：並不需要知道整個藝術史，才能理解這些呈現形式的批判。所有你需要做的，是留意身旁的一切。但一些藝術家，卻依然希望使用諷擬手法，以恢復高雅藝術史，重新聯繫這現在及過去的呈現策略，以批判兩者。正如瑪莎‧羅絲勒Martha　Rosler所言：

在某些歷史的關鍵時刻，引文〔或我所喚作諷擬的〕容許疏離感
之潰敗，而與隱晦的傳統，重新建立聯繫。可是，把沒沒無聞的
或未被使用的過去提升起來，卻只會強調了跟即時的過去分離，
跟歷史假設的長河，斷然決裂。企圖毀掉統領一切的歷史記載的
可信性，以優惠歷史命定的失敗者的觀點。對引文的致敬
（The homage of quotation），能夠顯示的，並非自我的
隱沒，而是強化及鞏固了的決定。（羅絲勒1981：頁81）

正如我們可在下一個章節裏看到的那樣，羅絲勒透過諷擬攝影史，而
對社會及經濟史的挑戰，實際上提供了呈現「歷史命定的失敗者」的
新觀點。1930年代，美國紀實藝術（documentary art）在財務及
藝術上的成功，相對於其國民貧窮困頓的持續處境，是羅絲勒的系列
作品《在兩個不充足描述系統下的包威利市》*The Bowery in Two
Inadequate Descriptive Systems*，其形式性諷擬所喚起的歷史
脈絡的一部份。

　　巴巴拉·克勞格爾Barbara Kruger選擇借用大眾傳媒的意象，使
用他們形式上，對資本主義及父權呈現策略的共謀性，透過反諷的矛
盾，把衝突的成份前景化。她認為反諷容許了某種距離及批判，特別
是對於意念如「勝任力、原創性、著作、及資產」（克勞格爾1982：
頁90）。溫迅特·李歐Vincent Leo的某些作品，也許看似羅拔·
法朗克Robert Frank作品的變奏或仿作——而他們的確如是。他
們是源自法朗克的經典攝影書籍《美國人》*The Americans*的拼貼
複製而成的。曾經有人爭論，以為該類諷擬遊戲，有著其自身複雜的
呈現政治學。它指向一隊當代的攝影師，他們不假思索地抄錄下經典
的影象及其技巧，破壞了藝術原創性的神話及奧秘，藉著字面上使用
過去，作為現在的柱石，喚起攝影的歷史；亦批判地評論攝影師如法

朗克,在藝術建構之中的經典地位(所羅門・葛都1984a:頁83)。

　　後現代藝術中的諷擬,不僅顯現了藝術家對於彼此的作品及過去的藝術的關注,它也許實際上共謀於它所嵌入及顛覆的價值——而其顛覆性的力量則繼續存在。後現代諷擬呈現的政治學,跟大部份搖擺樂影帶,援引經典的電影文類或文本的用法,並不相同。以詹明信的定義來看,後者才應被喚為仿作(pastiche)。在後現代的諷擬中,政治學上特許逾越的雙重性,原封不動:敘述性小說、繪畫、攝影、或電影裏,是並沒有辯證的融合(dialectic resolution)、或矛盾補足性的規避(recuperative evasion)的。

後現代電影?

　　在其論文〈後設影院:現代所須〉"Metacinema:a Modern Necessity"中,威廉・西斯卡William Siska以新類型的反身性措辭,標示「現代主義」影院,挑戰傳統好萊塢種類的電影裏,有關保留著正統的敘述結構及呈現透明性的現實主義意念的電影製作:《日落大道》*Sunset Boulevard*、《日以繼夜》*Day for Night*、《雨中之歌》*Singin' in the Rain*等(西斯卡1979:頁285)。他認為「現代主義」對這些的拒斥,所採用的方式,是堅持形式上的不及物性(formal intransitivity),技巧如中斷角色及情節的動向所倚賴的因果關係,分裂空間或時間,或引入「外來形式及資訊」(頁286)。例子包括*W.R.*、《人稱》*Persona*、及《八又二分之一》*8½*。可是如果所引入的「外來」形式是諷擬,那又如何?又假如正是這「外來的」、被自覺地引入的東西本身被諷擬呢?如果我們拿活地・亞倫Woody Allen的《星塵記憶》*Stardust Memories*作為——不管怎樣敬慎地——費里尼Fellini的現代主義*8½*的諷擬及挑戰,那又如何?

　　也許，其結果便是我們應該喚作後現代的那些東西了。跟今日的後現代建築一般，他們與現代主義的過去，有著同樣的關係：對文化的傳承，帶有尊重——亦質疑——的意識，透過反諷地抗拒該傳承的權威，適應變動的形式需求及社會狀況。在這層意義上，後現代主義並沒有現代主義那麼極端；它是更爲刻意地妥協的，意識型態上更爲兩面性或矛盾（ideologically ambivalent or contradictory）。它同時開發、及顚覆在其之前的一切，包括現代主義及傳統上的現實主義。

　　當然，諷擬手法在當代電影中無所不在，也並不經常採用挑戰性的模式。諷擬手法能夠達致跟電影製作的傳統，顯示傳承的關係（雖然在今日常常帶有反諷的歧異）：《證人》Witness重寫了《正午》High Noon的角色結構（男性的律師行辦事員／反戰的女性），甚至仿擬了個別的影象（在高速公路上的惡棍），但卻加入了現代世界，最低限度以亞美殊社團（Amish community）來說，漸增（而不是期望中的漸減）的農村化的遙遠反諷。同樣地，《十字街頭》Crossroads以小說化的措辭，重寫《利德貝力》Leadbelly的主題及形式結構；其相異之處，在於把種族跟布魯斯（blues）音樂的關係前景化。雖然兩部音樂電影，都運作於同樣的歷史架構（在兩邊的情節裏，亞倫・洛瑪斯Allan Lomax及福克維Folkway的錄音，皆擔任著顯要的角色），新的高潮場景，卻有著重要的反諷歧異：它把電子結他相對於錄音室（在原來的版本裏，是六條相對於十二條弦），而加入很重的浮士德式挑戰意味。

　　另一種談及反諷的政治矛盾，也許是視之爲自覺地不及外物的呈現（intransitive representation），喚起另一齣電影的電影，榨取及物性（transitivity）的力量，以創造觀看者的認同。換句話說，透過其（差不多是極爲明顯地）對於觀看者，作爲意識型態內、及意

識型態中的主體的質詢，它即時地顛覆、及嵌入主導意識型態（dominant ideology）（阿爾杜塞1971；貝絲1980：頁56~84）。同樣在其他的章節裏，我曾辯稱，意識型態跟主體性的關係這課題，是後現代主義的中心。在今日，對於人文主義把人作爲連貫、持續、而獨立的個體（而該個體又矛盾地擁有著某些普遍的人類本質）的挑戰，來自四方八面：從後結構主義的哲學及文學理論、馬克思的政治哲學、佛洛依德／拉康的心理分析、社會學、及很多其他的領域。我們亦同時看過攝影及小說——兩種跟電影有著某些相關性的藝術形式——亦參與著質疑該主體性（subjectivity）的本質及構成。現代主義於個體裏，探討經驗的基礎，其目標在於個體如何從碎片中尋找整體的融合。換句話說，其對於主體性的專注（對很多人來說，是定義性的專注），繼續存在於主流的人文主義架構之內。雖然對於整體性頑固的追求本身，暗示著也許會是更爲極端的後現代質疑的開始，這是一種被後現代論述的雙重性（doubleness）所引發的挑戰。換句話說，後現代主義同時運作於，強調及損害（underline and undermine）以連貫而自足的主體，作爲意義或行動的泉源這意念。

　　試想電影如活地・亞倫Woody Allen的《查利希》Zelig。該電影有著很多諷擬的交互文本（parodic intertexts）。包括實在的歷史電影片斷及記錄片的常規，和其他具體的電影如《市民卡恩》Citizen Kane到《紅》Reds。諷擬手法即時指向及超越電影的文本性，展現了我們各種的文化呈現，如何在意識型態上構設主體。《查利希》主要關注的是戰前的歷史及政治，而變色龍查利希則成爲了反諷的象徵。眞實的歷史人物（蘇珊・桑塔格Susan Sontag、素羅・貝洛Saul Bellow）把該象徵的角色查利希「檔案化」及「眞實化」：他的怪異成了他的特色。但一方面作爲某些東西的象徵，而另一方面這些東西又只是希望成爲其他的東西，它本身又有著甚麼含意呢？它所

隱藏的歷史交互文本，為我們提供了該矛盾衝突的答案：作為猶太人，查利希對於扮演著別人的角色，（歷史上反諷地）有著特別的興趣——從以後的發展中，顯而易見。換句話說，這並不僅是典型的活地亞倫式的融合憂慮：種族屠殺的歷史，並不能被該電影的當代觀看者所忘懷。主體在電影院中的呈現歷史亦如是。有關自我的故事，變動頻仍，是不穩定的、離心的、及不連貫的，既對傳統現實主義電影院的電影主題，亦對現代主義於個性的融合及完整性的追尋，作出諷擬。在這裏，唯一獲得的完整性，是觀眾從多變的主角中產生的媒體怪物（*media monster*）。《查利希》是關乎主體構成的電影——既是觀眾本身的主體性，亦是被觀眾所創造的「明星」的主體性。

　　該源於電影製作建制及歷史的批判，是有關亞倫作品後現代的一部份：其既內且外的雙重位置。透過諷擬，它使用、亦濫用主流常規，以強調主體構成的過程，及輕易置入添附的權力的誘惑。透過其諷擬及後設電影的遊戲，它質疑「真實」（*the real*）的本質，及其與「影帶」（*the reel*）的關係。在《開羅的紫玫瑰》*The Purple Rose of Cairo* 中，該質疑甚至變得更為明顯，使得真實的與影帶的生命，以自覺地反諷的形式混合起來。這類後現代的電影，從不會漠視該人文／現代主義對於整體性的需求，反而開發著該需求。可是這開發的活動，卻是以抗衡構設整體性的價值及信念——強調透過呈現的構設行動——之名而施行的。

　　把構成的過程，顯示為不僅是主體性的，亦是敘述性的、及視覺性的呈現，在今日成為了後設影院（metacinema）的產品。這類反身性的後現代變種，引起了對於電影本身的生產及接收的行動的關注。在理查·盧殊Richard Rush的《替身》*The Stunt Man* 裏，觀眾被放於跟主角一般同樣的（詮釋）位置，既使用著（是有效地使用著——以達致戲劇化及懸疑的目的）、亦損害著電影製作的常規；也就是

說，把*常規*以自覺的形式，暴露出來。這種對於我們也許可以喚作發聲行為（enunciation）的關注，是一般後現代藝術的典型，明顯地意識到，藝術是生產及接收於社會、政治、與及美學的脈絡上的。

蘇珊·歐斯頓Suzanne Osten的《莫扎特兄弟》*The Mozart Brothers*清楚地顯示了，諷擬的呈現政治學的複雜性。作為歌劇的導演華爾特Walter，希望把莫扎特的歌劇《唐·吉歐文尼》*Don Giovanni*以墳場為背景，構設連串的回憶。但主演者卻是其合伙寫作者伊天恩·格拉莎Etienne Glaser，本身也是歌劇的導演，亦正好參與著該次製作。在電影中有關綵排歌劇的部份，我們同時看到女導演如何製作有關華爾特的記錄片。她的相機及她女性的角度，定期地引起我們的關注，質疑一切呈現活動的性別政治作用：電影的、歌劇的、及紀實性的。

這是有關瑞典歌劇公司產品的電影，是莫扎特著名歌劇完全地非常規的版本。迎接華爾特Walter反經典的導演決定的，是憤怒的歌唱者、管弦樂團、劇院經理、聲樂訓練者、舞台群眾，簡而言之，是所有曾從事於某些莫扎特式的常規，而把一切視之為不變的「定論」（fixed doxa），視之為「莫扎特的原意」的人。可是，作曲家本身幽靈般的現身，卻持續向華爾特保證，沈悶的是常規——而不是歌劇本身。縱使人們討厭其製作，最少他們將會感性地作出回應。愛的相反，並不是恨，而是無動於中。在電影《莫扎特傳》*Amadeus*中，有一幕諷擬地喚起了《唐·吉歐文尼》的伏克索派諷擬（Volksoper parody）。正當華爾特跟清潔工人及劇場工人大吃大喝，工人們更慫恿高漲地以假聲誦唱著莎蓮娜Zerlina與馬薩度Masetto的交往之時，莫扎特的幽靈在鏡前顯露。莫扎特為他們對其音樂的真實快感而歡欣微笑——縱使這並不是任何傳統規定的唱法，亦不在傳統規定的地方。

該電影顯示了諷擬呈現可以如何運作的最複雜的例子，是介乎歌劇與電影，兩者結構上的平行：歌劇團的成員，承受了歌劇的感情及甚至其情節細節。花花公子華爾特明顯地是現代版本的唐·吉歐文尼；在該次製作中，報復心重的當娜·艾韋拉Donna　Elvira，則由華爾特的前妻主唱。她是強而有力的女人，卻情不自禁地對他餘情未了。華爾特的音樂助手，把自己喚作利波雷洛Leporello，有一次更甚至與吉歐文尼／華爾特交換襯衣來穿，衣帽等更不在話下。華爾特侮辱扮演當娜·安納Donna　Anna的歌手，但她卻沒有可以為其被輕侮的（歌唱）榮耀而作出報復的父親。可是，她反而有著一個扮演母親角色的老師，以其劍鋒似的傘子，攻擊華爾特。同樣地，告訴當娜·艾韋拉，唐氏的風流韻事的，並非利波雷洛，而是辦公室的接待員。他告訴描繪當娜·艾韋拉的歌手，有關華爾特其他的妻子及情史。該前妻自己於是警告電影的女導演，有關華爾特的不忠。但她卻並不是純情的莎蓮娜，需要當娜·艾韋拉的警告及保護：做導演的女子，既是被誘惑的對象，亦是誘惑者。

《莫扎特兄弟》不能避免地暗示出其他的諷擬場景：作為有關莫扎特歌劇的瑞典電影，它自然使人記起跟栢格曼Bergman的《魔笛》The Magic Flute，在既演出、又玩弄著，慣見的透明的現實主義呈現常規上，有著反身性的類同。而這拖泥帶水、非常規的舞台背景，也許正在暗地裏批評約瑟·洛西Joseph　Losey，其著名的維也納歌劇電影裏的美麗水鄉背景。所有這些諷擬及反身性的最後反諷，是人們永遠不能聽到或看到計劃中的製作。人們可以嗎？透過綵排活動，及歌手的交流活動，人們實際上看到了一個反諷地譯寫的《唐·吉歐文尼》的完全足本，最少跟華爾特所預期的那樣，不落俗套。

從後現代小說中製作出來的電影，似乎特別地開放於複雜的諷擬指涉。雖然，所有小說式敘述的電影，皆牽涉兩個非常不同的呈現系

統的衝突，但在後現代的形式裏，還有著更深一層的複雜性。約翰·福爾斯John Fowles的《法國中尉的女人》*The French Lieutenant's Woman*，有著強烈的敘述反身性，及稠密的諷擬交互文本（既是特定的維多利亞小說，亦是文類的常規），必須被電影化地轉譯，把其持續的小說性，轉變為電影性的關注。

　　另一個例子則是曼奴爾·普依格Manuel Puig的小說《蜘蛛女之吻》*Kiss of the Spider Woman*。在戲中，莫蓮納Molina的說話充滿反諷，其有關電影諷擬的口語呈現，必須嵌入於觀眾的視覺。但對於莫蓮納的獄中同伴華倫汀Valentin來說，又必須維持於敘述形式。小說中所敘述電影的數量，在電影中必須被大為刪減，而又不喪失呈現過程本身的作用及重要性。此外，如前所見，小說以長篇大論的腳註形式，作為伸展性的旁注文本諷擬，充滿著真實的心理分析資料泉源（但這些資料，卻完全沒有解釋他們假定可以說明的主題）。該反諷只能藉著人物角色的交流，而展示出來。

　　在這些及其他的電影中，諷擬並不是自我觀照的自戀形式，或電影學院訓練出來的導演行內的援引。卡露絲·索拉Carlos Saura的《卡門》*Carmen*，把法國高雅藝術（比才Bizet的歌劇及美希美Merrimee的文學作品），複雜地轉譯為西班牙法拉明高（flamenco）的常規，為諷擬呈現實際上可以達致的那類政治批判，提供了極佳的例子。法拉明高在歷史上並非高雅藝術的音樂及舞蹈；它是窮人及社會上被邊緣化的一群人的地區普及藝術。索拉的電影，是跟西班牙民族藝術，及歐洲高雅藝術文化（對於樣板的外來東西極感興趣）的古今傳統，息息相關的。

　　可是，正如《法國中尉的女人》那樣，其對話的雙重性（dialogic doublings），使其成為非常後現代的電影。它在文本上自覺到——亦挑戰著——介乎文類，及最終介乎藝術與生活之間的界限。

引領向外面的世界。如一堵牆般大小的窗戶，卻被簾幕所遮蔽，而演出則在簾幕之後。有點令人想起費里尼Fellini的《管弦樂團的綵排》 *The Orchestra Rehearsal*，演出本身既是某種音樂形式的記錄體，亦是小說的綵排。附加於此的，是情節反身性的結構。舞蹈員開始——在他們的私生活中——投入於小說裏嫉妬及熱情的角色。事實上，作為觀眾，人們時常不能決定自己所觀看的是小說，還是舞蹈者的「真實」生活行為，因而強調了電影裏雙重的邊界活動（doubling boundary play）。《卡門》的反身性，亦同時提出了，另一個跟意識型態課題相關的項目：這是一齣有關藝術產生的電影，有關藝術作為源自他人的話語及音樂的呈現。而該呈現卻又透過藝術人物的想像力的過濾，使得男性的碧瑪利安Pygmalion，盼望現實中的女人及舞蹈者，以藝術的形式，成為他的卡門。在這裏，主體構成的明顯過程，強調了介乎主體與征服（between subject and subjection）的淵源關係。

　　我們在以前的章節裏，曾經看過把後現代諷擬手法，視作微不足道，及使一切微不足道的主流觀念，亦同樣可見於電影批評的範疇。詹明信Jameson（1983，1984a）辯稱，電影如《體熱》*Body Heat*或《星球大戰》*Star Wars*中的諷擬手法，是懷舊式逃避主義的符號，透過仿作，「把過去幽禁」，以防與現在抗衡。可是，同時我們亦看到詹明信哀悼在今日的電影中，已經喪失了的歷史意識。他把諷擬藝術，視為不過是自戀性的，作為「消費資本主義本身的可怕控訴——或最少作為使人警覺的病態症狀。社會已經變得無力處理時間及歷史了」（詹明信1983：頁117）。可是，《查利希》、《卡門》、《法國中尉的女人》、及其他後現代的電影，卻實實在在的處理著歷史。雖然用的是反諷手法，但絕不是不嚴肅的手法。詹明信心裏的問題，也許不過是他們並不處理馬克思主義的大歷史（Marxist

History）而已。在這些電影裏，皆沒有正面的烏托邦歷史意識，對於歷史論述「眞實指涉」（real referent）的可及性，亦沒有無疑的信任。

相反地，他們所暗示的，是在今日對於我們來說，再沒有直接地及自然地可及的過去「眞實」（naturally accessible past real）了。我們只能透過其軌跡及其呈現形式，知曉——及構設——過去。正如我們重覆地看到的那樣，不管是檔案記錄、目擊證人的敘述、紀實電影的片斷、或其他的藝術作品，他們依然是不同形式的呈現，亦是我們唯一可及於過去的方法。詹明信一方面慨歎有著某種特別定義的歷史意義的失去；然後另一方面，又把我們唯一可以知曉的那類歷史，排斥爲懷舊（nostalgia）——一種暫時性及不能避免地是文本交互的歷史（intertextual history）。首先把一切註銷爲仿作及懷舊，然後又慨歎我們當代的社會系統，「已經開始失去其保留自身過去的能力，開始生活於永恆的現在之中」（詹明信1983：頁125）。該說法的可靠性，似乎頗有問題。後現代主義的電影（及小說），如果要有點甚麼的話，必然是糾纏於歷史，及我們如何在今日知曉過去的論題上的。這又怎麼能說是「歷史性的弱化」（enfeeblement of historicity）（詹明信1986：頁303）呢？

像我這樣於英美的語境中寫作，我想詹明信一概而論地把好萊塢的電影，詆毀爲資本主義的批發啓示（生產於同樣地牽連在內的學院），其背後是他對於反諷及模棱手法的懷疑。該懷疑使他看不到諷擬技法中，潛在著正面的對抗性及駁斥性本質的可能。後現代電影，並不否認它是牽涉於資本主義的生產模式的，因爲它知道它不能否認。相反地，它開發著其「內在者」的位置（insider position），開始從裏面發展顚覆作用，以生活化的形式，跟資本主義社會的消費者談話。後現代諷擬跟懷舊的分別——再一次地我並不否認，這亦是我們今日

文化的一部份——在於該雙聲的反諷（double-voiced irony）角式。試比較艱澀（但處理手法非常嚴肅）的《沙丘》*Dune*，及把敘述及視覺的文化呈現常規，玩弄與反諷的《星球大戰》*Star Wars*。或如《譚波波》*Tampopo*般，把傳統屬於西部（例如：《沙恩》*Shane*中孤獨的英雄，幫助需要援手的寡婦），跟屬於義大利「意大利粉西部」（spaghetti western）的，可被字面上喚作「東方的麵條」（noodle eastern）的，在文化上的轉體（cultural inversion）。後現代諷擬，希望首先喚起接受理論者所謂的觀眾的期待水平（horizon of expectation）——該水平由文類、風格、或呈現的形式所認可的常規組成——然後再逐步把一切動搖瓦解。

　　當然，這並非意外，因為反諷（irony）一直是諷刺（satire）手法的修辭方式。甚至如德·龐瑪De Palma的《天堂幻影》*Phantom of the Paradise*，那樣頗為「輕巧」的諷擬（light parody），其反諷中亦夾雜著諷刺。針對著從休夫·赫弗納Hugh Hefner似的女眷（史文家的——也許帶有對於《史文家旁》*Du Côté de Chez Swann*的反諷迴響）的性慾主義，到公眾對於星球（Star）的質詢，及他們對於極端事物的品味。該諷刺的手法，是多重的諷擬（multiple parody）：《亞卡脫拉茲的鳥人》*The Bird Man of Alcatraz*（搬移至聲聲Sing Sing——一處對於創作歌手來說，更為合適的地方）、《心理》*Psycho*（柱塞代替了小刀；女受害人變了男的）、《多里安·格萊的畫卷》*The Picture of Dorian Gray*（畫卷被更新為錄影帶）。雖然明顯地十分有趣，這仍是有關呈現的政治學的電影，特別是把原有的、及原創的主體，呈現為藝術家：其危機、其受害人、其結果。主要的交互文本是《浮士德》*Faust*，及早期的電影《歌聲魅影》*The Phantom of the Opera*，在這裏被轉譯作搖擺音樂的說法。只有該特別的諷擬文本，

才可以解釋不然會是頗爲沈悶的細節，其實一切皆可以當作是開始時主角以鋼琴演奏的風琴泛音。《浮士德》的諷擬，亦頗爲明顯，因爲幽靈爲其譜奏了爵士樂的清唱劇。而當然，他跟魔鬼史文的信約，也是以血墨寫成的。

　　像這樣多重的、及明顯的諷擬，恰似俄國形式主義者所建議的那樣，藉著暴顯、因而挑戰常規，可以矛盾地提出呈現的政治學。後設影院的設施（Metacinematic　devices），亦以同樣的方式運作。哥普拉Coppola的《綿花會所》*Cotton　Club*把虛構的、及歷史的一切，混合起來，警告觀眾留心建制的邊緣，拒絕把生活及藝術過份分割，或完全融合，使得當會所的舞台活動，迴響及預示主要情節的行動時，人們不會錯過其暗示。例如，膚色較淺的莉拉‧羅絲Lila Rose，及膚色較深的桑德曼‧威廉斯Sandman　Williams的舞蹈，便在舞台上預示了他倆受盡折磨的關係。是她，亦只有她，才能通行於白人的世界。文類的界限，在結構上跟社會的界限（這裏以種族劃分）相似，兩者皆有待解釋。

　　該介乎小說及歷史論述之間，諷擬性的文類跨越（parodic genre-crossing），也許是以反映自從1960年代以來，非小說形式的一般、及漸增的興趣。在電影中，深受歡迎的作品如《馬丁‧葛爾的回歸》*The Return of Martin Guerre*，及（在某程度上較多問題的）《莫扎特傳》*Amadeus*，皆支持著該對於現時文化的座向的詮釋。但電影如馬希米利安‧謝爾Maximilian　Schell的《瑪倫恩》*Marlene*，亦同樣可以用後現代的電影形式，諷擬紀實性的文體。它的開場白問「誰是狄亞脫西Dietrich？」，問題本身便已是不能被答覆的。有關主體形成（subject-formation）的後現代主義式探問，在這裏結合著後現代對於歷史知識的其中一種挑戰形式：在私人領域中運作著的歷史，也就是傳記。小說如班維爾Banville的《克普勒》

Kepler，或威伯Wiebe的《大熊的誘惑》*The Temptations of Big Bear*，或甘乃迪Kennedy的《小腿》*Legs*，皆企圖描繪個人，卻又顛覆著一切，有關知曉──或呈現──該主體的穩定性或肯定性。這亦是《瑪倫恩》的企圖。常見於照片中的狄亞脫西始終在舞台之外，從不在視線之中。她不過是一種抱怨的聲音，絮絮不休的缺席的存在（cantankerous absent presence）而已。

　　謝爾Schell以後現代的優勢，把這些拍成電影。使故意地缺席的主體，那拒絕再受制於他人的論述及呈現的人，被記錄下來。狄亞脫西有著她對於自己生活的另一版本──一個在後設影院框架內，清晰地被顯現為小說化的版本。在某處，她聲稱希望有不負帶批評的文件記錄：譬如謝爾應該出示她到達美國之時，所乘船隻的檔案圖片（archival pictures）。他於是迅速地提供了這些圖片，其效果是既滑稽、亦具啟示性：檔案也許是真實的，但卻沒有告訴我們多少有關主體的東西。狄亞脫西的形象，在這裏是一個充滿矛盾的女子，市儈但感性、自毀但驕傲，在幾乎把所有自己的作品，貶抑為垃圾之時，又在觀看謝爾的《盧侖伯格的審判》*Judg-ment at Nuremburg*時，激起熱情。所得到的教訓是，只要我們仔細審閱，所有的主體，皆會激烈地分裂。人文主義理想中，有關融和統一的個體的呈現，不過是虛言誑語──一本甚至主體（或她的立傳人）亦永不能成功地構設的小說。謝爾對此感到失望的程度，不亞於狄亞脫西頑固地置身於其攝影機之外。他可以隨心所欲地編輯其影片（我們亦看著他這樣做），但她依然不可被捕捉，也永遠存在於矛盾之中。

　　《瑪倫恩》便是那種我會喚作後現代的電影：諷擬的、後設影像的、質疑性的。它持續地矛盾的、雙重性的論述，喚起人們對於意識型態如何──透過呈現──構設主體，及對於歷史（包括個人的及公眾的）如何被人們知曉等課題上的關注。很少電影可以如彼得·格林

納威Peter Greenaway的《一個Zed加兩個零》*A Zed and Two Noughts*般，鍥而不捨地提出這些具體的課題。所有在電影中的一切，皆是雙重性的，從角色到諷擬。支配性的交互文本（master intertext）是梵米爾Vermeer畫卷中，現實主義的呈現手法（其加光的技法，直接地在電影裏出現）。但甚至該明顯的交互文本，亦變得問題重重。在電影的敘述中，有著一位名叫梵・米格倫Van Meegeren的外科醫生——這亦是梵米爾的主要偽造者的名字。他成功地說服了哥布斯Goebbels（及整個世界），梵米爾的眞蹟，比曾一度被認爲共有的二十六幅爲多。正如亞克萊德Ackroyd的《查特頓》*Chatterton*那樣，眞實的、及虛構的，或眞跡的、及偽造的，並不可分。而藉著一個角色個人的失落感，人類的整個歷史，皆被放到進化及退化的脈絡之中：查理斯・達爾文Charles Darwin成了既是生物史學家，亦是天才橫溢的故事講述者。

《一個Zed加兩個零》對我來說，似乎在後現代電影中，屬於比較邊緣的例子（*cas limite*）。它對於觀眾的期望所帶來的挑戰，比任何我曾經提及的電影還要激烈。雖然其矛盾並沒有眞正被解決，卻肯定地在極端之處被風格化。我眼中的後現代電影，會比這些更爲妥協。它的張力將會更爲故意地不被解決，其矛盾更爲故意地明顯化。該恆常的雙重編碼（double encoding）——嵌入及顛覆通行的常規——因而使得某些批評家完全地拒斥這些影片，而其他的則熱心地對之加以稱頌。該分歧也許由於，人們假使在後現代的矛盾中，只見（或重視）其一，那麼諷擬編碼的兩面雙重性（ambivalent doubleness of the parodic encoding），便會被輕易地簡化爲單一的解碼（single decoding）。後現代電影是那些矛盾地既希望挑戰電影院的外緣邊界，又希望質詢（雖然很少提供答案）在主體的構成及歷史的知識中，意識型態所扮演的角色。也許諷擬對於後現代

主義來說，是特別地恰切的呈現策略。該策略曾一度被（薩依德
1983：頁135）描述為平行的文稿用法（the use of parallel
script），而不是原稿之嵌入（original inscription）。只要我們
留心該模型的含意，我們也許得重新考慮，我們藉著呈現而創造及賦
與文化意義的運作過程。對於所謂懷舊的避世傾向，亦大有裨益。

第五章　文本／意象的邊界張力

攝影的矛盾

　　後現代攝影的理論家和實踐者，都喜歡用「邊際交遇」（fringe interference）這意象，來描述他們的作品。他們藉此意謂，當不同波段形式的美學等量相遇之時，所發生的一切：兩塊拋進池塘中的石頭，所蕩起的漣漪相遇之時，就在相遇之處，一些全新的東西出現了──雖建基於之前的個別形式，卻無論如何，有所不同。今日，攝影的藝術家如維克多爾·柏根Victor Burgin、巴巴拉·克勞格爾Barbara Kruger、瑪莎·羅絲勒Martha Rosler、及漢斯·哈克Hans Haacke皆努力越過各種「波段」形式（wave forms）：高雅藝術、廣告、記錄片、理論。種種形式各自發散而漣漪相交，作出可被稱為後現代的變化。

　　柏根曾辯稱，作為描述後現代運作的地域的詞語，「邊際」（fringe）比「邊緣」（margin）更佳：更為充滿動力、及解中心化（柏根1986b：頁56）。可是無論所選擇的措辭是甚麼，該地點明顯地在於傳統上被認為是論述──如果不說是學科──的明確形式的邊界處。本章的特定關注，在於那些攝影的「邊際」構設（photographic fringe constructions）之上。他們融合了視覺上的及文字上的、大眾傳媒及高雅藝術、藝術實踐及美學理論，特別是在於這些明顯的對立彼此之間及與主流的「藝術」意念重疊相擾之處。該後現代的攝影實踐，質疑及問題化一切，不容許觀看者有舒適的觀點。它擾亂了介乎文本／意象、非藝術／藝術、理論／實踐之間，後天而來的關係意念──首先設置兩者（慣被習以為常）的成規，然後探討各

自的邊界，如何被對方以新方式開發、顛覆、及轉移。該典型的後現代邊界張力——於藝術內部本身——介乎嵌入與顛覆、構設與解構之間，同時要批評家及他們處理這些作品的方式，滿足新的需求。而其中最爲持續的需求，牽涉着要對時常被視爲空泛、形式化的語碼活動的理論及政治啓示，逆來順受。

首先我把後現代主義的定義，建基於建築的模式，我曾爭論其他形式的後現代主義藝術，是一種與歷史有著基本上矛盾的關係的藝術：它既批判、亦共謀於在其之前的一切。它公開地承認，其源出自美學及社會的過去，但又與該過去，有著反諷的關係，雖不至於不敬。基本的矛盾，標顯了它與藝術常規的生產及接收的接觸：它追求可達性，卻沒有放棄批判該可達性的結果的權利。後現代主義與後期的資本主義、父權制度、及那些（現在備受懷疑的）其他的支配敘述形式的關係是矛盾的；後現代並不否認他們之中不能避免的啓示，但它同時希望使用該「局內人」的位置，把那些冠冕堂皇的系統中，「不言而喻」的「既有的一切」，「解定論化」。所以，它既不是新保守主義地懷舊的，亦不是極端地革命性的；它不能避免地是妥協性的——而它亦自知如此。

我把自己的論點總結下來，以顯示爲甚麼典型地後現代的運作地點，極可能介乎（between）傳統的藝術形式之間——甚至當其形貌仍能見於主要的博物館，及另類的空間之際。正如安栢度・艾誥Umberto Eco或彼得・亞克萊德Peter Ackroyd的後現代主義小說，可被列入暢銷書籍那樣，巴巴拉・克勞格爾或維克多爾・栢根的作品，亦同樣出現於商業畫廊及國家博物館之內。這並不是說他們的作品，沒有爭論性及刻意的駁斥性。它明顯地致力於，把高雅藝術及大眾傳媒，整個的呈現概念，解自然化，而它亦成功地達到該目標；但它卻持續地在其努力拆解及動搖的常規裏行事。所以，它繼續可及

於頗爲廣泛的大衆。它必須如此，以使其政治上的訊息，確有成效。而它把語文上的和視覺上的融合起來，對於該可及性和有效性（accessibility and effectiveness），至爲重要。

在1983年，學刊《呈現》*Representations*創刊，由藝術歷史家及文學批評家共同主編。所標顯的與其說是學科上的融合，不如說是一方面承認了理論和藝術，或語文上的和視覺上的，並非如他們的歷史建制所假定的那樣（最少當被視爲表意實踐之時），是涇渭分明的論述。而另一方面，結果必將改變分析的模式：藝術如何（以各種論述）呈現，並不能與該呈現活動發生──及被詮釋──時的歷史、文化、及社會脈絡，分割開來。自1970年代初期開始，由於其對自身於傳統上作爲記錄報導的角式的質疑，及由於繪畫所使用的攝影式現實主義技巧，攝影曾被視爲對於該解自然化的過程，異常重要。雖然，在本書中，使我感到興趣的後現代攝影藝術，其重要性另有原因。它是自覺*地理論性*的；這是「事實圖象」的藝術（factographic art），「堅持必須在今日的現實之中，開發及釐清呈現的構設及運作」（布斯洛1984b：頁10）──不論於無所不在的大衆傳媒，或博物館內的高雅藝術皆如是。

我曾議稱攝影可能在很多方面來說，皆是完美的後現代媒介，因爲它是建基於一系列固有於其媒體之內的矛盾的。這些普遍的矛盾，使之恰切地成爲特有的後現代主義的矛盾。例如，攝影可被視爲波聚雅Baudrillard完善的工業類象（industrial simulacrum）：它是，根據定義，開放於重印及無窮的複製的。可是，自從紐約現代藝術博物館（或，更爲具體地，其攝影總監，約翰・薩考斯基John Szarkowski）使之正規化之後，攝影亦同時成爲了高雅藝術：也就是說，成爲了單一的、眞實的、與班雅明Benjamin的「氛圍」（aura）同樣完整的一切。可是，正如我們於第二章中所見，該把攝影作爲高雅

藝術的（歷史地現代主義的）看法，必須每日皆與另一個事實有所衝突。相片亦同樣於大眾文化中，無所不在，從廣告及雜誌，到家庭的假日快相。其工具性本身（不論是紀實性的證詞，或消費者的勸說），似乎駁斥著形式主義把相片作爲獨立自足的藝術作品這觀念。在攝影媒介的中心，還有著其他的矛盾：攝影者主體框顯的眼睛，難以跟照相機科技上的客觀性，及記錄上透明的現實主義，協調起來。無論如何，過去十多年來的趨勢，是傾向於懷疑該科技的科學中立性：「相片已不再是通向世界的窗戶，讓人們如實地觀看一切。而是一塊高度選擇性的過濾片，被具體的手和心置放在位」（德・戴維斯1977：頁62）。特別是後現代的攝影作品，開發及挑戰着客觀的及主觀的、技術上的及創作上的一切。

　　後現代的攝影藝術，時常把語文上的和視覺上的東西，混合在一起。該看法亦可見於另一場論爭之中。該論爭環繞「閱讀」相片的過程的定義而發展，因爲它指出呈現的意象及語文，皆同樣倚賴後天學習而來，被文化所斷定的語規（culturally determined codes）。這正是在後現代主義中，意識型態上的，不能與美學上的分割之處（及其原因）。爲甚麼呈現活動，時常有著其政治性？假如意象，如文字般，皆可被視爲符號，那麼便大有可能超越米契爾W．J．T．Mitchell喚作「自然性及透明性的虛假現象，隱藏著晦暗、歪曲、專制的呈現機制，一種把意識型態神秘化的過程」（1986：頁8）。雖然該特有的陳述，是故意地煽動性的，它依然有力地，指向處理某種藝術形式的矛盾的需求。該藝術形式，既活動於、亦顛覆著其假定的自然性及透明性，明顯地有著政治目的。

　　很多人拿波聚雅的觀點，以電視而非攝影，作爲後現代表意活動的經典形式。因爲前者的透明性，似乎爲現實提供了直接的可及之途。但由於我在這裏以矛盾的措辭，定義後現代主義，攝影固有的矛盾媒介，似

乎比電視更爲適合作後現代的典範。正如蘇珊‧桑塔格Susan Sontag所長篇大論地指出的，攝影既記錄亦合理化，同時也幽禁、捕捉、及僞做時間；它既證明亦抗拒經驗；它既服從亦攻擊現實；它是「借用現實、亦是使之陳腐的法門」（1977：頁179）。後現代的攝影藝術，既意識到、亦願意開發着所有類似的矛盾，使自己可以矛盾地使用及濫用這些常規──因而經常達致矯正的目的。巴巴拉‧克勞格爾Barbara　Kruger的剪貼作品，以視覺上的，抵觸著語文上的一切，回歸到很多人認爲已被現代主義攝影的形式主義，使得黯然失色的藝術手法：其物質性、其作爲表意符號的地位、於是其不能避免的（假使時常是不被承認的）呈現的政治學。破爛的一張女子（可能是一個模特兒）相片，在連串的白點──使人同時懷想起藥丸、珍珠、或甚至照相室的光線──中，凝視著觀看者。附加於這些破碎（及重覆）的意象的──以他們多種可能的讀法──是文字：「我們是你們的環境證據」。這是物質性的、與及環境性的證據──屬於故意地破碎不全的主體的。意識型態上的矛盾是字面地物質化的。

維克多爾‧栢根Victor　Burgin在其作品中，亦同樣努力開發及損害著攝影作爲複製模仿的意念。該看法引領至意象作爲意象，熟悉的、自然的、自毀的性質。這些攝影的／文本的作品，亦同樣故意地，挑戰著視覺經驗超歷史普遍性的概念。在這裏，對於（暗示的及明顯的）觀看者的召喚，是具體的及歷史性的，直接地指向詮釋上不同文化的局限──視乎時間、地點、性別、種族、信念、階級、性取向而定。在《擁有》*Possession*（亦作爲海報「展覽」於泰恩Tyne的紐卡素Newcastle街道）中，男女相擁的相片上方，有著文字：「對你來說，擁有是何意義？」視覺上的及語文上的兩性政治學，於是迅速地在文本的最後一行中，以經濟學的措辭，重新編碼：「我們7%的人口，擁有84%的財富。」

　　把接收及生產的細節，脈絡化及「處境化」為，與人文主義共則相對立的企圖，在所有我將在這裏討論的藝術及理論中，同樣普遍。他們顯示了攝影的危機性，如何躲藏於其明顯的透明性，及其在不引起任何對於其意識型態的構設活動的自覺下，所激發的快感裏。攝影媒體與永恆普遍的真理，及清白、單純的快感的類同，使它與建制權力相關起來；它似乎可以輕易，地複製那些屬於我們文化的冠冕堂皇的敘述體（grand　narratives）。也許，這便是為甚麼那麼多的後現代主義者，皆傾向於語言文本上的添加，既內在、亦並存於他們的視覺意象。並不是說，羅蘭‧巴爾特Roland　Barthes是正確的──攝影是沒有編碼的訊息──而是，相反地，在這意象充斥的社會裏，它時常被認為如此罷了。

　　這些後現代的文本／意象組合，自覺地努力指出所有的文化信息，本質上皆已被編碼。他們明顯地以再次觀看（re-visions）的形式出現：他們提供了第二次觀察的機會，透過雙重視野，戴著反諷的眼鏡。於是，他們可以深刻地批判藝術及藝術生產的既有意念。在這裏，沒有甚麼與呈現有關的一切是永恆的、或普遍的、或自然的。文本與意象的連結，帶來了新的問題。這些亦同樣是自1960年代開始，被喚作新攝影New Photography的，所問的問題：

　　　　為甚麼這些那些意象異常重要？它如何可以表意？為甚麼在某些特定的時期，社會需要某些特定的意象。為甚麼文類要在攝影中出現？特定的意象，怎樣和為甚麼可以在美學上，被審定為極有價值？為甚麼攝影師，要以超出他們的技術或才智的一切，以生產跟社會世態有關的相片？甚麼是攝影的政治意義？在當代社會中，誰人掌握著攝影的創作機制？（韋伯斯特1980：頁4–5）

後現代的藝術家及他們的藝術，是牽涉著非常特殊的歷史及意識型態脈絡的——這些皆是他們極為願意顯現的一切。

當然，該立場標顯了其中之一個最為重要的、如前所述介乎現代主義及後現代主義的區別。明顯地，兩者不能說是與政治無關的，可是後現代主義，卻矛盾地接受、甚至擁抱著，藝術所不能避免地同時牽涉的詹明信Jameson所稱作「資本主義後期的文化邏輯」，及對該文化邏輯的內在挑戰的可能性。由於在今日，攝影是廣告、雜誌、及新聞報導的媒介——也就是商業及資訊實踐的媒介——它不能以現代主義的獨立形式觀念對待，而相反地，必須被接受為，牽涉於不能避免地政治化的社會場景之內。

後現代攝影藝術使用該場景，使用其觀看者的文化知識（及期望），然後以子之矛，攻子之盾，用作對抗其觀看者。例如巴巴拉・克勞格爾，便是這樣分化正規的高雅藝術語碼的。她以不同的尺寸及模式，從廣告牌到明信片，從懸掛於畫廊牆壁的大型（常常是6尺乘10尺的）照片，到複製於藝術畫或T恤的小型圖像，表現同樣的文本／意象形式組合。以借用自高雅藝術及陳腐的大眾傳媒的意象，然後藉著嚴酷的修剪，及一行文字的附加，她把「邊際交遇」（fringe interference）發展至新穎及公開的政治目標。

我應該附加一句，我在這裏的興趣，並不是雜誌式的「附圖文本」（photo texts），或把文本及照片意象放在一起的書籍。後現代的攝影藝術，亦有別於攝影新聞工作的攝影文章（photo-essays）。它的每一個作品（或每一個系列的作品），本身便已是攝影的（photo）及圖文的（graphic）；所以任何有關的批評方法，亦必須是字面上形象性的。必須關注於藝術的形象（icon）及其話語（logos），及兩者之間的交互作用。這便是字面上的攝影語象藝術（photo-graphic art）。

攝影語象的意識型態場景

比爾・尼高斯Bill　Nichols的《意識型態及意象》*Ideology and the Image*指出，在某方面，視覺意象是無聲的物象；其意義「雖然豐富，但有時是可能會深刻地不準確、模糊、甚至帶有欺騙性的」（1981：頁57）。在攝影的視覺圖象中，語言文本的加入，於是可被視作，用以穩定視覺意義的可行策略。可是，在該類後現代藝術中，文本與意象的關係，不會是純粹多餘的、強調的、或重複的，文本亦從不保證任何單一的、已然明白不過的意義。羅蘭・巴爾特Roland　Barthes（1977a：頁39-41）辯稱，把（廣告或報紙相片裏的）圖象加進文字的訊息，可作爲定位（anchorage）或補充（relay）。定位一詞，他意謂文本可以命名及固定意象的許多可能意指，而藉此引領著身份認同及詮釋活動。該語文成分上的壓抑（或最少是控制）作用，在攝影語象中，是自覺地被問題化的。雖然文本的存在本身，也許已經提示著該作用，其實在的字句，當與圖畫相聯繫而閱讀之時，會反過來自諷自嘲——正如在《擁有》中的雙重意義遊戲那樣。在攝影語象的語言及圖畫的補足關係中，文本與意象如何互補不足呢？事實並非如此。在克勞格爾的《我們是你的環境證據》*We are Your Circumstantial Evidence*中，文本並不闡釋意象；它並不加添任何不見於意象的明顯資料。它似乎近於德希達式的添補物，多於取代物。總而言之，它所做的，是把視覺上的及語文上的關係，及任何厚此薄彼的評核方法，解自然化。

某理論家曾指出介乎視覺上的（作爲需要解讀的手稿）及語文上的（作爲視覺的現象），兩者之間的相互性（歐文斯1980a：頁74-5）。可是，該相互性的結果，卻常常有著某種視覺／語言交互作用的謎樣性質，仿似謎語或象形文字。當然，謎語是完善的後現代比喻，因

爲他們提供了解碼的吸引力和快感。在創造文本的意義上，他們要求
積極的參與及自覺性的工作。在攝影語象中，這些謎語，把意義也許
可被規範、但卻從不被固定的事實，前景化起來。當添附於克勞格爾
所複製的一個（飄浮的）男性面孔，以手指置於口前的圖畫之時，文
本「你的舒適，是我的沈默」又有著甚麼意義呢？明顯地，沈默是由
陳腐的姿態所喚起的，但到底是誰的沈默呢？而舒適又跟這些有甚麼
關係呢？究竟是誰感到舒適——藝術家、觀看者、還是圖中的男子呢？

　　該類「邊際」謎語的形式，可以非常不同的方式出現，但在後現
代攝影語象中，視覺上的及語文上的，有著兩種基本的橫切交匯形態：文
本獨立於（雖然連繫著）意象，及文本實際上物質地融合進、或融合
在意象之中或之上。前者（文本獨立於意象）是非常普遍的，每天皆
環繞著我們，亦曾經喚起頗大的批評關注。它存在於帶有標題的新聞
相片、及帶有插圖的書籍及雜誌之內。語文上的及視覺上的，有著相
互解釋及補足的複雜關係。不用說，它亦存在於更爲一般的例子，如
藝術書籍及目錄，甚至藝術館中，視覺藝術作品的記認標貼上。明顯
地，題目本身，已構設了其最爲簡單的形式。該把意象附加於文本的
用法，在高雅藝術文化中，亦有著悠久的歷史，從啓明時代的手稿，
到威廉·布雷克William Blake的作品皆然。

　　另一常見及甚至更爲直接地，把文本與意象並列的相關用法，可
能是用作教育上，或甚至有着宣傳目的的教諭相片裝置。視乎他們作
爲語言及視覺論辯的潛質。後現代的攝影語象，時常玩味著該潛質—
—而事實上，經常有趣地開發着該潛質。瑪莎·羅絲勒的《在兩個不
充足的描述系統下的包威利市》*The Bowery in Two Inadequate
Descriptive Systems*，提供了一套引伸的文本及意象。最初的三
幅只包含語言的文本，從語言的「描述系統」中，提供了孤立的印刷
字句。以正面的措辭（「紅光滿面」）描述喝酒；這是中產階級的舒

適觀念，從外面貧民區裏看過來的觀點。但隨著視覺「系統」的開展，我們視覺上進入了貧民區，亦字面上看到我們的語言系統，同時跟著改變。措辭逐漸地變得更爲負面：「蹣跚的醉漢」。視覺意象這第二個「描述系統」，在包威利市裏提供了連串襤褸舖面的空門。主體（語言中所指涉的醉酒者）並不存在，雖然繼續留下了他們的空瓶子。與文本並存的話語，變得越來越負面：「紅臉酗酒漢、酒廊行乞者。」

　　我同時必須提到，這些相片本身，是後現代地諷擬的——及矛盾的。他們是以紀實性現實主義的乾淨風格表現出來的，必然地讓人記起1930年代美國自由主義（「社會良心」）的紀實攝影，呈現了——而不是欠缺了——其義不容辭的主體。在一篇題爲〈（論紀實攝影）之內、之旁、及之後的想法〉 "In, around and after thoughts (on documentary photography)" 的文章中——該文章跟《包威利》作品一起刊於同一期內——羅絲勒解釋，她如何把自己看作該以改革錯謬爲名的早期啓示傳統的一部份。可是她亦不能避免地，看到該傳統的意識型態，其目標（喚起受優惠的一群的憐憫及慈善心）的局限。她也不能寬宥其（藉著呈現形式）爲窮人請命，而不督促他們改變自身處境的自滿。（1930年代時，著名的紀實攝影，當然，是由美國政府，透過農地安全局而委約的那些。）同樣地，在包威利這大爲暢銷的自由主義「受害人攝影」中，居民不獨受害於貧窮、亦受害於攝影。

　　羅絲勒拒斥該類紀實體。她視之爲把「資訊從一群沒有權力的人，帶到另一群被喚作社會上有權勢的人那裏」（羅絲勒1981：頁73）。她拒斥1930年代，把貧窮的意義，美學化及形式化的做法；她亦不滿於在處理眞正的貧窮時，「呈現策略方面的貧困化」——包括語文上的及視覺上的（頁79）。而她表達其不滿的呈現方式，卻是藉著她作品內的兩個（雖然仍然是不大充足的）「描述系統」或呈現策略，把

該社會理論實在化。在她實在化個別的系統時，他們的常規局限便被前景化，而帶有政治的訊息：這些系統並沒有多大描述或描寫醉酒這現象，反而構設了他們。她認為所有的攝影，皆在意識型態上運作，而她亦希望自己的藝術，可以顯現藝術家作出的選擇，例如事件、相機的視覺、及形式上的創作。甚至在似乎是透明的紀實體裏，依然呈現了意識型態關鍵的運作，當然她自己的作品，亦然如是。

德國藝術家漢斯・哈克Hans Haacke在其攝影文字中，以更為不同的方式，分隔文本及意象。作品本身經常是語文上的及視覺上的混合，但他常常不是在牆上，便是在給與觀衆的小冊子內，放進附加的文本資料，講述他如何開始選擇手頭上的主題，及在搜集資料之時，有甚麼發現。在他常常運用文本與意象謎樣的關係的同時，他卻依然比栢根更為說教。例如，有關其藝術主體（常常是多國集團如無比Mobil或埃克遜Exxon）的評論，不得不規限觀衆對眼前所見的一切的詮釋，特別是他們處身的畫廊，便常常被顯示為直接地（透過資助或管理）牽涉著同樣的集團。如布萊希特Brecht那樣，哈克希望直接地跟其觀衆說話──而挑戰他們。他希望他們承認自己，在特定的資本主義體系中，扮演著創造意的積極角色。他把文本並置於意象的做法，是其中一種可以獲得現代／形式主義藝術，所企圖擠壓出來的空間的方式：也就是詹明信Jameson所謂「呈現的可行性，相對於全球多國系統整個新架構的課題。其對等形式，尚未進入我們較陳舊的呈現系統內容之中」（詹明信1986-7：頁48）。在其藝術作品中，哈克提供了諸如無比集團在南非的經濟參與，這初看似乎與美學無關的事實。該做法建立了一個謎，把觀衆參入為詮釋者，要求他們跟他一起，調查不能避免地與他所表現的意象相關的某些事實資料。

第二類把語文及圖象融合的方法──把文本直接地寫進意象之中──在今日同樣普遍。地圖；圖表；雜誌、書籍、及唱碟封套；海報

及廣告，皆一般把文本附加於意象，跟立體主義者的拼貼，差不多同樣複雜，雖然我們也許由於對其較爲熟悉，因而把複雜的一切，視作透明而自然的。正如從某些角度看來，與印刷品相當的電影（同樣明顯地，以其他的方式，把語文上的附加於視覺上的）、娛樂書籍、漫畫，從後現代的角度看來，皆特別有趣。他們把口語對話，插進意象之中。而他們連串的敘述形式，皆被後現代攝影語象（正如曾被早期的萊依・李希頓斯坦Roy Lichtenstein的繪畫般），同時地使用及濫用着。杜安・米高斯Duane Michaels、維克多爾・栢根、或漢斯・哈克，經常地使用連串的作品系列，便已經開始暗示了開發與及敗壞著敘述串連的意念。

　　但甚至在單一的作品本身，介乎意象及附加的文本之間的關係，亦時常頗爲複雜。例如，克勞格爾其中一個作品，是一幀書本內頁的照片，裏面有著一雙眼鏡，之上是附加的文字，「你給與我們邪惡的眼睛。」在該作品裏，事物異常複雜。這明顯地是克特茲Kertesz著名相片《蒙德利安的眼鏡》Mondrian's Glasses的諷擬。指出克特茲與蒙德利安，儘管不大相似（一個是形式主義的攝影師，一個是抽象派畫家），卻有著相同之處：他們作爲現代主義高雅藝術的創作者的地位。在這裏，眼鏡位於文本的內頁之上，而他們的透鏡，則放大了幾個文字——「合法化」、「圖畫」、「僅有效應」；「我的眼睛」，「回來」，「當我這樣做的時候」。這時，在附有文字「你給與我們邪惡的眼睛」所隱晦地指稱的作品中，一切皆不再單純清白。亦使其他在文本內，旁及的字句（儘管沒有放大），突然標顯出來：「觀衆」、「美麗」。再一次地，在後現代藝術中，他們也不會是單純的。克勞格爾作品的力量，在於介乎「虛幻的物像」及「攻擊性的、矛盾的聲音」，和介乎呈現與指稱，兩者之間所容許的詮釋空隙上（林克1984：頁414）。

　　但克勞格爾亦不經常使用像這樣的高雅藝術迴響，以引發其共謀性的後現代呈現批判。在其作品中，最常見的視覺意象，是那些借自（偷取自）大眾媒介的：附加的語言文本，陳腔濫調及市井俚語的圖象同類物。兩者故意的平庸品味，顯示了她對於藝術作為原創的及權威的意念的拒斥，同時亦引起人們注意到，在大眾文化中，語文上的及視覺上的──普遍瀰漫但令人信服的──混合。她使用著兩個系統的平凡之處，既*因為*他們先在的意義，亦*因為*他們所負載著的文化意義。在這裏，他們成為了每日環繞世人的那些東西的範例，最少在歐洲及北美如是。於是，他們也同樣是文化上可理解的及可接觸的，成為二十世紀西方，圖象及語言本土生活的一部份。亦成為男性──也特別是女性──*構設他們自我意念的呈現*的一部份。正如克勞格爾所言，觀賞她作品的觀眾，並不需要明白藝術史的語言：他們「只需要思考某程度上轟擊着他們的生活，及一定程度上告訴他們自己是誰的那些圖畫而已」（見史奎亞絲1987：頁85）。這並不是要否認牽涉其視覺／語言衝突的*生產過程*的理論複雜性：她曾受訓於以標題說教的印刷媒介，而她亦透過形式上的相互遊戲，喚起及解除其所有的形式與暗示。該相互遊戲，如果有甚麼是可取的話，便是其顯示了積極的政治海報的複雜性。

　　漢斯・哈克在其融合意象與文本的作品中，甚至更為明顯地帶有政治性，因為他故意地玩味著，不同的多國機構的圖象標記及廣告模式：他們的廣告記號學，既採用、亦被嵌進作品如《大通優惠》*The Chase Advantage*（大通銀行）、或《盈利之途舖滿文化》*The Road to Profits is Paved with Culture*（倒置了聯合化學品廣告的標語）。但這明顯地並不是空泛地，玩味著語文及視覺上的形式而已。在《分種》*A Breed Apart*裏，哈克採用英國利蘭德 Leyland 的廣告風格和圖象，然後把(a)企業有關其產品（jaguar,

Land Rover）的敘述，跟南非有關鎮壓的相片，或(b)企業有關其產品的廣告相片，跟英國利蘭德在南非的介入的相反文本，放置在一起。

在另一次明顯的攻擊裏，這次對象是美國錫安納米德American Cyanamid，哈克在相片上複製了一個「伯利克」女郎（Breck girl）的寫眞（來自企業製作的洗頭水廣告），然後反諷地把它放進新的脈絡（雖然某程度上保留了伯利克廣告的視覺編碼），以很長的文本提出：「那些進入待產年齡，而暴露於有毒物質下的僱員，現在有了新的選擇了。」選擇是：「她們可以被選派擔任企業內，較爲低薪的工作。假如沒有空缺的話，她們可以辭職不幹。或者她們索性讓自己不育，而留任原有的工作。」然後文本再加上一句：「四個西維珍尼亞的女性，選擇不育」，最後一行，則是強烈地反諷的一句：「美國的錫安納米德。女性有著各種選擇的地方。」跟羅絲勒把語文上的及視覺上的分流一樣，他們在藝術作品這裏的聚合，並非空泛的荒謬遊戲。後現代的攝影語象，是第一序列的政治藝術。它亦是非常「理論性」——及常常是要求嚴格——的藝術。

如果攝影作爲視覺媒介，是內在地矛盾的話，那麼它亦可以說是符號學上攙雜的。用彼爾斯Peirce的話來說，它跟眞實事物的關係，既是指示性的（indexical）（其呈現建基於某些物質上的聯繫），亦是肖像性的（iconic）（有著呈現上的相似性）。該複雜混攙的本質，是另一個原因，解釋了爲甚麼在對呈現模式挑戰的時代，攝影變得特別地重要。攝影語象的後現代藝術，於是貢獻出其他的複雜性及另一個層面的挑戰：用彼爾斯的措辭來說，語言的附加，是把象徵性的（symbolic）加到*指示性的（indexical）*和*肖像性的（iconic）*之上。「閱讀」語文上的和視覺上的常規的過程，現在可被視作彼此相關，雖則互有不同：兩者皆牽涉著觀看者的詮釋工作，但該工作卻

包括了三類符號，及他們組合出來的詮釋。該符號學的「邊際交遇」（fringe interference）立時抗拒著兩個相關的假設：視覺上的及語文上的，經常是完全獨立的符號系統，而意義則是普遍性的。這些作品中的意象，並不從視覺的處境本身，獲得語意上的屬性。這裏的訊息，是文化決定的中介作用的結果，該中介作用原已嵌入於兩個不同的系統之內。

這便是爲甚麼維克多爾·柏根，要把他有關攝影及訪問的書籍，喚作《中介》Between。當然還有著其他的原因：它是「介乎」畫廊與書籍、單一的意象與敘述體、讀者與文本、高雅藝術與普羅／大眾媒界之間的。但每一幅作品，把語文上的跟視覺上的，混合在一起的方式，事實上卻見微知著地反映了整本書的邊界空間——這亦是理論論述與藝術相遇之地——對於呈現的政治學來說，有著重要的結果。於柏根而言——既作爲（英國）教師，亦是攝影語象的實踐者——該相遇顯示了一些頗爲具體的東西：「我的工作產生自／進基於政治學、符號學、及心理分析學的現存論述團體」（柏根1986b：頁86）。當批評家分析柏根的作品時，他們同樣必須跟其藝術（字面上）內在的理論本質妥協，因爲他的「計劃包含了外展的分析，其構設橫跨攝影的表意實踐，在日常現實的形成中，心理結構的角色，及攝影作爲主要的意識型態機制所扮演的特定位置」（林克1984：頁405）。該「計劃」還包括了理論上的寫作，及實際上的藝術實踐。但他的攝影語象本身，卻融合了理論的文本，不是附加於、便是並排於意象。理論跟理論的藝術，同樣有力地，爲了把語言看作歧異（索緒爾Saussure）、看作延宕（德希達Derrida）、看作象徵（拉康Lacan）而爭論。在這裏，介乎語文上的及視覺上的關係，在藝術本身，被字面化及理論化。

雖然意象經常會被語言所詮釋（interpreted through language），但在這類介乎我們的語文及視覺思想模式上的攝影語象中，卻存在著特別複雜及明顯的交互作用。語言也許經常塑造、及甚至局限了意象的詮釋，可是在後現代的攝影裏，該假設卻矛盾地既被接受、亦受質疑。視覺上的及語文上的混合編碼，肯定地以使兩路進擊明顯化爲目的。在批評、理論、及藝術上，該「邊際交遇」皆有著豐富的成果。我在前面討論過的攝影語象者，明顯地曾經受到當代文學、心理分析、及哲學理論所影響，而他們的作品同樣地提出了，在後現代主義的研究中，運作於傳統建制訓練的「邊際」（fringes）的重要性。

在今日，攝影語象同樣非常自覺地，意識到語言及攝影皆是表意的實踐（signifying practices）。也就是說，兩者皆對意義的生產及播散，有所貢獻——以生產者及接收者、藝術家、及觀衆的措辭而言。而「意義」，在這些措辭下，是永不會跟社會脫離的。也許，今日再明顯不過的是，語言跟意象的組合，頻常地透過大衆傳媒，轟擊著所有的西方眼睛。在後現代的藝術中，圖象及語言的邊界本身，同時地被設置及否定——簡而言之，被極端地解自然化。更進一步，問題必須被提出：傳統上把視覺上的及語文上的一切分割的做法，到底在消費大衆文化及高雅藝術中，對利益及權力，有何幫助呢？後現代攝影語象，便是其中一種提問，縱使它並不給與答案。

在這裏暗示的意識型態層面，不能避免地是字面上內置於攝影語象藝術的理論層面的一部份的。就「理論層面」（theoretical dimension）一詞，我並不僅意謂理論是一門藝術，雖然它很可能是；亦不僅意謂我所處理的藝術家，亦同樣是重要的理論家，雖然他們是。我的意思是，作品本身字面上是被理論所啓發及構設的。他們語言上的成分，常常是理論叙述，視覺意象必須與之相對（或相伴）而閱讀。或有時，兩種語碼的交互活動，其上文下理要求指稱向明顯的理論啓

示。該要求超越了大部份概念藝術裏，攝影記錄及文本的自我指涉融合。在這裏，透過文本與意象的交流，實際上達致了生產及接收，在文化、社會政治、及經濟狀況上，內殖的理論開展。在後現代的攝影語象中，理論與藝術，不可分割。

　　過去的十年裏，最重要的理論融合，似乎是馬克斯主義及女性主義政治學、心理分析、及解構理論。這意味著攝影語象所前置的，是區別性的呈現（階級、性別、種族、性取向）、性慾的呈現政治學、及攝影所失去的純眞（暗地裏跟其躲不掉的社會系統妥協）。正如一位評論家所言：「理論跟獨立意象既定的美學常規決裂，但它同時爲另類的美學，提供了一個框架」（穆菲1986：頁7）。後現代主義的攝影語象藝術，亦同樣顯示了其他內置的理論脈絡。例如，很多羅蘭‧巴爾特的理論，皆明顯地影響深遠——從他早期解神話化的符號學，到他後期一般有關快感，而特別是有關攝影的作品。同樣地，如前所見，阿爾杜塞Althusser對馬克思有關下層及上層結構的意念的重組，也爲意識型態實踐，提供了更爲複雜的意念。在挑戰呈現隱伏的政治作用上，廣受這些後現代主義者的歡迎。

　　但可能是女性主義，對於拉康Lacan透過索緒爾Saussure重讀佛洛依德的再思，有著最大的影響，也許因爲它爲所有其他動搖性的理論策略，提供了心理性慾上的脈絡。在栢根、克勞格爾、或蘇菲亞‧科布絲姬Silvia Kolbowski的作品裏，重點同樣在於性別之不同，及如何在父權制度之中，建設兩性的位置。在這裏，性別的歧異，從拉康於語言及以語言構設主體的意念，所暗示的自覺、文本性意識中，得到理論化及實在化。在後現代的攝影語象裏（例如1985年紐約，新當代藝術博物館的那場展覽《歧異：論呈現與性慾》*Difference：On Representation and Sexuality*），主體被視爲只有透過呈現，也就是說，只有以社會及文化象徵組合的形式，才能被知曉。而

這些形式，則明顯地是屬於父權制度的。

語文上的及視覺上的交流，常常被用作描述及甚至頒行，該類理論性的關注。例如，瑪莉・雅特絲Marie Yates的《芳踪渺然》*The Missing Woman*，提供了二十一個「記錄」文本（電報、信件、日記、報紙）的意象，明確地呈現了，拉康式從語言中確認主體的做法。換句話說，使觀看者透過該連串的文本／意象，作爲社會話語的字面軌跡，而構設有關女性的意念。但女性本身，卻常常永遠地是拉康式的匱乏，也就是題目上「芳踪渺然」的那種欠缺。同樣地，維克多爾・栢根較爲近期的作品，亦於心理分析的架構內，融合了其早期馬克思主義及阿爾杜塞式的理論興趣。是語文／視覺上的交流，及伴隨著《格拉迪法》*Gradiva*或《奧林匹亞》*Olympia*意象的明顯的理論文本，在後現代主義中，把理論及藝術不能分割的事實前景化的。瑪莉・克麗Mary Kelly或大衛・亞斯克伏德David Askevold的作品，亦同樣可從該觀點上研究，因爲他們（以各自的形式），把語言文本融合於視覺文本的手法，同樣在跟歧異的關係上，提供了意義及指涉的明確理論。當然，也可以說這類攪合，在更早期時，已被達達Dada所激進化。但後現代主義，在語文及圖象的「邊際」（fringes）之間，相互地有效的交遇，卻跟在攝影語象中，他們不能避免地喚起的理論——及政治——脈絡，不能分割。

指稱的政治作用

後現代人稱的修辭學（rhetoric of postmodern apostrophe），或也許更爲恰切的叫法，是指稱的符號學（semiotics of address），於後現代的藝術及理論中，極爲重要。它自覺地爲其生產與接收「定位」，又讓感知及詮釋活動脈絡化。在攝影語象中，把語言的文本加到攝影的意象之上，使視覺上隱伏的——所暗中指稱的觀看者——變

得明顯。在這裏，很可能受到某些標顯觀看者角色，既倚賴語境、亦使語境問題化的早期藝術形式的影響。我心目中的，是1970年代的攝錄藝術（video art）。這些攝錄藝術時常要求觀看者的身體參與，只爲要變得活靈活現。除此之外，還有唐·尙路易Don Jean-Louis的混合媒體裝置（mixed media installations）——鏡子反映的，不獨其繪畫，還包括觀看者與這些繪畫的交流；及洛莉·安德遜Laurie Anderson（例如她的《手提電話表》*Handphone Table*）（《當我們聽著你的聲音》*When You We're Hear* (sic)）。當觀看者走進《檔案七號》*Documenta 7*的房間，而裏面又擺放著漢斯·哈克Hans Haacke的《歐爾格麥爾德，向馬素·布洛德西爾斯致敬》*Oelgemelde, Hommage a Marcel Broodthears*時，他們便已進入到後現代主義原型的邊緣，及政治上不穩定的「邊際」空間（fringe space）了。在房間的一邊，懸掛著朗奴·雷根Ronald Reagan金邊、銅字的油畫（雖然，正如觀看者會預期的那樣，標題上所寫的，並非「朗奴·雷根」，而是翻譯過來，是「油畫，向馬素·布洛德西爾斯致敬」）。前面是兩條銅的支柱，以紅絨繩連綴。恰如在畫廊中，顯示這是重要的藝術作品，不讓人太過接近那樣。紅地毯從銅柱領向對面的牆壁。上面是一巨大的相片，直接源自（有著邊界的）接觸紙。所拍攝的是，近期德國反雷根集會的群眾場景。觀看者在這裏的空間，成爲自覺的，亦是不能避免地政治化的——也許是一切有關藝術觀賞及指稱，所隱含的政治性的喻況。

　　在消費社會中，語文上的及視覺上的會合，最常見於廣告。廣告對於觀看者的位置，自覺而政治性的處理，是後現代批判可以採取的，妥協、但依然有效的明顯形式。在栢根及克勞格爾的作品中，海報及流行榜（主要由於其商業用途而知名），以自嘲的手法展示出來，成爲了政治及正規的反身性形式。這些格式，亦強調了攝影，作爲社會事

實的日常功用性。但文本與意象的*攪合*（mixing），卻時常藉著對觀看者直接的語言指稱，而顯示了作為表意系統，圖象亦呈現了觀看者的處境及看法——包括客體的及主體的在內。

攝影語象標顯了栢根所謂「觀看的主體」（seeing subject）（1982b：頁211），以觀看（自戀的認同或偷窺的審閱）為主。其指稱主體的方式，五花八門。栢根獨喜文本／意象交流，更為謎樣的模式，預示著解謎的積極觀看者。而克勞格爾則更為直接，或最少更為指導性。她認為大部份環繞觀看者的大眾傳媒及高雅藝術的呈現，皆實際上是「對男性觀眾，混然不分的指稱」（見史奎亞絲1987：頁80）。所以她希望把「歧異」（difference），同時以視覺上的及語文上的編碼，介紹到其指涉的行動中。例如作品《審閱是你的日常工作》*Surveillance is Your Busywork*，便嵌入了複雜的權力機制，及其跟指稱的關係。這幾個字高據於男子面孔的圖畫之上，他眼中帶著眼鏡，攝影角度自下而上（攝影的常規，以照相機角度表示權力結構）。透過文本與權力，傅柯式的權力話語及全身圖解，跟大哥（Big Brother）的陳腔濫調，融合起來，向「你」觀望。

可是文本自身指稱的「你」，卻把觀看者放在受懷疑的位置。除非他們可以否認其牽涉的直接性，否則便得在指稱裏面看到自己。雖然男子的意象，傾向於暗示這裏指稱的「你」的性別局限，但在許多克勞格爾的作品裏，被指稱者卻並不經常是男性，甚至不經常代表把一切邊緣化、商品化及壓抑的力量（縱使這是最為常見的指稱）。例如，一個以手抱頭的困苦男子的照片，被放於文字「你生而不斷失眠」下面。或者一個女子的圖片，被反映於破碎的鏡子之中，再附加了這樣的文字，「你不是你自己」。「你」的性別可以改變，但在語境中，其位置卻常常十分明顯，亦常常跟權力狀況相關。

克勞格爾在她的藝術中，使用第一及第二人稱的代名詞，顯示了

她對語言學理論的自覺性。「移置代詞」（shifters）作爲空泛的符號，只有在語境之中，才能發生意義。當文本的語調，是特別地控訴性之時，它甚至可以瓦解（傳統上男性的）視覺上偷窺的快感（pleasures of visual voyeurism）。「你」是最常明顯地與（大寫的）權力相關的：*你在經商的時候，亦在經營歷史*（加上男子手手腳腳的照片）。衆數的第一人稱，亦照常存在，通常是對立性的，像在「我們的時間，便是你的金錢」中那樣。最爲常見的（雖然並不經常如是），是當與意象在一起時，該第一人稱的代名詞，卻是性別特定的女子：女子的側面輪廓，像昆蟲標本般被釘製下來，再附加介紹：「我們接到命令，不許動。」藉著使用代名詞的移置代詞，在理論的層面上，顯示主體及客體身份可被移置，及他們在／被語言構設的本質。克勞格爾亦達致了她的另一個目標：「蹂躪某些呈現形式，移置主體，及歡迎女性的觀衆，走到男性的**觀衆**中間」（見高斯1985：頁93）。例如，作品《我們成爲了……的觀賞物》*We are Being Made Spectacles of* ……便使用著這些文字，在字面上破壞了男性擁抱著（亦同時凌駕著）女性這傳統的電影意象的視覺連貫性。當然，該第二人稱，克勞格爾的攝影語象所指稱的「你」，並不局限於作品中呈現的男性（或女性）；藝術家時常是可能的指涉物，而當然觀看者，亦同樣時常被抗衡及叱責的語調，牽涉及指稱在內。

克勞格爾在通常源自電影或廣告的視覺意象上，加上直接的（語言）指稱的用法，特別是設計作，用以抗衡觀看者，因疏忽而隱藏了的大衆傳媒或高雅藝術裏（常常是不被供認）的意識型態裝設。她這樣偷取或借用這些呈現形式，明顯地是既共謀、亦批判的。它希望從消費社會內部，被承認的呈現組別中發言，然而又繼續挑戰其權力。對她來說，語言（及其所暗示的視覺）指稱，是最有效及直接的挑戰方式。對於羅絲勒及哈克而言，攝影語象的指稱，是特定地以喚起觀

看者的階級關係意識為目標的；而對於克勞格爾及栢根來說，所危害的，則是階級及性別。

比較問題重重的，是漢娜・韋爾克Hannah Wilke的攝影語象海報（在她的《漢娜助我一臂之力》*So Help Me Hannah*的設置）名為《這代表了甚麼？你又代表了甚麼？》*What Does This Represent？ What Do You Represent*？直接地以當代呈現及指稱的理論為目標，而其方法則推展至，可以推翻一切我們對於語文／意象關係──或他們的政治作用──的自滿假設。藝術家自己的照片──赤裸的，絕望地呆坐於房子的一崮，像玩具圍繞著頑皮的小孩般，旁邊散放著幾件陽物似的武器──引出以下附設的問題：「這代表了甚麼？你又代表了甚麼？」我懷疑，縱使任何一條問題會有答案，亦不會是明顯（或全無問題）的。但這肯定跟呈現的政治性有關。

攝影也許正好是具體地，可被政治化的呈現形式。由於其表面上的透明度及有助於說教的功用性，馬克思主義的批評家時常給惠予特別的地位。可是，後現代的攝影語象，我想，卻致力於以比其媒介一般來說，更為具體地直接及明顯的方式，把藝術跟社會構設連繫起來。它提供了視覺上的、及語文上的兩種話語，互相交流，以產生意義。使觀看者意識到，介乎兩種截然不同的意義生產，及兩者透過交流而創始的意義之間的歧異，所帶來的理論性啟示。

我意識到自己在這裏──及本書的其他地方──所使用的詞語「話語」（discourse），是可被喚作「意識型態的旗幟」（ideological flag）的（麥卡拔1978-9：頁41），顯示出我並不願意在分析形式之時，不考慮政治及意識型態上的指稱。可是，我想這正是後現代攝影語象，在今日自覺地要求其批評者的。視覺上的及語文上的兩種論述，皆在該後現代藝術中，「招喚著」（hail）（帶著阿爾杜塞式的含義）他們的「讀者」。而語言文本的直接指稱，則力求把

我曾稱作更為隱密、但同樣眞確的，視覺上的某種觀看者的假設位置，顯露出來。在巴巴拉・克勞格爾的作品的指稱下，我們承認——或拒絕承認——自己的行動，產生了意義。及自覺到源於被指稱者跟其所看到的文本的交流而產生的意義，與源於詮釋活動而產生的，不遑多讓。容許承認或駁斥的語碼，亦由意識型態所產生——最少在意識型態使用捏造的意象，而邀請我們在主導的社會秩序裏，佔有著固定的位置這含義上如是。

這便是後現代攝影語象，藉著使視覺上的、及語文上的，成為表意活動及溝通的明顯場景，而致力地「解定論化」的一切。它同樣地拒斥著以表面上和諧、規則、及普及的呈現形式（語言的或圖象的），為意識型態服務，把種種衝突文過飾非的做法。它矛盾地共謀及批判、使用及濫用語文上及視覺上的常規，指向著這些衝突，而於是亦指向著意識型態的可能運作。如栢根的《奧林匹亞》*Olympia*或科布絲姬的《模特兒的快感》*Model Pleasure*般的連串作品，可能實際上正如賀爾・佛斯特Hal Foster所宣稱的，引發起「人們對於有關女性、眞理、肯定性、封閉性的意象的慾望」，但它卻「只有從其常規的把握中擺脫出來（例如窺視主義、自戀慾、觀淫癖、戀物狂等），才能成功地把（男性的）凝視，反映回自覺點上」（佛斯特1985：頁8）。

今日的攝影語象，既不反對、亦不戀慕意象崇拜。把語文的附加於視覺的話語上，可被視為有限的（再一次地是巴爾特的定位點）、或解放的姿態，如班雅明Benjamin所預見的那樣。班雅明讓攝影師把文字標語放在圖片之下，卸去時髦的外觀，而有著革命的使用價值。瑪莎・羅絲勒承認，她把包威利市的「受害人」，免除現身於其視覺上「不足的描述系統」的政治決定本身，並沒有最後定論。後現代折衷性的爭衡本身，便不會是革命性的：

如果相片裏要擠滿著人的話，他們必須被清晰地顯示為，既不貶
抑人們的生活，亦不假裝作沒有注意到攝影話語所建立的意義。
最後，攝影的真實性，必須放棄參與上的恐懼，而傾向於最明確
的分析。（羅絲勒1981：頁82）

為了在他們的作品中，統合理論與實踐，攝影師如羅絲勒及哈克也許
會拒斥較早期紀實性攝影中，自由社會改革主義（liberal　social
reformism）的路向，但他們同時知道，自己不會促發受壓抑的一群
的集體鬥爭。他們只能對權力及利益——創造使包威利市或南非種族
隔離政策生效的社會處境的一切——進行分析及批判。

　　在哈克的作品中，藝術家的意識型態參與，甚至比大部份其他我
曾經在這裏討論過的攝影師，更為明確及直接。他紀實性的諷擬遊戲，並
不指向該形式一般所假設的人類常態，反而指向真實、政治上的歧異。它
從不是空泛的遊戲；它顯現了——亦命名了——大部份潛藏隱伏或最
少不被承認的集團贊助網絡。該贊助網絡，直接地把藝術跟經濟世界
及實際的政治權力，連繫起來。他特定的目標，是那些支持藝術及希
望被視為自由及慷慨的集團。他們的經濟力量，對於維持如南非的白
人權力，至為關鍵。哈克的作品中，最少有三種形式的抗議在持續著：(a)
「普遍地在道德上，抗議資本主義後期，把『純』藝術徵召為聯盟的
做法」（布娃1986：頁129）；(b)更為具體地要把「文化偽裝卸去」。
各國列強皆使用這些偽裝，以便藏身在後，成為主要的市場策略；(c)
藝術作品本身，提供了反文本的抗體。這是建制批判最為脈絡具體的
形式。集團的贊助，也許是二十世紀後期，藝術世界的客觀現實，但
如哈克所爭論的那樣，它依然可被「鬼鬼祟祟、機警決絕、再添點運
氣地」，加以挑戰（1986-7：頁72）。

　　後現代的攝影語象，於我而言，是體現政治化的1960及1970年

代遺產,如抗議越戰及女性主義、公民權利、及同性戀活動等的最佳藝術形式之一。它並不與社會及政治上的一切,截然不同。攝影語象的「邊際交遇」(fringe interference)是多重性的,它運作於理論、政治、及藝術,高雅藝術及大眾傳媒之間的邊界張力(border tensions)之內,亦同時把文本及意象之間的邊界解自然化。語文上的、及視覺上的論述常規,同時被嵌入及挑戰、使用及濫用著。縱使在其最為極端地爭議性的政治形式下,這仍是共謀性及批判性的藝術。如此一來,不但沒有使其批判性無效,反而可被視作既是重要的可及法門,亦避過了那類相信藝術(或批評),可以置身於意識型態以外的錯誤信念。以巴巴拉・克勞格爾的後現代措辭來說:「我不認為有著可供運作而不受責難的地方。人們必須運作於系統的規限之內」(見舒利伯1987:頁268)。

第六章　後現代主義與女性主義們

（關於題目上「女性主義們」（Feminisms）一詞，用眾數的附註：該措詞雖笨拙但準確。女性主義的種類，跟女性主義者的數目，不相伯仲。事實上，今日女性主義者對於呈現形式，已再沒有明確的文化共識。正如凱塞琳・史添普遜Catherine Stimpson所言，該課題上的女性主義思想史，包括衝擊錯誤呈現女性形象的主導呈現方式，回復女性自我呈現的過去歷史，創造真實的女性形象，及承認需要呈現女性間的歧異不同之處（性徵、年齡、種族、階級、民族性、國籍），亦包括她們五花八門的政治取向（史添普遜1988：頁223）。作為歧異性與多元性的語言符號，「女性主義們」可能是最佳的詞語，其指稱的並非共識，而是觀點的多樣複雜性。只有在呈現的政治學（politics of representation）這意念上，各種觀點才能起碼地有著一些共通的數值。）

慾望的政治化

如果說在後現代時期裏，我們的確活在疾病恐懼症及對健康的盲目崇拜的話，色慾的一切，不得不成為該肉體及其性徵，被普遍質疑的一部份。而這亦是後現代主義及女性主義們，其中興味相投的一處。他們皆同時集中注意力於肉體，及其主體位置的呈現及指涉之上。肉體躲不開呈現，而在目前來說，這意味著它亦躲不開女性主義者，向與各種呈現方式相對的文化實踐裏的父權及男性基礎的挑戰。可是，假使沒有種種的女性主義，故事的發展，也許會頗有不同。我雖然並不打算把兩者融合為一，但仍希望辯稱，女性主義實踐對後現代主義有

著重大的影響。

　　最近十年間，伴隨著表演及「身體藝術」（body　art）的興起，無可避免地出現了，在藝術裏性別特定（gender-specific）的身體呈現。由於這些及其他專門的女性主義實踐，後現代主義在建設個別的中產階級主體的「解定論化」工作上，不得不預留空間，考慮建設性別特定的主體（gendered　subject）。我這樣說之時，完全意識到某些主要的後現代理論家，並沒有察覺到這一點。當然，女性主義們和後現代主義，皆同樣是文化權威普遍地出現危機時的一部份（歐文斯1983：頁57），亦是對於呈現及其論題，更爲具體的挑戰。但兩者在取向上，卻有不容忽略的主要不同。我們已經討論過，以爲後現代主義是政治上兩面性的，被雙重編碼——既共謀於、亦駁斥著其在內運作的文化支配體；另一方面，女性主義們卻有著清晰明確的政治對抗議程。女性主義們並不眞正地可以兼容於、或甚至提供可以作爲後現代思想的例子，正如少數批評家曾爭論的那樣。如果要說兩者有甚麼關係的話，那便是他們一起形成了一股最爲強大的力量，改變了（男性的）後現代主義曾一度朝著的方向——雖然，我認爲現在方向已經有所不同了。它把歧異的後現代意念極端化，又把傳統私人的及公眾的——個人的及政治的（正如本章在最後一節中將會探討的）——劃分，解自然化。

　　女性主義們和後現代主義頗爲常見的融合，源於他們對呈現的共同興趣。呈現活動曾一度被聲稱爲中立的過程，但現在已在意識型態的措辭之下被解構。在舉辦於1985年紐約的新當代藝術博物館New Museum of Contemporary Art的項目，如《歧異：論呈現與性慾》*Difference：On Representation and Sexuality*一類的展覽中，性的歧異，被顯示爲慣以爲眞地，被視作自然而然、或本來如此的文化呈現，所不斷複製。今日很少人會否認，女性主義們對藝術

實踐的改變：透過新的形式、關於呈現的新的自覺、及對於性別經驗（gendered experience）的脈絡和特質的新的感知。凡此種種，皆肯定地能讓女性的藝術家，更能意識到自己作為女性及藝術家的身份；她們甚至改變了男性對自己的意識，而自視為性別特定的藝術家。她們使女性主義們，不可分割地成為社會政治運動及藝術史上（眾數）的現象。時間上，如果她們與喻況繪畫的復興，及概念化藝術的冒起，恰巧碰上，亦並非意外。我把攝影喚作高雅藝術形式，而錄像、另類電影實踐、表演藝術等，皆努力挑戰把藝術家視作浪漫的個別「天才」（genius）（而藝術於是作為某超越性的人類主體，所表達的普遍意義），及現代主義對於兩種特定的藝術形式——繪畫與雕塑——的支配。可是女性主義們，亦同時再次集中關注於，呈現及知識——而於是亦是權力——的政治學。她們使後現代主義不獨思考身體，還是女性的身體；不獨有關女性的身體，還包括其慾望——及有關社會上及歷史上，透過呈現而構設的一切。

　　不論所使用的媒介，是語文上的還是視覺上的，我們時常面對的意義系統，是運作於某些在社會中產生、及被歷史上規限著的法則及常規的。這是取代了現代／浪漫主義自我表達的後現代焦點。而亦不難看出，為甚麼呈現的政治學，忽然成了課題：甚麼權力系統，授權予某些呈現形式，而壓抑其他的形式呢？或者，甚至更為具體地，呈現形式如何藉著組織閱讀或觀看上的快感，而灌輸慾望呢？很多女性主義的理論家，皆為了把人們對肉體於藝術中常規上的理解，解自然化的需求，及為了顯現性別位置的符號機制的需求，而努力爭論。該性別位置，既產生肉體意象，亦喚起（男性及女性的）慾望。

　　該政治與性的混合，對某些批評家來說，頗為困惑，特別是那些以快感及慾望作為美感經驗的主要措辭的批評家。女性主義們及後現代主義的理論與實踐，皆著力使任何把慾望僅僅作為個人的滿足，因

而跟產生於文化的快感無關的那類意念，解定論化。後現代及女性主義藝術的政治動力，挑戰著慾望的處境：慾望作爲不斷地延遲的滿足，也就是作爲將來式的期盼活動；慾望作爲被求之不得的物象，及未盡如意的眞實，所火上加油。這是屬於廣告及色情刊物——及波聚雅的類象——的移置慾望的領域上的。慾望的意念本身，似乎假定了一個連貫的主體，但我們已經看過，很多女性主義們及後現代主義的理論，皆著力質疑及問題化該概念。而這理論本身，又分裂於介乎那些認爲慾望是超越文化及政治的，及那些視慾望的主體，爲嵌入於某由意識型態決定的主體位置之間的批評家。

慾望是明顯地問題重重的：比如說慾望作爲文本活動，及慾望作爲把意象於父權及資產階級社會中，政治經濟前景化的活動，兩者之間，有沒有分別？慾望並不僅是後結構主義意識型態中的某種價值；它亦同時是消費社會的規範，一些馬克斯主義批評家致力解構的東西。但女性主義們亦是如此：卡露·史奎亞絲Carol Squires批判的主題展覽，如其1984年的《生活設計》*Design for Living*般，把雜誌中的女性形象集合起來，透過組織及編排，以暴露及挑戰大眾傳媒表現女性的肉體和慾望時的資產階級及父權政治。

在其書籍《女性的慾望》*Female Desire*中，羅莎琳·科華德Rosalind Coward自女性主義後結構主義的觀點爭論，以爲女性的快感，是構設於一列表意實踐之中的；換句話說，他們並不是自然的、或固有的。由於女性的慾望——其滿足、其對象——時常產生於維持男性優惠的話語，故此也許需要重新構想，特別是得考慮凱塞琳·史添普遜Catherine Stimpson所喚作其「多元性」（heterogeneity）的一面（1988：頁241）。可是，首先，對抗、挑戰、及揭露這些男性話語的需求，正是女性主義藝術家作品的重要之處。例如，在安祖拉·卡特Angela Carter的短篇故事〈黑維納斯〉"Black Venus"

中，兩大話語相遇——亦相爭：男性對女性（既作爲繆斯，亦作爲色慾幻想的物象）慾望昇華的詩歌語言，及女性經驗政治及脈絡化的論述語言。這是那類大致要求其文本被閱讀作性別意義的論述性構設場所的小說，但卻在問題重重的層面上。這裏有著兩種互相抗衡的話語，著力前景化及拒斥慾望——男性慾望——的歷史。

　　這是波德萊爾Baudelaire及其黑白混血兒情人尙納・杜娃Jeanne Duval的故事。在其日記中，波德萊爾曾經寫過：「永恆的維納斯，變化莫測、歇斯底里、充滿幻想，〔被假定爲〕魔鬼其中一種誘惑的形式。」一個他既追求、亦輕視的魔鬼。他的傳記作者對他頗爲仁慈，耐心地向我們解釋他寧願選擇慾望，多於滿足；預期的想像，多於眞正的性行爲的昇華優勢——向我們解釋，如果不是向杜娃的話。我們得到了詩，而她到最後似乎得不到甚麼。同一個傳記作者，對於杜娃卻不大友善：正如莫奈Manet所繪畫的那樣，她通常被描繪爲有著感性的美，如果是奇特地兇悍的話，亦是一種憂鬱。波德萊爾Baudelaire把她當作是女神，但她卻從不明白他的詩，對他的寬容及仁慈，更報以挑剔的謾罵及怒火。（說起來，他們似乎希望避免提及的是，他對於梅毒亦頗爲慷慨。）歷史拒絕給與發言權的女子，是卡特的〈黑維納斯〉的*主體*——正如也是波德萊爾的〈黑維納斯〉一詩的*客體*一般。

　　卡特的文本，持續地把波德萊爾式腐敗的男性色慾主義語言，相對於尙納・杜娃作爲殖民的、黑人的、受管治的位置這赤裸的社會現實。男性對女性的色慾圖象似乎有著兩極化的取向：（如波德萊爾般）浪漫的／腐敗的狂想者，及現實主義者，但兩者皆把女性作爲男性的中介符號（狄克納1987：頁264）。卡特的語言文本企圖編碼、然後再編碼女性肉體這「被殖民化的版圖」：它被編碼爲色慾的男性幻想，然後以女性經驗的措辭再編碼。文本是慾望與政治、色慾的與理性的、男

性的與女性的話語的複雜交織。

　　故事的開始，明顯地回應波德萊爾的詩〈黃昏的和聲〉 "Harmonie du soir" 及〈黃昏暮色〉 "Crepuscule du soir" 中，對黃昏的描述。但在卡特文本中，被描述爲「被遺棄的夏娃」 （forlorn Eve）的女子，則被一種與男性詩人不同的語言所呈現：她「從不以其經驗爲*經驗*，生活並不增加其知識的總值，反而把其削減下來」（卡特1985：頁9）。相反地，男性（在這裏僅被代名詞「他」所界定）把自己的幻想交給她。該幻想使他成爲〈旅程〉 "Le Voyage" 裏，波德萊爾式的美國創造者，在「虛無境域的苦戀」中的諷擬。其幻想細節諷擬詩歌〈西德爾之旅〉 "Voyage a Cythere" 及〈秀髮〉 "La Chevelure"。他們提供同樣的名號，但卻鄙俗化爲資產階級旅遊者的逃避主義（「孩子、孩子，讓我帶你回到屬於你的地方」）。這是混雜著葉慈拜桑提式的諷擬的（Yeatsian Byzantian parody）（「回到你可愛的、倦怠的小島，在這裏珍貴的鸚鵡在寶樹之上搖曳生姿」）（頁10）。女子的回應衝擊著該幻想：「不！……不要血腥的鸚鵡林！別把我循販賣奴隸者的途徑，帶回西印度」（頁11）。色慾的幻想遇到政治及歷史現實，也許提醒了我們，甚至西德拉Cythera，這維納斯的小島，亦不是天堂：波德萊爾式的詩人，懸吊於絞台上。對於西印度的女子，他想像爲小島的天堂，是耀目的金黃海岸，及嚴酷的藍天，不是巴黎「生蛆的城市」。波德萊爾鼓舞詩人心田的〈克里奧爾女士〉 "Dame Créole" 等千多首十四行詩，在這裏被用作捲雪茄烟。該夢想在字面上如煙消逝。

　　然後，男性色慾主義的語言，再次接管一切。被她「豐腴的倦怠」所激發，該特定的「克里奧爾女士」爲他赤裸而舞，卸下她流雲般的「秀髮」，如詩歌〈寶石〉 "Les Bijoux" 所描寫的那樣，僅以手

蠲蔽體。「褐色的魔女」，「華麗而纖巧」的舞蹈，在卡特的故事中，她卻以「憊憊欲睡的怨憤」，對抗其情人，在房間內拖曳其停息處，渴望在天上追尋詩人獨愛的西德拉」（卡特1985：頁12）。文本直接地帶領我們到波德萊爾那裏，然後使互涉的文本，問題重重。正如他惺忪的睡眼所見，告訴讀者的是「她不明白在一個給錢的男子面前裸身而舞，及在一群給錢的男子面前裸身而舞的分別」（頁12）。他作了色情的夢；她在思考被喚作其「使用價值」（use value）及其梅毒的一切：「難道梅毒不正是某人爲了快感，及太陽之子自安提利斯Antilles和她一塊兒帶來的腐敗與天眞的惡劣混合，所付出的代價的命運標記？」（頁13）。梅毒是屬於美國的，「被施暴的大陸」，對歐洲帝國主義的「報復」，但報復卻在這裏產生了不良後果。文本於是回歸到波德萊爾的色慾論述：她的頭髮，那隻貓兒。他把她想像爲「黑暗的花瓶……不是夏娃，而是她自己那禁果，而他已經把她吃了！」（頁15）。然後給與我們波德萊爾的詩〈人心不足〉 “Sed non satiata” 的四行（翻譯）句子──作爲對於他的、但同時亦是她的，如此不能滿足的慾望，反諷式的文本互涉評論。

在文本的小休（故事七版半）之後，卻是另一話語。「他」被認定爲波德萊爾；「她」則是尙納·杜娃，亦被稱爲尙納·普洛斯派Jeanne Prosper或利瑪Lemer，「好像她的名字，是無關痛癢的一般」（卡特1985：頁16）。她的來歷亦不明不白：在括號中，我們讀到：「（她的出生地還不如一樽酒般重要。）」（頁16）。也許，她來自多明尼克共和國，在這裏，讀者被直截了當地告知，杜桑·盧維脫Toussaint L'Ouverture曾帶領奴隸叛亂。法國殖民地帝國主義的種族、經濟、及性別政治惹起了讀者的關注。可是文本迅速地回歸到波德萊爾式的色慾論述，把尙納加以描述。它理應如此，不足爲奇。無論如何，除了莫奈的繪畫之外，今日這便是所有我們對她

的認識。同時透過文學上及歷史上的指涉，文本企圖把尙納作爲「殖民地」——「白人的、帝國主義的」殖民地——的純良「孩子」而被剝奪的歷史還給她。另一方面，她同時亦被剝奪其語言。讀者被告知的是，她的克里奧爾Créole語言十分差勁，當她到達巴黎之際，她企圖使用「良好的」法語。但這正是那些色慾的文學呈現，所隱伏的眞正反諷。該呈現是今日我們對她的認識的主要來源：

> 你可以説，問題不在於尚納不能理解她愛人的詩，裏面珍貴的、苦惱的詳和境界，而是對她來説，它是永恆的侮辱。他朗誦詩歌之時，她感到痛楚、憤怒、及煩惱，因爲他的滔滔語調，否認了她的語言。（卡特1985：頁18）

在她的殖民——種族上的及語言上的——脈絡以外，她聽不到他對自己的敬意。

　　文本於是加添了另一脈絡，明顯的是性別：「他心裏的女神，詩人的理想，輝煌地躺在床上⋯⋯；他喜歡令她打扮得花姿招展，爲其經常比肚皮還要大的明亮眼睛，提供了奢侈的宴樂。維納斯躺在床上，等候大風吹起：滿身煤灰的信天翁渴望強風」（卡特1985：頁18）。可是，對於波德萊爾詩歌的讀者來說，這裏卻有著奇怪的逆轉——不獨是顏色（「滿身煤灰的信天翁」），亦包括角色。在一首喚作〈信天翁〉"L'Albatros"的詩中，詩人雖則在塵世笨拙不堪，卻以詩歌之翅膀，飛翔於天上。在卡特的諷擬版本裏，女子成了優美的信天翁；相反地詩人亦成了雀鳥中的大滑頭（源自坡Poe的《亞瑟‧哥頓‧皮姆的歷險》Adventures of Arthur Gordon Pym），那種時常把雀巢築近信天翁的雀鳥：企鵝——不能翱翔天際，有著資產階級習氣，不能避免地滑稽可笑。告知讀者：「風是信天翁之元素，正如

家庭生活是屬於企鵝的」（頁19）。詩人被解神秘化，正如情人。

這兩隻奇怪的雀鳥，其色慾的相遇，是被小心地、及尖銳地編碼的，而文本亦爲讀者，把語碼在歷史上及文化上安置下來：

> 兩者的連繫是有所必要的。如果她應該以裸體作爲私人服裝，珠寶及胭脂作爲天然的徽章，那麼他自己亦必須保持十九世紀男子公眾的衣飾：外套上衣（剪裁完美的）；白襯衣（眞絲，倫敦剪裁的）；昂斯布魯德Oxblood的頸巾；及分毫不差的褲子。（卡特1985：頁19）

在這裏想起莫奈Manet的作品，亦並非意外：

> 〈在青草地上早餐〉"Le Dejeuner sur l'Herbe"比肉眼可見的，有著更豐富的內涵（莫奈，他的另一個朋友）。男人這樣做，穿戴整齊而這樣做；他的皮肉是他自己的東西。他是靈巧的，是文化的創造物。女人是；亦於是因而一絲不掛地盛裝起來，她的皮肉是公家的資產。（卡特1985：頁20）

波德萊爾及杜娃一起整理着「逾越的歷史」（the history of transgression）（頁21），可是他慣性的色慾修辭，卻讓步給她的現實。「尙納爲其情人的快感忍辱負重，彷彿他是她的葡萄園」一句（頁21），喚起（雖然反諷地）他的詩〈寶石〉"Les Bijoux"的回憶。在詩中，她的乳房是「我葡萄園裏的葡萄」（grappes de ma vigne）——也就是，屬於詩人的。在該修正的版本裏，她不需要爲他的快感忍辱負重；她是被動的：「她任他去愛。」

文本在這裏打住。他「聾、啞、癱瘓」而死；她失去了她的美麗

和生活。可是卡特爲她的尙納・杜娃提供了第二種命運。她買了新的牙齒、假髮，因而回復了部份被摧殘了的美麗面貌。藉著使用販賣自波德萊爾手稿及他在未死之前偷送給她的金錢，她回到屬於加勒比海的地方。（「她驚訝地發現了自己的價值。」）她逆轉了旅程的聯想方向——無論如何，這是「販賣奴隸者的途徑」。她死去了，在極爲老邁的年紀，在一生作爲淑女之後。文本於是藉著將來式，出賣了其幻想的性質：從她的墳墓裏，「她將繼續以對殖民行政最大的優惠，以絕不過份的價錢，分配確實貨眞價實的波德萊爾梅毒」（卡特1985：頁23）。這是安祖拉・卡特共謀性、及挑戰性的雙重論述，女性主義慾望政治化的聲音。

　　但之前我曾說過共謀性和批判性是*後現代*的特色，不是女性主義們的。可是，也許這是另一處可被理論化的重疊點。換句話說，這不僅是女性主義們，對後現代主義有着主要的影響，反而也許是後現代的策略，可被女性主義的藝術家，應用發展至解構的目標——也就是，爲了要*開始*邁向轉變世界（一個本身並不是後現代的一部份的目標）。卡特的文本，並不孤立地暗示色慾的一切，便是該類批判的適當重心，因爲它同時帶出了慾望這課題，及其性別化的政治學，和呈現及其政治學這項目。快感及性慾呈現的構設，作爲開發我們的文化及社會論述上的角色，是源於兩種話語實踐的衝突的。在衝突的交接之處，產生了卡特故事裏性別及性慾的抵觸。男性慾望類似的、甚至更爲直接的政治化，可見於瑪嘉烈・哈里遜Margaret　Harrison的拼貼／繪畫《強暴》*Rape*。在該作品中，一塊橫貫在上的粗絨布，表現了高雅藝術的再產，男性有關女性的色慾意象，作爲可得的、被動的、把自己委身於男性凝視之下的一切，使人想起恩格力斯Ingres、魯賓斯Rubens、莫奈Manet等家傳戶曉的經典繪畫。下面則是一條有關審訊強暴案件的剪報，顯示了法律如何寬恕針對着女性的暴力。再下

面則是連串強暴工具的繪畫呈現：刀、剪刀、破瓶子。像卡特的文本那樣，《強暴》表現出各種論述的諷擬衝突：高雅藝術的裸體、審訊的記錄、暴力的呈現。可是所有這些論述被顯示共有的，卻是女性肉體的客／物體化（objectification）。

　　在卡特及哈里遜的作品中，對男性有關女性呈現的諷擬用法（甚至可以是濫用），只要能暗示矛盾的共謀性批判，便算是後現代主義的策略了。可是，甚至如瑪莉・克麗Mary　Kelly的《產後記錄》*Post-Partum　Document*，這更為普遍地被接受為具體的女性及女性主義鬥爭之作，亦可被視為對於西方高雅藝術父權的聖母及聖子傳統，隱伏的諷擬挑戰。正如我在以前所建議的，它藉著真實的女子母性經驗的日常話語，政治化及解自然化被視為最「自然」的關係。可是，亦是該話語的轉變，使克麗的作品，近於女性主義們的作品，多於其他的。當藝術家如仙迪・雪曼Cindy　Sherman或漢娜・韋爾克Hannah　Wilke，譬如說諷擬地使用女性的裸體傳統之時，不同的問題出現了。因為裸體傳統的女性特質（Femaleness）——如波德萊爾的色情般——使之成為明顯地有著男性觀眾、及構設於男性慾望意念的藝術形式。可是，該女性特質本身，卻正被藝術上的裸體文類歷史記錄所漠視。

女性主義的後現代諷擬

　　當安・卡普蘭Ann　Kaplan質問電影「凝視是否男性的？」（1983）之時，她在一定程度上，問題化了女性主義們（最少自從娜拉・穆菲Laura　Mulvey論〈視覺快感及敘述影院〉"Visual Pleasure and Narrative Cinema"的重要文章之後），接受為攝影機眼睛的男性特質。該特質使女子成了被觀察及陳列的展示者，「為了強烈的視覺及色慾衝動而編碼，以便可被喚作含有*被觀性*（to

－be－looked－at－ness）」（穆菲1975：頁11）。這樣使得作爲觀看者的女性，只能佔據著自戀的角色認同，或某種心理上的逆轉的位置。

可是，對於女性主義視覺藝術的存在本身（相對於女性主義於男性藝術的批判），在這裏是不是有著非常基本的問題呢？支配性的凝視（mastering　gaze），使主體從所凝視的客體中，分隔開來，把慾望投射到客體上。如果該支配性的凝視，如很多女性主義者所爭論的那樣，是固有地男性的，那麼到底可不可能，有被喚作女性的視覺藝術的那樣東西呢？我想這可能是非常眞實地潛伏着的死胡同。可是無論如何，後現代主義的諷擬，最少提供了一個可能的出路——一種妥協性的策略，卻有著某些可行的政治效用。藉著使用後現代置入、然後顛覆常規的諷擬模式，例如凝視的男性特質，女性的呈現可被「解定論化」。也許，最佳言及後現代立場的是，德希達所寫的：「呈現的權威規限著我們，透過整個稠密的、迷惑的、厚重的、分層的歷史，強加於我們的思想之上。它編排著我們，亦引導著我們」（德希達1982：頁304）。雖然，這並不意味著，它不能被挑戰及顛覆——而只不過該顛覆是內在的，批判性本身亦是共謀性的。

例子是蓋爾・吉特納Gail Geltner對恩格利斯Ingres的經典裸像《偉大的女奴》*Grande Odalisque*的諷擬玩藝，見於其《封閉的系統》*Closed　System*中，展示於1984年多倫多的《第二情人節》*Alter Eros Festival*。該拼貼有著明顯的諷擬嵌入性，可是其變異與其類同一般重要：恩格利斯的女性形態是被再生產了，但隱伏的男性凝視，現在卻以一組瑪格列特男子（Magrittian）的形式，字面上成爲了作品的一部份。這些男子被嵌入於背景的窗戶上，望向裏面的裸體。可是，從現在男性凝視的位置（也就是，從後面）看去，恩格力斯的女性卻掉頭避了開來，暗示她轉過來的凝視，也許是朝向

另一個性別的。這與麥爾‧拉莫斯Mel Ramos的《極偉大的女奴》*Plentigrande Odalisque*的不同，對我來說，正好描畫出女性主義與後現代主義的分別。拉莫斯的後現代共謀性更為清晰，雖然他的批判性亦同樣明顯：藉著記錄該色慾編碼（《花花公子》*Playboy*的赤裸女郎）的經典裸體，他解構了該指向男性慾望的高雅藝術特定常規的不在場證供，但卻沒有提供任何具體的性別特定的回應。

　　像這樣的女性主義及後現代藝術，顯示出慾望及快感，是被社會有效化及正常化的。當後現代藝術企圖分裂——正在開發——這些預期的快感之時，女性主義藝術希望分裂，但亦同時正在改變，我們作為女性的觀賞者及藝術家所認許的快感。如前所見，蘇菲亞‧科布絲姬Silvia Kolbowski、巴巴拉‧克勞格爾、及亞力西斯‧肯特Alexis Hunter的作品，展現著後現代的策略，諷擬地使用、及濫用著大眾文化的女性呈現，以過份的刻劃、反諷、及破碎的重新脈絡化活動（fragmented recontextualization），同時努力着瓦解任何該類意象被動的消費，以顛覆這些呈現形式。在解構式的批判中（人們必須先顯現——而於是設置——他們希望顛覆的），共謀性也許是必須的（或最少是不能避免的），雖然它亦同樣必然地規限著，它可以提供的那類批判的極端性，及暗示轉變世界的可能性。所以，女性主義們的後現代策略用法，問題不大，但它可能亦是讓女性主義的*視覺*藝術存在的唯一方法。

　　很多評論家近來把矛頭指向現代主義傳統的男性特質，因此亦同時指向任何後現代主義的男性特質，不論是對現代主義的正面回應，還是自覺地與之決裂。女性主義們拒斥被併入後現代的陣營，其理由充份：她們的政治議程，會被後現代主義的共謀性批判的雙重編碼危害，或最少被混淆；她們的歷史特殊性及相對的位置性，將冒被從屬化之險。兩者皆明顯地為了文化活動，某社會本質上的覺醒而努力，

可是女性主義們並不滿足於揭示眞相：藝術形式是不會轉變的，除非社會實踐能有所改變。揭示也許是第一步，但它不會是最後一步。無論如何，女性主義及後現代主義的藝術家，皆共有著把藝術視爲社會符號的觀念。該社會符號必然地、亦不能避免地，牽涉進其他的意義及價值系統的符號之中。但我將爭論的是，女性主義們希望更進一步，要努力改變那些系統，不僅把他們「解定論化」而已。

除此之外，兩者之間仍有另一分歧之處。巴巴拉・克利德Barbara Creed這樣寫：

> 女性主義會企圖以父權意識型態的運作，及女性和其他小數類別的壓抑等措詞，來解釋該〔李歐塔曾描述爲合法化（legimation）的〕危機，後現代主義則找尋其他的可能原因——特別是西方對於斷定普遍眞理如人文主義、歷史、宗教、進步等意識型態的倚賴。當女性主義爭議著，所有這些「眾數的眞理」（truths）所共通的意識型態立場，皆是父權的之時，後現代理論……則不願意孤立單一的觀眾作決定的因素。（克利德1987：頁52）

「不願意」，只因它不能——不能不墮入它暗地裏，所指責他人的意識型態陷阱：總合性的陷阱。克利德正確地指出，後現代主義並不提供任何優惠的、無誤的論述位置。所以，她說，「我們女性主義者發現自己所處身的矛盾是，當我們把父權論述視爲小說之時，我們不顧一切地朝着建基於女性備受壓抑的信念而邁進。彷彿我們自己的位置，更爲接近眞理似的」（頁67）。可是，後現代主義對於優惠性的拒斥，既是意識型態上的立場，亦是該女性主義所採取的位置。這裏——跟在本書中一樣——我把意識型態一詞，意謂暗示社會實踐及呈現系統

的全訊息集體。如前所示，圍繞後現代主義政治上的混亂，並非意外，而是其共謀性及批判性的雙重編碼（double coding）的直接結果。當女性主義們，可以使用解構學的後現代諷擬策略之時，她們從不受困於該政治議程的混淆。部份原因在於，她們有著自己的立場及「真理」。因而提供了從兩性關係的生產——及挑戰——中，理解美學及社會實踐的方法。這是她們的優點，而——在某些人的眼中——亦必然是她們的缺點。

　　當女性主義們及後現代主義，同時努力幫助人們，理解在我們的社會中運作的主流呈現模式之時，女性主義們專注於特定的女性呈現主體，而開始議定在大眾文化及高雅藝術中，挑戰及改變這些主流的一切的方法。傳統上，女性肉體的呈現，是男性的領域。也許除了廣告之外，女性並不時常是女性圖畫所預期的觀看對象。所以，當她們觀看之時，她們不是把自己作為男性的替代物而凝視，便是把自己認同於女性，作為被動的、被觀看的。可是後現代的諷擬策略，最少容許藝術家如科布絲姬或克勞格爾駁斥這些選擇，提出女性的觀看位置，亦可以超越自戀、被虐、或甚至窺視主義。他們對於在大眾文化中，女性呈現的布萊希特式挑戰，要求的是批判，而不是認同或客體化。該藝術諷擬地嵌入女性呈現的常規，先喚起人們限定的反應，再顛覆該反應，使人們意識到它是如何被喚起的。要行動便必須首先共謀於其所挑戰的價值：我們必須先感受其誘惑，再質疑它，然後再把該矛盾之處加以理論化。該女性主義式的後現代策略的用法，在其顯現的及隱藏的、給與的及延遲的遊戲之上，把慾望政治化起來。

　　所謂高雅藝術，當然不比大眾文化更為清白單純。也許，正如安祖拉・卡特（1979：頁17）所認為的那樣，我們喚作色慾主義的，不過是精英份子的春宮。在女性主義者的手中，諷擬成了其中一種「反其道而行地，重讀西方文化『經典作品』」的方法（德・勞勒提

絲1986b：頁10）。在評論尤珍納・德拉克瓜Eugene Delacroix眾多的、纏擾性的女性描繪之時，他其中一個虛構的女士（見於蘇珊・戴茲Susan Daitch明顯的女性主義小說*L.C.*）說：「藝術與誘惑聯盟，成為了經常對話的夥伴」（戴茲1986：頁72）。在這裏，性別明顯地亦成為了權力的分界，而女性的肉體，則成為了權力政治學的所在。當作家如瑪森・漢・京斯頓Maxine Hong Kingston、瑪嘉烈・亞特活德Margaret Atwood、或奧德利・湯瑪絲Audrey Thomas，把女性的肉體，呈現為柔弱的、病態的、受傷的，或呈現為——內在地——體驗其快感的同時，亦暗中對抗男性對於她們的外在形態，色慾的凝視。在《不同的觀看方式》*Ways of Seeing*中，約翰・栢傑爾John Berger認為女性是分裂的，她們既觀看自己，亦觀看男性把她們作為物件般觀看（在把自己體驗為女性的主體的同時）。後現代的策略，到底能否為女性，提供脫離在這裏所暗示的死胡同的方法，但又繼續停留於視覺藝術的常規之中呢？當科布絲姬矛盾地表現時裝模特兒（傳統上，男性凝視或女性自戀認同的理想形象），所重新設置媒介意象時，她的方式是提顯了被動地客體化的意象，跟呈現在構設身份的力量上的衝突。女性肉體在這裏既非中立、亦非本然的；它是明顯地陷入於歧異的系統之中，使男性及其凝視大權在握的。在其《模特兒的快感》*Model Pleasure*系列中，她把女性肉體的過度崇拜，弄得支離破碎，以顯示所有的呈現意象，皆被賦與同樣的、意識型態上「本然」的地位。

巴巴拉・克勞格爾及維克多爾・栢根亦同樣在他們的藝術中，使用後現代的技法，以指向色慾的一切，其時常交疊於權力及擁有權的論述之處——傳統上是春宮的領域。如前所見，像栢根的《擁有》*Possession*般的作品，把性慾如何「由一系列的呈現活動裏，構設出某些被喚作『性慾』的東西的方法，前置起來」（赫斯1982：頁3）。

該構設的意義，並不在於呈現本身，而在於觀看者、呈現活動、及整個社會脈絡的關係之中。文字「對你來說，擁有是何意義？」及相擁男女的照片的性戲，被下面的文字抗衡著：「我們7％的人口，擁有84％的財富。」女性主義者、後現代主義者、及女性主義們的後現代主義者，皆從事於該類把資本主義與父權制度相連的批判。

正如約翰・栢傑爾John Berger（1972a：頁47）簡潔有力所言：「*男性負責行動，而女性負責裝扮。*」這裏有著源遠流長的傳統的指導性文學，其目的便是要告訴女子如何「裝扮」──使她們對於男子來說，更有吸引力：從文藝復興的文友詩歌（coterie poetry）到當代的時裝雜誌，甚至神仙故事，亦努力把過去的後天集體「智慧」，傳於後世，因而反映了在父權制度之下的性慾神話。安祖拉・卡特在《染血的閨房》*The Bloody Chamber*中，以女性主義的後現代諷擬手法，重寫〈藍珍珠〉"Bluebeard"及〈美女與野獸〉"Beauty and the Beast"，暴露了承襲的色慾性心理。女性的諷擬、重寫、再現，是其中一個後現代主義提供給女性主義的藝術家的一般選擇，而特別是那些希望努力於視覺藝術，以公開地抗衡男性凝視的人。

當雪莉・里文Sherrie Levine實際上重新拍攝那些男性所拍攝的著名藝術照片之時，她不僅是借用高雅藝術的意象，以（如後現代主義般，致力於）對抗原創性的時尚而已。她所做的斷不止此。她曾被引述說：「作為女性的藝術家，我可以在何地自處呢？我所做的，是把一切明顯化：藝術家與過去的藝術家的伊迪栢斯關係（Oedipal relationship），如何被壓抑下去呢？而我，作為女性，如何僅被容許呈現男性的慾望呢？」（見瑪爾左拉提1986：頁97）。仙迪・雪曼Cindy Sherman找到另一方法，對抗凝視的男性特質（maleness of the gaze）：她許多的自拍像，把自己的身體，以社會或

傳媒的類型姿態擺設下來。自覺地把女性自我，被男性凝視所固定的社會構設表現出來，同時又加以反諷。因為她自己便是攝影機背後的凝視，主動的、欠缺的存在。她作為符號的主體及客體，作為被性別——但同時被種族及階級——定位的女性呈現。

藉著諷擬及反期望，後現代策略給與女性主義的藝術家，一種把肉體的呈現政治前景化的方法，卻又繼續運作於視覺藝術的常規之內。巴巴拉‧克勞格爾使色慾刊物《把你的一切交給我》對立問題化的手法，便是一極佳例子。她寥寥可數、並非黑白的作品之一，有著紅框的簽名。該反諷地女性化的粉紅框架，便是女性慾望的表現。這是一盤精點（*petits fours*）的相片，而小蛋糕則被弄得頗似那話兒：他們的歪斜模樣，被認為不僅是動情的男兒那物，他們亦有點使人想起重型大砲——兩者皆可作為男性權力的意象。但在這裏卻被簡化為男性的誘惑，其「甜言蜜語」的直指。該語言上的要求——「把你的一切交給我」——在語調上是侵略性地命令式的，而全然不是女性慾望的傳統說法。

在該作品裏，克勞格爾不僅超越了，摧毀男性陽物身份及女性被虐身份作為色慾行為的模式，我認為她還邁出了從解構式後現代主義到女性主義的一步。用瑪莉‧克麗1983年展覽的題目來說，她「超越了被竊的意象。」在呈現的課題上，在單一自主的人文主義論述主體上，克勞格爾的作品，皆時常被視為後現代重心的一部份，事實亦的確如此。但在其重新把該人文主義主體，假定但隱而不宣的男性特質引入討論上，它亦同時是女性主義的。她的意象／文本組合，也許已經在使用現存大眾傳媒的女性意象了，但這不僅是哈洛德‧羅森栢格Harold Rosenberg巧妙地喚作「已觀」藝術（dejavunik art）的例子。該類藝術，以新裝表現慣服。大眾文化是她鬥爭之處，部份原因在於對大部份的女性來說，這正是慾望真正的生產地——不僅（雖

然它亦運作）於藝術博物館中而已。

　　巴巴拉・克勞格爾的作品於商場得意，而這正被用來批評她的女性主義政治學。但我們應該問：如果她的攝影，曾於現存的藝術建制及女性主義實踐之間得到妥協的關係，那麼這又是否擔任著共謀的角色，或作爲那些建制的復辟呢？（後現代的）共謀性又能否使女性主義者，從內而外顛覆一切呢？也許，問題部份源自我看作是後現代主義──本身，及女性主義藝術家用法上──的局限：藉著衆數的及解構式的質問，後現代也許可以把藝術作爲政治鬥爭的場地，但卻似乎不能把它發展爲政治工具。它提出的問題，把藝術顯示爲價值、典範、信仰、行動產生之地，解構了表意活動的過程。但它從不躲避雙重編碼的活動：它時常意識到支配體及其對抗者，相互依存的關係。正如女性主義者，在其諷擬模式的借用上所顯示的那樣，後現代主義最少有著政治效用的潛能。如前一章所見，克勞格爾也許藉著最爲明顯的方式──直接指稱觀看者──而達到該效果。她作品的印本，時常以語言的移置代詞「你」及「我們」，稱呼性別特定的觀看者。雖然兩者的性別皆可轉移（於是強調了觀看者的位置及主體的不穩定性），但卻始終指稱明確。

　　我曾經多次提及仙迪・雪曼Cindy Sherman的自拍照，及這些自拍照，對於相片背後所假設的、明顯地透明的現實呈現上的挑戰。很多批評家皆注意到，她對於單一及獨立主體的明顯及非常後現代的爭論，可是在這裏需要再一次評論的是該主體的性別。雪曼的作品，沒有如漢娜・韋爾克Hannah Wilke的那麼問題重重。在如《馬克斯主義與藝術》般的作品那樣，韋爾克的指稱，雖然像克勞格爾那麼直接而富於爭論性，但於我來說，正由於它對於裸體傳統及慾望意念上的控制，它仍然極有問題。在談及肉體藝術之時，露絲・利栢德Lucy Lippard以爲這裏有着「隱伏的深淵，使男性把女性視作性

慾的激發，及女性把女性用作暴顯該侮辱之間，分隔開來」（利栢德1976：頁125）。可是在韋爾克的作品之中，該歧異的深淵的隱伏之處，卻問題極大。某些女性主義的理論辯稱，女性的肉體，當被男性使用之時，是被殖民化、被擅用、甚至被神秘化的；當被女性使用之時，該肉體卻顯現了其豐沃及自足的性慾。甚至當它諷擬地使用男性的裸體傳統的常規之時，亦不例外。

　　在該作品裏，韋爾克擺出被喚作腰部以上，正面全裸的姿態。在她的自拍照上面，是這樣的文字：「馬克思主義及藝術」，而在下面是：「小心法西斯的女性主義。」該女性的自拍像，有著可被激烈批判的地方，但亦隱含許多內在的兩面性（inherent ambivalence）：

> 女性的女性描繪（有些時候是自我描繪），以該半性別歧視的姿態，作爲政治語句，變得越來越有力量，尤其是當它快要達致眞正的剝削之時，立刻有驚無險地墮入隱晦性及混亂之中。越是誘人的女子，危險越大，因爲首先她們更爲接近常規的樣板。（狄克納1987：頁273）

仙迪・雪曼也許會把某些自拍照，弄得醜陋一點，韋爾克卻不會這樣做（儘管她也有用口香糖貼出來的傷疤）。她把自己的肉體，如卡露莉・舒尼曼Carolee Schneeman及蓮達・本格利斯Lynda Benglis——所有漂亮而被指斥爲政治含混及自戀的女人——般，裸露在鏡頭前。韋爾克的作品，曾被同時用作封面女郎或甚至是時裝模特兒常規的諷刺及支援。因爲她把自己擺弄得異常誘惑，更爲自己的性慾及性魅力，而感到驕傲及快感。難道這便是我們對於「小心法西斯的女性主義」——那種也許會覺得這是有點過於狼狼爲奸的女性主義，還是那種在意識型態上，不容許該類（也許由男性支配的）有關女性

慾望的比喻的女性主義——的詮釋方法？

　　但該相片並不眞正地代表，把漂亮女子作爲嘲諷對象的性剝削姿態（sexploitational posing）：這是堅持己見的女子，在裸露的肉體上，穿著男性的表意符號——領帶、低懸的牛仔褲——的姿態。如果「法西斯的女性主義」，意謂規矩謹愼的女性主義，那麼男性藝術中女性肉體的商品化（這是否便是馬克思主義與藝術相關的方式？），也許就是該女性主義，藉著拒絕女性使用其自身肉體及其快感，而包銷的一切。但被指稱的觀看者的位置又如何？這是否偷窺的、自戀的、批判的？我們是否甚至不能肯定，該作品到底是質疑、還是肯定，凝視的男性特質（the maleness of the gaze）呢？我眞的不能肯定。在該作品明顯的矛盾之前，很容易會說，當韋爾克清楚地玩弄著裸體指稱的常規（the conventions of pornographic address）時（她的眼睛接觸及佔據觀看者的眼睛），她亦同時把這些跟女性主義的抗衡話語，並置起來——但又在某方式上自相矛盾。她並沒有使自己的位置更加清楚，於是冒著強化她也許希望駁斥的一切，也就是女性性慾及男性慾望的父權意念之險。

　　我懷疑到底我們在這裏的（借用源自瑪嘉烈特・華勒Marguerite Waller的巧妙術語　），是否「甜心的借喻」（Tootsie trope）的一個案例——「作品不足以讓其女性主義的意圖，改變其男性中心的表意模式。」男性慾望，雖然假設已備受懷疑，實際上縱使沒有後現代的共謀性批判所提供的駁斥，亦早已嵌入於一切，我眞的不知道有何解決辦法。有時我想是否爲了要呈現自身，女性不得不假設一男性的位置；而克勞格爾等，則顯示了該位置，可藉著始終容許嚴肅論辯的後現代策略，被諷擬地界定。

　　我認爲還留下了一個最後的問題：男性的位置，如果被徹底地擯棄的話，那又會是甚麼局面呢？女性主義電影，提供了最明顯及重要

的例子，而蘭茜‧史佩洛Nancy Spero的「女性畫像」（peinture feminine），在持續地暗中解構潛伏於女性呈現色慾常規的男性性慾之時，提供了女性的凝視。在這裏，女性是主角及主體，而不是傳統上慾望的色慾客體。其女性肉體的重新喻況，也許是一個答案，踏出了超越該（或許是不能避免的）凝視的男性特質的潛在困境的一步。米拉‧索爾 Mira Schor、蘭茜‧費萊德Nancy Fried、露薏絲‧布爾渣Louise Bourgeois等女子在紐約的QCC畫廊的《1988性別政治學》展覽（*1988 Politics of Gender show*）中的作品，亦不例外。

可是，我同時想到後現代主義的諷擬手法，可以作為其中一種「實用的策略」。女性主義藝術，藉著提供技法予解構活動──嵌入以便顛覆父權的視覺傳統，企圖表現新品種的女性快感及女性慾望的新說法。因而使該實用的策略（ practical strategies）變成「策略性的實踐」（strategic practices）（栢克及普洛克1987b）。我認為女性主義們，已把後現代的理論及藝術，推展至其本來絕不會推進的方向。其中一個這類方向，包括在本書以前曾經略為提及的課題：歷史。

私人的及公眾的

在給與「經驗」的意念，新的及重要的價值上，女性主義們亦同時帶出，後現代呈現這極為重要的項目：甚麼組成了有效的歷史敘述體？及由誰來決定一切？於是導致個人的或生平的敘述體──學刊、信件、懺悔錄、傳記、自傳、自我寫照──的重新評核。以凱塞琳‧史添普遜Catherine Stimpson的話來說：「經驗產生了比藝術更多的一切；它亦是政治參與的泉源」（1988：頁226）。如果個人的，亦是政治的，那麼傳統上個人的及公眾的歷史的分隔，便必須被重新

考慮。該女性主義的新想法，巧合地跟高雅藝術與日常生活的文化——普羅及大眾文化——分隔開來的一般討論，湊合起來。兩者的融合結果，是帶來了歷史敘述脈絡，及呈現與自我呈現的政治學的再思。

在後現代的寫作中，該特定的女性主義衝擊，可見於不同的文學形式。其中之一是史記式後設小說。在這裏小說化地個人的，以某種借代的方式，成爲了歷史地——亦所以是政治地——公眾的：在魯殊迪Rushdie的《午夜之子》*Midnight's Children*中，主角不能、亦不會把其自我呈現，於國家的呈現中，分隔開來。而結果是把公眾的及個人的經驗，國家性的及主體性的一切，變得政治化。在奈祖爾‧威廉斯Nigel Williams的《斗轉星移》*Star Turn*或約翰‧栢傑爾John Berger的*G*中，公眾的歷史事件的呈現，傾向於在角色的個人虛構世界內，顯現政治性的層面。由於後設小說式的自覺意識，借代手法甚至伸展至包括讀者的世界。

另一個被女性主義，對人物生平記載的重新估值，及其把個人的一切政治化的觀點，所影響的後現代寫作形式，是那些介乎小說與個人歷史之間，傳記式或自傳式的作品：安達提爾Ondaatje的《家庭傳略》*Running in the Family*、京斯頓Kingston的《女戰士》*The Woman Warrior*及《中國人》*China Men*、班維爾Banville的《科佩尼克斯醫生》*Doctor Copernicus*及《克普勒》*Kepler*。這種把自己（及他人）於歷史中呈現的方式，同樣用緊密的自覺意識手法，因而顯現了個人私下寫作，跟公眾及曾（被敘述者或其他的人）親身經歷的個別事件，問題重重的關係。

爲了強調在個人及公眾的呈現手法上，我認爲是具體地受了女性主義們的影響的後現代模式，我特別選擇了兩個作品。他們對我來說既是女性主義的，亦是後現代的（時刻緊記，無論兩者關係如何密切，也必須保持距離），更明顯地奉行牽涉於該矛盾的歷史敘述呈現上的具

體政治層面。蓋爾・鍾斯Gayl Jones的《柯利吉多拉》*Corregidora* 是有關奧莎Ursa的小說。奧莎是美國布魯斯哀歌（American blues）的演唱者。她一生皆受著她家族的女性一脈，對於柯利吉多拉Corregidora——她母親及祖母的養育者，一個巴西葡萄牙的「奴隸養育者及妓女販子」（鍾斯1976：頁8-9）——的仇恨所影響。家族的個人歷史以口頭形式，從一個女子傳到另一個，從被奴役的傳到最後重獲自由的人口中。女人們擁有的、唯一有關過去的歷史記錄，是一幅柯利吉多拉的相片：「高大、白頭髮、白鬍子、白鬢子」（頁10）——是對基督教的白人上帝形象，惡魔的諷擬。一個黑人家庭的故事，變成了整個種族的歷史縮影。

　　鍾斯的小說，重覆地講述柯利吉多拉的種族及性剝削的故事，使讀者亦同樣經驗到固定記憶的複述活動。這樣是特別地必要的，因為奧莎是不育的：她將不會有女兒，讓她聯繫上家／種族歷史。於是讀者成為了她女兒的替代，但如此一來，講述的模式，便不能再是口頭上的。由於白人把所有黑人歷史的書寫證據燒毀了，求助於口頭歷史，原來是有所必要的。正如奧莎的曾祖母嘗言：

> 「*我在留下證據。而妳亦必須留下證據。妳的女兒們也得留下證據。當需要出示證據之時，我們必須有可以出示的證據，對抗他們。*」（鍾斯1976：頁14，斜體字出於原文）。她後來再補充：
> 「*奧莎，他們可以燒毀紙張，但他們不能燒毀意識。這便是構成證據的一切。這便是構成裁決的一切*」（頁22）。

奧莎以其布魯斯哀歌（blues music）及敘述體，向我們同時表現證據及裁決。但首先她得接受，縱使她是自由的，亦不曾被奴隸販子所豢養，她事實上依然是「柯利吉多拉的女人」：「*我是奧莎・柯利吉多拉。含淚多年，在很幼小的時候，已被逼接觸*

過去」（頁77）。經歷幾次婚姻之後，她仍然保留著忿恨、但準確的（母系）姓氏，作為另一「證據」形式。

故事內的黑人，以聽天由命的態度，回應白人毀滅如黑人的土地買賣記錄，或從奴隸中買來配偶的證據的做法：「當他們自書中撕去頁數，及不留記錄之時，你只有束手無策」（鍾斯1976：頁78）。但女性對於私人及公眾歷史，故意（及政治地）丟空的回應，卻是重覆不斷地，把被壓抑的故事，一講再講。如奧莎所言：「*他們把柯利吉多拉硬擠進我裏面，而我則以歌聲回應*」（頁103），這樣地把語言的敘述呈現，譯成情感與歌聲。奧莎分辨出「真實的生活」及「言及的生活」（頁108），但還有的是歌唱的生活，不用說也有筆錄的生活：有關歷史不公允的（被白人所毀滅的）官方公眾記錄，及非官方的個人記錄，也就是小說本身。

在這裏，看不出那裏可以把私人的，自公眾的一切分隔開來。奧莎（在白人或黑人社會）的女性壓抑，成為了美國內，黑人被壓抑及剝削的比喻。男性的布魯斯歌者告訴奧莎：「辛納脫拉Sinatra是第一個把雷伊・查理斯Ray Charles喚作天才的人，他言及『雷伊・查理斯的天才』，之後所有人便都把他喚作天才。之前卻沒有人這麼說。他曾是天才，但沒有人這樣叫他」（鍾斯1976：頁169）。他補充：「如果白人沒有告訴他們，他們是看不見的」（頁170），而他的「他們」包括黑人及白人。這是強而有力的小說，自覺地把很多方面的歷史解自然化：其記錄的可靠性；其檔案的可及性。黑人女子把過去呈現的政治作用，在口頭上「一代傳一代，永誌不忘。縱使他們可以燒毀一切，戲稱甚麼都沒有發生過」（頁9）。

記憶及忘掉的能力，同樣是克麗絲達・渥爾芙Christa Wolf的敘述重點。在《童年模式》*Patterns of Childhood*中，她把個人

的、及公眾的歷史及責任，交織起來，成為了有關自我及其與時間地
點的關係的，另一種受到女性主義影響的後現代寫作例子。前言的小
注告訴我們，所有的角色，皆是「敘述者的創作」（注：不是作者的），
沒有甚麼與真實的相同。但假如我們要找尋一些介乎小說及現實的相
似性的話，我們便會被這樣提醒：「一般被承認的行為模式，應該歸
咎於時局。」當時局是納粹黨的興起，正當第二次世界大戰，而作者
是東德人之際，公眾的及私人的，從一開始便不能被分割：個人的很
可能亦是政治的。

　　書本以可能是原型地有關歷史的後現代敘述開始：「屬於過去的
仍未死去，甚至仍未過去」（渥爾芙1980：頁3）。敘述者指稱自己
為「妳」──「那把擔任著講述它這工作的聲音」（頁4）。「它」
是她童年的故事，但仍常以後來的歷史的觀點來看，既是個人的，亦
是大眾的：「現在闖進記憶之中」（頁4）。文本的敘述形式，本身
極為複雜。文字說是發生於1972及1975年間，但它卻以早期還鄉的
旅程，作為框架，以探討甚至是更為渺遠的、有關她1930年代到
1940年代孩提時期的過去。她必須以記憶穿越時空界限──甚至是
國界。因為她長大及逃離（面對俄羅斯軍隊之時）的小鎮，曾屬於德
國（蘭德斯栢格Landsberg）。現在，感謝歷史，卻屬於波蘭（格
洛佐・威爾克波斯基Grozow　Wielkopolski）。敘述者（「妳」）
指稱孩提時期的自己（她）為娜莉Nelly，於是藉著小說式的命名及
第三身的指稱，引入一定程度的距離。這亦有助於顯示曾經是孩子的
她，在三十年之後，已經差不多不能再被觸及：女人及女孩有著不同
的知識。正如敘述者自覺地寫作一切，而我們則看著她企圖同時處理
距離及複雜性、過去及現在：

　　從一開始，這一章已被指定為有關戰爭；正如其他的章節一般，

它以標題諸如過去、現在、波蘭之旅、草稿等，預先備案於紙上。附加的結構，被設想作組織資料，及把自己從該層次重覆的系統中，分離開來的方式。形式作為獲得距離的可能性。（渥爾芙1980：頁164）

《童年模式》充滿類似的章節，以後設小說式的呈現行動，企圖講述有關她自己及其國家過去的故事，既是現在，亦是波蘭之旅的時期，由她的丈夫、女兒、及兄弟所陪伴著。公眾的歷史，實際上變成較易聯繫的一環：「當涉及個人事項之時，我們不是把一切小說化，便是變得啞口無言」（頁8）。但該公眾的層面，仍有問題。例如，她希望以卡茲米爾茲‧布朗迪斯Kazimierz Brandys的文字，作為領題：「法西斯主義……作為概念，比德國人所知的為多。但德國人卻成為其經典的例子」（頁36）。但她不敢，生怕她的德國讀者不知如何回應。當然，她的自覺性，在這裏無論如何，已經表達了其論點。她把過去從個人的及官方的記憶中重建，並非作為辯白或藉口。她同樣制止自己以反諷、厭惡、或輕鄙的態度對待一切——正如她的父母般——與納粹勢力認同的人（頁38）。她不容許自己參與他們的想法：「始終沒有提及，不可及於想像力的範圍」（頁39）。因而可見，任何類型的歷史，甚至包括即時的個人經驗的敘述呈現，皆有著局限。

其中一處主要的局限是記憶本身。德國人曾被告知有關為社會上被「遺棄」的一群而設的集中營的存在——報紙記載證實一切——但這些卻常被忘掉。敘述者以括號標示其想法：「（使人困惑的疑慮：他們真的被忘掉了。完全地，整個的戰爭：整個地被遺亡了。）」（渥爾芙1980：頁39）。她自己的記憶，同樣需要補充。在生動地描述了娜莉曾出席的希特勒青年集會之後，敘述者補充：「（有關事件順序的資料，來自國立圖書館1936冊的《一般報導》*General*

Anzeiger；意象──『連串的火炬』、『燃燒的柴堆』──來自記憶。）」（頁129-30）。問題是兩處源頭，皆可被證實為並不可靠：「創作過去，比回憶過去……更為容易」（頁153）。無論如何，她始終覺得有需要諮詢及援引歷史檔案記錄，如哥布斯Goebbels在水晶之夜（kristallnacht）的反閃族廣播（anti-Semitic　radio speech）般。

　　敘述者開始明白的，是過去「不能被客觀地描述」（渥爾芙（1980：頁164）；而她的現在，將經常地協調著過去。無論如何，這並不免除她企圖描述一切的責任。寫作是「超越其他一切的職務的，甚至當它意味著，重新開發所有似乎已被言及的問題，及在圖書館中，不再以尺碼，而以里數量度的幾列書脊之時」（頁171）。她必須面對其個人的、與及其國家的責任：「在今日，也許要生存，便不得不牽涉於罪案」（頁171）。閱讀數以里計的書籍，被筆記、日記、及摘記弄得頭昏腦脹，敘述者必須面對，記錄公眾及個人歷史的另一障礙：檔案資料的大量充斥。

　　她同時需要面對其保持距離的慾望。她把童年的自我，客觀化為「娜莉」，是否非常虛偽？她以德文組成一種罪咎的形式，作為娜莉對於1930年代，「外鄉人的血」這「動人言辭」的反應，及以成年作家的身份慨歎德文「可怖的言外之意」（渥爾芙1980：頁48），又是否「一種生命的改善方式」（頁61）？為甚麼她希望避過某些措辭及表達形式？為甚麼每次把「我」與「奧舒維茲」Auschwitz聯想在一起，便覺得難以忍受？她的答案，指向在該歷史敘述體內，呈現的道德及政治課題：「『我』的過去條件時式：I would have．I might have．I could have．成就一切，遵守秩序」（頁230）。

　　可是，歷史卻有著短暫的記憶──甚至在家庭裏。敘述者有關其個人及國家的過去，有關那些被容許「殺人如麻，語言中抹去良心二

字，而無動於中」的人（渥爾芙1980：頁237），所感到的罪咎，跟她那沒有責任感的女兒，互為對立：直至波蘭之旅前，她僅透過其歷史書本，知曉戰爭。而書中所載，卻緩和了上一代逐漸褪減的恐懼。敘述者並沒有這樣的奢侈：她只能在同時想及發生在公眾場境下的一切之時，才可以想及童年的事件。她甚至只能在面對既是個人、亦是國家的責任之時，才可以使用德語：詞語「墮落」（verfallen）只有在德語中，才有著「由於被人們自己深藏的承諾所困，不能挽回地喪失」的含義（頁288）；或詞語「慢性」（chronic）亦開始有著道德類別的性質：「慢性的瞎眼。問題則不再是：他們怎能受著良心的譴責而生存下去？而是：甚麼環境使他們集體地失去良心？」（頁319）。

敘述者意識到，以語言及以敘述體呈現過去，也就是要構設過去。該看法跟意識到個人的及政治的一切，其關係密切的看法，不可分割：

> 理想地，經驗的結構與敘述體的結構，不謀而合⋯⋯可是卻沒有任何技巧，容許把千頭萬緒，以最嚴格的法則，不可思議地組構成團的一切，轉譯成線性的敘述體，而不嚴重地喪失點甚麼。要言及附加的層次——「敘述面」——意謂轉移到不準確的術語及虛假地處理真實的過程。「生活」，真實的過程，常常被迎頭踐踏。（渥爾芙1980：頁272）

在這裏，除了有關矛盾及歷史呈現（和自我呈現）的問題的後現代自覺性外，還有著非常女性主義的覺醒：有關經驗價值及其以「日常生活寫作」形式呈現的重要性——不管該過程會變得如何困難，或甚至虛假。也許我們已經「不再可以準確地講述自己的經歷了」（頁362），而企圖呈現該經驗的某些版本，則不能避免地是「抹去、選

擇、強調」的過程（頁359）。但必須面對該局限，而不是把該局限作爲不願嘗試的藉口。克麗絲達‧渥爾芙作爲小說家的經驗，幫了她一個大忙：「我相信融合及處理現實的機制，是由文學形成的」（頁368-9）。可是，我們呈現該融合及處理的結果的方式，亦同樣被我們有關過去呈現的知識——歷史上的及文學上的——所形成。

在克麗絲達其他同樣地自覺的寫作中，那麼力量強大的女性主義實踐，亦間接地促成本書。儘管其重心，並不特定地在於女性的課題，《童年模式》*Patterns of Childhood*在形式上的關注，描繪了某些女性主義們，帶給後現代主義的東西：有時加強了原已存在的想法，有時則暴顯了需要「解定論化」的文化形式。我想到的不僅是性別歧異的漸強意識，亦包括經驗呈現上的複雜性的課題；歷史記錄不能避免地有著偏頗歪曲，卻依然矛盾地有著壓逼性的意欲，要記錄一切；與及有關過去及現在的呈現上，不能避免的呈現政治學。

於是，女性主義在後現代中，便有著兩種的參與：一方面，女性主義們成功地逼使後現代主義——以性別的措辭——重新考慮其對於人文主義喚作「（男）人」（Man）的共性的挑戰，亦支持及強化其把私人的及公衆的，個人的及政治的分離，解自然化；另一方面，後現代的諷擬呈現策略，給女性主義藝術家，提供了既運作於、亦挑戰著主流父權論述的有效方式。雖然如此，但始終沒有辦法，把女性主義及後現代——作爲文化事業——融合在一起。兩者不同之處，頗爲明顯，但在政治上，卻並不分明。克利斯‧威登Chris Weedon（1987）在其論女性主義實踐的書籍中，這樣開始：「女性主義是一門政治學。」但後現代主義卻不是；它當然是政治的，卻政治地兩面性，以共謀性及批判性雙重編碼，因而可以（亦已被）左右兩派吸納，彼此皆漠視其雙重編碼的另一半。

女性主義們將繼續抗拒，被後現代主義所吸納，主要由於她們致

力於帶來真正的社會變更，是有著革命力量的政治活動。她們不僅把
意識型態顯現出來而加以解構，更辯稱有著改變該意識型態的需要。
要帶來藝術的真正轉化，便只有首先轉變父權的社會實踐。後現代主
義並沒有把其媒介作用理論化；它也沒有跟女性主義相應的對抗策略。後
現代主義操縱、卻並不轉變表意活動；它驅散、但卻並不（重新）構
設主體結構（佛斯特1985：頁6）。女性主義們則必須如此。女性主
義的藝術家，也許會使用後現代的諷擬嵌入及顛覆性的策略，以開展
解構的第一步，但卻並不到此為止。雖然十分有用（特別是在視覺藝
術中，男性凝視的堅持，似乎難以避免），該內置的顛覆作用，卻並
不自動地帶來新的事物，甚至不會是女性慾望的新的呈現形式。正如
一位批評家曾經問：「是否可能創造新的色慾編碼──我假設這是女
性主義努力希望達到的──而不在某些方法上重新使用舊的？」（文
實普1987：頁127）。也許後現代的策略，最少為女性的藝術家，提
供了拒斥舊有一切的方式──他們的肉體與慾望的呈現形式──而不
否定他們把意義及價值的所在，重新殖民化及開拓的權利。該實踐亦
提醒了我們，一切的呈現，皆經常有著其政治學的一面。

總結摘記：導讀書目

　　為了繼續指涉最少的文本，我在下面只羅列了書中曾討論過的某些重點，從書目中推薦出一些讀物：

特定的文化形式

後現代主義與建築：詹克斯Jencks 1977, 1980a, 1980b, 1982；波托吉西 Portoghesi 1974, 1982, 1983；麥里歐德McLeod 1985；史端Stern 1980；利羅普Lerup 1987；布洛林Brolin 1976；戴維斯D. Davis 1987；戴維斯M. Davis 1985；詹明信Jameson 1985；泰富利Tafuri 1980。

後現代主義與電影：克利德Creed 1987；卡洛爾Carroll 1985；《銀幕》Screen的大部份特刊。

後現代主義與小說：麥黑爾McHale 1987；赫哲仁Hutcheon 1988；麥卡費利 McCaffery 1986a, 1986b；紐曼Newman 1985；克林柯維茲Klinkowitz 1985, 1986；施賀Thiher 1984；史提維克Stevick 1981, 1985；梅拉德Mellard 1980；丹納Tanner 1971；布拉德伯利Bradbury 1983；盧德治Lodge 1977；艾伯特 Ebert 1980；羅生Lauzen 1986；李Lee 1988；瑪姆格倫Malmgren 1985；波魯殊 Porush 1985；懷爾德Wilde 1981, 1987；占瑪曼Zimmerman 1986。

後現代主義與詩歌：羅遜Rawson 1986；艾提雅利Altieri 1973, 1984；大衛遜 Davidson 1975；佩洛芙Perloff 1985；摩拉瑪歌Moramarco 1986；羅素Russell 1985。

後現代主義與電視：格勞斯柏格Grossberg　1987；羅拔斯Roberts　1987；艾誥　Eco　1984；波聚雅Baudrillard　1983；卡普蘭Kaplan　1987。

後現代主義與攝影：亞巴斯Abbas　1984；克林普Crimp　1979，1980，1983，1987；史達倫克Starenko　1983；桑頓Thornton　1979；安德莉Andre　1984；巴巴　Barber　1983/4；貝拉文斯Bellavance　1986；柯立根Corrigan　1985；高德栢格　Goldberg　1988；格拉姆Graham　1985；穆菲Mulvey　1986；菲利普斯Philips　1987；塞古拉Sekula　1982；所羅門—葛都Solomon-Godeau　1984a，1984b；栢根　Burgin　1982b，1986a，1986b；塔格Tagg　1982；瓦倫Wollen　1978/9。

後現代概念的一般研究

視覺藝術上：戴維斯D．Davis　1977，1980；歐文斯Owens　1982；克林普Crimp　1980，1983；布斯洛Buchloh　1984；占姆斯James　1985；詹明信Jameson　1986-7；吉本斯Kibbins　1983；克勞絲Krauss　1979，1985，1987；考斯彼特Kuspit　1984；利栢德Lippard　1976；包勒提Paoletti　1985。

文學及批評學上：亞拉克Arac　1987；伯特遜Paterson　1986；柯勒Kohler　1977；哈山Hassan　1971，1975，1980a，1980b，1982，1986，1987；霍夫曼　Hoffmann等1977；格拉夫Graff　1973，1979，1981；栢頓斯Bertens　1986；惠遜　Huyssen　1986；卡林尼斯古Calinescu　1987；赫哲仁Hutcheon　1988；羅素　Russell　1985；惠遜Huyssen　1986。

社會及文化研究上：龐瑪Palmer　1977；李歐塔Lyotard　1984a，1984b，1986；哈伯瑪斯Habermas　1983，1985a，1985b；波聚

雅Baudrillard 1983；克洛克及科克Kroker and Cook 1986；貝爾Bell 1973, 1976；羅素Russell 1985；本哈比拔Benhabib 1984；查治坦栢格Trachtenberg 1985；包曼Bauman 1987；本納特Bennett 1987；柯林斯Collins 1987；大衛遜Davidson 1975；詹明信1983, 1984a, 1984c；克拉瑪Kramer 1982；穆勒Muller 1979；歐文斯Owens 1980a, 1980b, 1983, 1984；佛斯特Foster 1983, 1985；波根漢Polkinhorn 1987；拉達克利殊南Radhakrishnan 1986；舒密特Schmidt 1986；威爾伯利Wellbery 1985。

論後現代主義及現代主義：伊果頓Eagleton 1985；詹明信Jameson 1984a；佛斯特Foster 1985；惠遜Huyssen 1986；格林栢格Greenberg 1980；拉提瑪Latimer 1984；拉菲Laffey 1987；西立曼Silliman 1987；卡林尼斯古Calinescu 1977：頁120-44；懷爾德Wilde 1981, 1987；栢格爾Burger 1987；嘉文Garvin 1980；吉頓斯Giddens 1981；海曼Hayman 1978；瑪姆格倫Malmgren 1987；納格爾 Nagele 1980/I；勞勒特Raulet 1984；羅維Rowe 1987；羅素Russell 1982；謝爾普Scherpe 1986/7；威爾瑪Wellmer 1985；瓦林Wolin 1985。

參考書目：

亞巴斯Abbas, M.A. (1984)。〈攝影／寫作／後現代主義〉 "Photography／ Writing／Postmodernism"。*Minnesota Review* n.s.。23：頁91–111。

阿伯拉姆斯Abrams, M.H. (1981)。《文學用語詞彙》*A Glossary of Literary Terms*。第四版。New York：Holt, Rhinehart, & Winston。

亞克萊德Ackroyd, Peter (1985)。《鷹隼曠野》*Hawksmoor*。London：Hamish Hamilton。

同上（1987）。《查特頓》*Chatterton*。London：Hamish Hamilton。

亞當諾Adorno, Theodor (1978)。〈音樂中的拜物特色及聽覺的衰退〉 "On the Fetish–character in Music and the Regression of Listening"。見亞拉圖及葛伯哈特Arato and Gebhardt (1978)。

阿爾杜塞Althusser, Louis (1969)。《馬克思代言》*For Marx*。布魯斯特Ben Brewster譯。New York：Pantheon。

同上（1971）。《列寧與哲學及其他論文》*Lenin and Philosophy and Other Essays*。布魯斯特Ben Brewster譯。London：New Left Books。

艾提雅利Altieri, Charles (1973)。〈從象徵主義思想到遍在性：後現代美國詩學的基礎〉 "From Symbolist Thought to Immanence：the Ground of Postmodern American

Poetics"。*Boundary 2*。1.3：頁605-41。

同上（1984）。《當代美國詩歌的自我及感性》*Self and Sensibility in Contemporary American Poetry*。Cambridge：Cambridge University Press。

安德莉Andre, Linda (1984)。〈後現代攝影的政治作用〉"The Politics of Postmodern Photography"。*Minnesota Review* n.s.。23：頁17-35。

亞拉克Arac, Jonathan (1987)。《批判的系譜：給後現代文學研究的歷史處境》*Critical Genealogies : Historical Situations for Post-modern Literary Studies*。New York：Columbia University Press。

亞拉圖及葛伯哈特Arato, Andrew，and Gebhardt, Eike，合編（1989）。《法蘭克福學派精讀》*The Essential Frankfurt School Reader*。New York：Urizen Books。

《藝術與意識型態》*Art and Ideology* (1984)。目錄。New York：New Museum of Contemporary Art。

亞特活德Atwood, Margaret (1985)。《侍女的故事》*The Handmaid's Tale*。Toronto：McClelland & Stewart。

班尼斯Banes, Sally (1985)。〈舞蹈〉"Dance"。見查治坦栢格 Trachtenberg (1985)：頁82-100。

班維爾Banville, John (1976)。《科佩尼克斯醫生》*Doctor Copernicus*。New York：Norton。

同上（1981）。《克普勒》*Kepler*。London：Secker & Warburg。

巴巴Barber, Bruce Alistair (1983/4)。〈挪用／徵用：常規還是干涉？〉"Appropriation／Expropriation：Convention or Intervention？" *Parachute*。 33：頁29–39。

班恩斯Barnes, Julian (1984)。《福樓拜的鸚鵡》*Flaubert's Parrot*。 London：Jonathan Cape。

巴斯Barth, John (1967)。〈透支的文學〉"The Literature of Exhaustion"。*Atlantic*。 220.2：頁29–34。

同上（1979）。《字母》LETTERS。New York：Putnam's Sons。

同上（1980）。〈補充的文學：後現代主義小說〉"The Literature of Replenishment：Postmodernist Fiction"。*Atlantic*。 245.1：頁65–71。

巴爾特Barthes, Roland (1977a)。《意象・音樂・文本》*Image Music Text*。赫斯Stephen Heath譯。New York：Hill & Wang。

同上（1977b）。《羅蘭・巴爾特寫羅蘭・巴爾特》Roland Barthes on Roland Barthes。侯活Richard Howard譯。New York：Hill & Wang。

同上（1981）。《盧斯達照相機：反思攝影》*Camera Lucida：Reflections on Photography*。侯活譯。New York：Hill & Wang。

波聚雅Baudrillard, Jean (1976)。《象徵的交換及死亡》*L'Echange symbolique et la mort*。Paris：Gallimard。

同上（1983）。《模擬》*Simulations*。福斯Paul Foss、栢頓Paul Patton、及貝哲曼Philip Beitchman譯。New York：Semiotext(e)。

同上（1984）。〈類像的歲差〉"The Precession of Simulacra"。見華利斯Wallis (1984)：頁253–81。

包曼Bauman, Zygmund (1987)。《立法者與詮釋者：論現代性、後現代性、及知識分子》*Legislators and Interpreters：On Modernity, Post-Modernity and Intellectuals*。Ithaca, NY：Cornell University Press。

比歐Beal, Graham W.J. (1986)。〈小史〉"A Little History"。見《再看一眼》*Second Sight*：雙年刊4，目錄。San Francisco Museum of Modern Art：頁1-11。

貝爾Bell, Daniel (1973)。《後工業社會的來臨》*The Coming of Post-industrial Society*。New York：Basic。

同上（1976）。《資本主義的文化矛盾》*The Cultural Contradictions of Capitalism*。New York：Basic。

貝拉文斯Bellavance, Guy (1986)。《華采的困擾》文評*Review of Magnificent Obsession*。滿地可視藝廊Galerie Optica, Montreal。*Parachute*。42：頁35-6。

貝絲Belsey, Catherine (1980)。《批評實踐》*Critical Practice*。London：Methuen。

本哈比拔Benhabib, Seyla (1984)。〈後現代主義的知識論：反駁李歐塔〉"Epistemologies of Postmodernism：A Rejoinder to Jean-Francois Lyotard"。*New German Critique*。33：頁103-26。

班雅明Benjamin, Walter (1968)。《啓示》*Illuminations*。阿蘭特Hannah Arendt編。莊Harry Zohn譯。New York：Schocken。

本納特Bennett, David (1987)。〈包裝後現代主義：消費的主體相對於認知的主體〉"Wrapping Up Postmodernism：the Subject of Consumption versus the Subject of Cognition"。*Textual Practice* I。3：頁243–61。

柏傑爾Berger, John (1972a)。《不同的觀看方式》*Ways of Seeing*。London： BBC；Harmondsworth：Penguin。

同上（1972b）。*G*。New York：Pantheon。

伯恩斯坦Bernstein, Richard J，編（1985）。《哈伯瑪斯與現代性》*Habermas and Modernity*。Cambridge, Mass.：MIT Press。

栢頓斯Bertens, Hans (1986)。〈後現代的世界觀及其與現代主義的關係：導覽〉"The Postmodern *Weltanschauung* and Its Relation with Modernism：An Introductory Survey"。見佛克瑪及栢頓斯Fokkema and Bertens (1986)：頁 9–51。

伯特頓 Betterton, Rosemarxy，編（1987）。《看下去：視覺藝術及媒介的女性形象》*Looking On：Images of Femininity in the Visual Arts and Media*。 London and New York：Pandora。

布娃Bois, Yve–Alain (1986)。〈抗體〉"The Antidote"。*October*。39：頁 128–44。

布娃、克林普及克勞絲Bois, Yve–Alain, Crimp, Douglas, and Krauss, Rosalind (1987)。〈與漢斯・哈克面談〉"A Conversation with Hans Haacke"。見米高遜Michelson等（1987）：頁175–200。

包威寧Bowering, George (1980)。《沸水》*Burning Water*。Don Mills, Ontario：General Publishing。

波伊德Boyd, William (1987)。《新懺悔錄》*The New Confessions*。 London：Hamish Hamilton。

布拉德伯利Bradbury, Malcolm (1983)。《現代美國小說》*The*

Modern American Novel。Oxford and New York： Oxford University Press。

布勞德爾Braudel, Fernand (1980)。《論歷史》*On History*。馬太Sarah Matthews譯。Chicago, Ill.：University of Chicago Press。

布萊希特Brecht, Bertolt (1964)。《舞台上的布萊希特：美學發展》*Brecht on Theatre：The Development of an Aesthetic*。威勒John Willet編譯。New York：Hill & Wang；London：Methuen。

布洛林Brolin, Brent (1976)。《現代建築的失敗》*The Failure of Modern Architecture*。New York：Van Nostrand Reinhold。

布魯克斯Brooks, Peter (1984)。《爲情節而閱讀：敘述體的設計和目的》*Reading for the Plot：Design and Intention in Narrative*。New York： Random House。

布斯洛Buchloh, Benjamin H.D. (1984a)。〈權威的喻詞，衰化的密碼：歐洲繪畫呈現回歸摘記〉"Figures of Authority, Ciphers of Regression：Notes on the Return of Representation in European Painting"。見華利斯Wallis (1984)：頁106-35。

同上（1984b）。〈自從現實主義這裏便……〉"Since Realism There Was……"。見《藝術與意識型態》*Art and Ideology* (1984)：頁5-11。

栢格爾Burger, Christa (1987)。〈藝術的消亡：美國的後現代論辯〉"Das Verschwinden der Kunst：Die Postmoderne-Debatte in den USA"。見栢格爾及栢格爾Burger and

Burger (1987)：頁34-55。

栢格爾及栢格爾Burger, Christa, and Burger, Peter，合編
（1987）。《後現代：每天、寓言及前衛》*Postmoderne*：
Alltag, Allegorie and Avantgarde。　Frankfurt am
Main：Suhrkamp。

栢根Burgin, Victor，編（1982a）。《思考攝影》*Thinking
Photography*。　London：Macmillan。

同上（1982b）。〈攝影、幻象、作用〉"Photography, Phan-
tasy, Function"。見栢根Burgin (1982a)：頁177-216。

同上（1986a）。《藝術理論的結束：批評學與後現代性》*The　End
of Art Theory：Criticism and Postmodernity*。Atlantic
Highlands, NJ：　Humanities Press International。

同上（1986b）。《中介》*Between*。Oxford：Basil Blackwell。

卡林尼斯古Calinescu, Matei (1977)。《現代性的面貌》*Faces
of Modernity*。Bloomington, Ind.：Indiana University
Press。

同上（1987）。〈引評：後現代主義、模擬及戲劇性的謬誤〉
"Introductory Remarks：Postmodernism, the Mimetic
and Theatrical Fallacies。見卡林尼斯古及佛克瑪Calinescu
and Fokkema (1987)：頁3-16。

卡林尼斯古及佛克瑪Calinescu, Matei, and Fokkema, Douwe，合
編（1987）。《探索後現代主義》*Exploring Postmodernism*。
Amsterdam and Philadelphia, Pa：John Benjamins。

康納利及柯色克Canary, Robert H., and Kozicki, Henry，合
編（1978）。《歷史寫作：文學形式及歷史理解》*The　Writing
of History：Literary Form and Historical Understan-*

ding。Madison, Wis.：University of .Wisconsin Press。

卡洛爾Carroll, Noel (1985)。〈電影〉"Film"。見查治坦栢格 Trachtenberg (1985)：頁101-33。

卡特Carter, Angela (1974)。《煙花：九件瀆神之作》*Fire-works：Nine Profane Pieces*。London：Quartet Books。

同上（1979）。《薩德的女子：文化史練習》*The Sadeian Woman：An Exercise in Cultural History*。London：Virago。

同上（1984）。《馬戲團之夜》*Nights at the Circus*。London：Picador。

同上（1985）。《黑維納斯》*Black Venus*。London：Chatto & Windus and Hogarth Press。

柯特Caute, David (1972)。《幻像》*The Illusion*。New York：Harper & Row。

周蕾Chow, Rey (1986/7)。〈再讀鴛鴦蝴蝶：回應「後現代」處境〉"Rereading Mandarin Ducks and Butterflies：A Response to the 'Postmodern' Condition"。*Cultural Critique*。5：頁69-93。

克拉克遜Clarkson, David(1987-8)。〈莎拉‧查理斯華斯：訪問〉"Sarah Charlesworth：An Interview"。*Parachute* 49：頁12-15。

柯茲Coetzee, J.M. (1986)。《敵人》*Foe*。Toronto：Stoddart。

柯亨Cohen, Leonard (1966)。《美麗的失敗者》*Beautiful Losers*。Toronto：McClelland & Stewart。

柯寧活德Collingwood, R.G. (1946)。《歷史的意念》*The Idea of History*。Oxford：Clarendon Press。

柯林斯Collins, James (1987)。〈後現代主義及文化實踐：再定義

其特色〉"Postmodernism and Cultural Practice：Re
defining the Parameters"。《後現代銀幕》*Postmodern
Screen*專刊。見*Screen*。28 .2：頁11—26。

柯威Coover, Robert (1977)。《公眾的大火》*The Public
Burning*。New York：Viking。

柯立根Corrigan, Philip (1985)。〈訊息／產生：攝影運作的簡短
思考法〉"In/formation：A Short Organum for
PhotoGraph Working"。*Photo Communique* (Fall)：頁12—
17。

柯達薩Cortazar, Julio (1978)。《給曼奴爾的手稿》*A Manual
for Manuel*。拉巴薩Gregory Rabassa譯。New York：
Pantheon。

科華德Coward, Rosalind (1984)。《女性的慾望》*Female
Desire*。London： Paladin。

克利德Creed, Barbara (1987)。〈從這裏到現代性：女性主義與
後現代主義〉"From Here to Modernity：Feminism and
Postmodernism"。《後現代銀幕》專刊。*Screen*。 28 .2：頁
47—67。

克林普Crimp, Douglas (1977)。〈圖片〉"Pictures"。《圖片》
*Pictures*目錄，藝術者的空間Artists Space。New York：
Committee for the Visual Arts。

同上（1979）。〈圖片〉"Pictures"。*October*。 8：頁75—88。

同上（1980）。〈後現代主義的攝影活動〉"The Photographic
Activity of Postmodernism"。*October*。 15：頁91—101。

同上（1983）。〈論博物館的斷壁殘垣〉"On the Museum's
Ruins"。見佛斯特Foster (1983)：頁43—56。

同上（1987）。〈後現代的博物館〉"The Postmodern Museum"。*Parachute*。46：頁61-9。

戴茲Daitch, Susan (1986)。*L.C.*。London：Virago。

丹圖Danto, Arthur C. (1965)。《歷史的分析哲學》*Analytic Philosophy of History*。New York：Cambridge University Press。

大衛遜Davidson, Michael (1975)。〈後現代主義的語言〉"The Languages of Postmodernism"。*Chicago Review*。27：頁11-22。

戴維斯Davis, Douglas (1977)。《建築：後現代論文》*Architecture：Essays on the Post-Modern*。New York：Harper & Row。

同上（1980）。〈一切之後〉"Post-everything"。*Art in America*。68：頁 11, 13-14。

同上（1987）。〈後現代晚期：風格的結束〉"Late Postmodern：the End of Style"。*Art in America* n.s. 6 (June)。頁15-23。

戴維斯Davis, Lennard J. (1983)。《真實小說：英國小說之源》*Factual Fictions：The Origins of the English Novel*。New York：Columbia University Press。

同上（1987）。《抗衡小說：意識型態與故事》*Resisting Novels：Ideology and Fiction*。New York and London：Methuen。

戴維斯Davis, Mike (1985)。〈城市復興及後現代主義的精神〉"Urban Renaissance and the Spirit of Postmodernism"。*New Left Review*。151：頁106-13。

戴維斯Davis, Natalie Zemon (1983)。《馬丁・古雅爾的回歸》
The Return of Martin Guerre。Cambridge, Mass.：
Harvard University Press。

戴維斯Davis, Peter (1988)。〈查理斯王子險避斷頭之災〉
"Prince Charles Narrowly Escapes Beheading"。
Esquire (April)：頁93−111。

德・薩都de Certeau, Michel (1975)。《歷史寫作》*L'Ecri-
ture de l'histoire*。Paris：Gallimard。

德・勞勒提絲de Lauretis, Teresa，編（1986a）。《女性主義
研究／批評研究》*Feminist Studies/Critical Studies*。
Bloomington, Ind.：Indiana University Press。

同上（1986b）。〈女性主義研究／批評研究：項目、措辭、及語境〉
"Feminist Studies／Critical Studies：Issues, Terms,
and Contexts"。見德・勞勒提絲de Lauretis (1986a)：頁1
−19。

同上（1987）。《性別的科技：理論、電影、及小說論文》
*Technologies of Gender：Essays on Theory, Film and
Fiction*。Bloomington, Ind.：Indiana University Press。

德希達Derrida, Jacques (1974)。《喪鐘》*Glas*。Paris：
Galilee。

同上（1976）。《論文字寫作學》*Of Grammatology*。史碧韋克
Gayatri Spivak 譯。Baltimore, Md：Johns Hopkins
University Press。

同上（1978）。《寫作與歧異》*Writing and Difference*。巴斯
Alan Bass 譯。Chicago, Ill.：University of Chicago
Press。

同上（1981）。《播散作用》*Dissemination*。約翰遜Barbara Johnson譯。 Chicago, Ⅲ.：University of Chicago Press。

同上（1982）。〈傳送：論呈現〉"Sending：On Representation"。考斯 Peter and Mary Ann Caws譯。*Social Research*。 49 .2：頁294-326。

《歧異：論呈現與性慾》*Difference：On Representation and Sexuality* (1984)。目錄 Catalogue。 New York ： New Museum of Contemporary Art。

多托羅Doctorow, E .L . (1971)。《丹尼爾書》*The Book of Daniel*。New York：Bantam。

同上（1975）。《黑人爵士樂》*Ragtime*。New York：Random House。

同上（1983）。〈僞檔案〉"False Documents"。見脫恩納 Trenner (1983)：頁16-27。

杜寧During, Simon (1987)。〈今日的後現代主義或後殖民主義〉"Postmodernism or Post-colonialism Today"。*Textual Practice*。1.1：頁 32-47。

伊果頓Eagleton, Terry (1985)。〈資本主義、現代主義及後現代主義〉" Capitalism, Modernism and Postmodernism"。*New Left Review*。152：頁 60-73。

同上（1987a）。〈英語的收場〉"The End of English"。*Textual Practice*。1.1：頁1-9。

同上（1987b）。〈聖哲與學者〉*Saints and Scholars*。London and New York：Verso。

艾伯特Ebert, Teresa L . (1980)。〈後現代創作小說及科幻小說的匯合〉"The Convergence of Postmodern Innovative

Fiction and Science Fiction"。*Poetics Today*。1.4：頁 91-104。

艾誥 Eco, Umberto (1976)。《符號學理論》*A Theory of Semiotics*。 Bloomington, Ind.：Indiana University Press。

同上（1982）。〈意象的批判〉"Critique of the Image"。見 柏根 Burgin (1982a)：頁32-8。

同上（1983）。《玫瑰之名》*The Name of the Rose*。威法 William Weaver 譯。 San Diego, Calif., New York, and London：Harcourt Brace Jovanovich。

同上（1984）。〈1980年代的新電視指引〉"A Guide to the Neo Television of the 1980s"。*Framework*。25：頁18-25。

芬德利 Findley, Timothy (1977)。《戰爭》*The Wars*。Toronto：Clarke, Irwin。

同上（1981）。《最後的名言》*Famous Last Words*。Toronto：Clarke, Irwin。

費列卓 Fletcher, Angus，編（1976）。《事實的文學》*The Literature of Fact*。New York：Columbia University Press。

佛克瑪及柏頓斯 Fokkema, Douwe, and Bertens, Hans，合編 （1986）。《探討後現代主義》*Approaching Postmodernism*。 Amsterdam and Philadelphia, Pa：John Benjamins。

佛利 Foley, Barbara (1983)。〈從美國到《黑人爵士樂》：現代小說中的歷史意識形式摘記〉"From U.S.A. to *Ragtime*：Notes on the Forms of Historical Consciousness in Modern Fiction"。見脫恩納 Trenner (1983)：頁158-78。

同上（1986）。《吐露眞相：紀實小說的理論與實踐》*Telling the Truth：The Theory and Practice of Documentary Fiction*。Ithaca, N.Y. and London： Cornell University Press。

佛蘭德Folland, Tom (1988)。伊德莎畫廊中雅斯脫德‧克拉恩的評論Review of Astrid Klein at the Ydessa Gallery。*Parachute*。50：頁59−60。

福斯特Forster, E.M. (1927)。《小說面面觀》*Aspects of the Novel*。London：Edward Arnold。

佛斯特Foster, Hal，編（1983）。《反美學：後現代文化論文集》*The Anti− Aesthetic：Essays on Postmodern Culture*。Port Townsend, Wash.：Bay Press。

同上（1984）。〈再：寄〉"Re：post"。見華利斯Wallis (1984)：頁188−201。

同上（1985）。《再編碼：藝術、景觀、文化政治》*Recodings：Art, Spectacle, Cultural Politics*。Port Townsend, Wash.：Bay Press。

傅柯Foucault, Michel (1970)。《萬物的規律：人文科學的考古》*The Order of Things：An Archaeology of the Human Sciences*。New York：Pantheon。

同上（1972）。《知識的考古學及語言的論述》*The Archaeology of Knowledge and the Discourse on Language*。史密斯A.M. Sheridan Smith譯。New York： Pantheon。

同上（1977）。《語言、反記憶、實踐：文選及訪問》*Language, Counter− Memory, Practice：Selected Essays and Interviews*。布察德及西門*Donald F. Bouchard and Sherry*

Simon譯。*Ithaca, NY：Cornell University Press*。

同上（*1980*）。《性慾的歷史：第一冊：導論》*The History of Sexuality： Volume I：An Introduction*。賀利Robert Hurley譯。New York：Vintage。

福爾斯Fowles, John (1969)。《法國中尉的女人》*The French Lieutenant's Woman*。Boston, Mass., and Toronto：Little, Brown；Jonathan Cape。

同上（1985）。《頑念》*A Maggot*。Toronto：Collins；London：Jonathan Cape。

富萊德栢格Friedberg, Anne (1988)。〈互不關心：女性主義與後現代主義〉"Mutual Indifference：Feminism and Postmodernism"。私人手稿。

富安提斯Fuentes, Carlos (1976)。《德拉諾斯脫亞》*Terra Nostra*。彼登 Margaret Sayers Peden譯。New York：Farrar, Strauss & Giroux。

嘉碧力克Gablik, Suzi (1984)。《現代主義已經失敗了嗎？》*Has Modernism Failed*？London and New York：Thames & Hudson。

嘉格農Gagnon, Monika (1987)。〈工作中：見於1975−1987年間視覺藝術中的加拿大女子〉"Work in Progress：Canadian Women in the Visual Arts 1975− 1987"。見脫格波夫Tregebov (1987)：頁100−27。

嘉西亞馬奎思Garcia Marquez, Gabriel (1970)。《百年孤寂》*One Hundred Years of Solitude*。拉巴沙Gregory Rabassa譯。New York：Avon。

同上（1982）。《預言死亡的編年史》*Chronicle of a Death*

Foretold。拉巴沙Gregory Rabassa譯。New York：Ball-antine。

嘉文Garvin, Harry R.，編（1980）。《浪漫主義、現代主義、後現代主義》 *Romanticism, Modernism, Postmodernism*。Lewisburg, Pa：Bucknell University Press；London：Associated University Press。

嘉斯Gass, William H. (1985)。《文字的寓所：文章》*Habitations of the Word：Essays*。New York：Simon & Schuster。

高斯Gauss, Kathleen McCarthy (1985)。《新美國攝影》*New American Photography*。Los Angeles：Los Angeles County Museum of Art。

吉頓斯Giddens, Anthony (1981)。〈現代主義及後現代主義〉"Modernism and Post-modernism"。*New German Critique*。22：頁15-18。

高德柏格Goldberg, Vicki (1988)。〈借貸者：今日他們如何玩挪用的遊戲〉" The Borrowers：How They Play the Game of Appropriation Today"。*American Photographer*。(May)：頁24-5。

高斯曼Gossman, Lionel (1978)。〈歷史及文學：複製還是表意活動〉" History and Literature：Reproduction or Signification"。見康納利及考色克Canary and Kozicki（1978)：頁3-39。

格拉夫Graff, Garald (1973)。〈後現代主義突破的神話〉"The Myth of the Postmodernist Breakthrough"。*TriQuarterly*。26：頁383-417。

同上（1979）。《文學對抗自身》*Literature Against Itself*。Chicago, Ill.：University of Chicago Press。

同上（1981）。〈我們腰帶之下及我們背部之外：巴斯的《字母》及後現代小說〉"Under Our Belt and Off Our Back：Barth's LETTERS and Postmodern Fiction"。*TriQuarterly*。52：頁150–64。

格拉姆Graham, Robert (1985)。〈禮儀與照相機〉"Ritual and Camera"。*Parachute*。39：頁31–2。

格拉斯Grass, Günter (1962)。《錫鼓》*The Tin Drum*。曼衡Ralph Manheim譯。New York：Pantheon。

格萊Gray, Alasdair (1969, 1981)。《蘭納克：生平四本》*Lanark：A Life in Four Books*。New York：Harper & Row。

格利恩Green, Jonathan (1984)。《美國攝影：從1945年至今的批評史》*American Photography：A Critical History 1945 to the Present*。New York：Harry N. Abrams。

格林栢格Greenberg, Clement (1980)。〈現代與後現代〉"Modern and Post-modern"。*Arts Magazine*。54.6：頁64–6。

格勞斯栢格Grossberg, Laurence (1987)。〈電視的漠然性〉"The Indifference of Television"。《後現代銀幕》*Postmodern Screen*專刊。*Screen*。28.2：頁28–46。

哈克Haacke, Hans (1986–7)。〈博物館：意識的管理人〉"Museums, Managers of Consciousness"。見華利斯Wallis (1986–7a)：頁60–72。

哈伯瑪斯Habermas, Jurgen (1983)。〈現代性——未完成的大業〉

"Modernity——An Incomplete Project"。見佛斯特Foster (1983)：頁3-15。

同上（1985a）。〈美國及西德新保守派文化批評：兩大政治文化的知識活動〉"Neoconservative Culture Criticism in the United States and West Germany：An Intellectual Movement in Two Political Cultures"。見伯恩斯坦Bernstein (1985)：頁78-94。

同上（1985b）。〈問題與反問題〉"Questions and Counterquestions"。見伯恩斯坦Bernstein (1985)：頁192-216。

哈蘭德Harland, Richard (1987)。《上層結構主義：結構主義及後結構主義哲學》*Superstructuralism：The Philosophy of Structuralism and Post- Structuralism*。London and New York：Methuen。

哈山Hassan, Ihab (1971)。〈後——現代——主義〉"POST modern ISM"。*New Literary History*。3.1：頁5-30。

同上（1975）。《假性批評學：當前的七種假設》*Paracriticisms：Seven Speculations of the Times*。Urbana, Ill.：University of Illinois Press。

同上（1980a）。《正牌普羅米西斯之火:想像力、科學、及文化轉變》*The Right Promethean Fire：Imagination, Science, and Cultural Change*。Urbana, Ill.：University of Illinois Press。

同上（1980b）。〈後現代主義的課題〉"The Question of Postmodernism"。見嘉文Garvin (1980)：頁117-26。

同上（1982）。《歐費爾斯的解體：朝向後現代文學》*The Dis-*

memberment of Orpheus：Toward a Postmodern Litera-ture。第二版。Madison, Wis.： University of Wisconsin Press。

同上（1986）。〈後現代觀點下的多元主義〉 "Pluralism in Postmodern Perspective"。*Critical Inquiry*。12.3：頁 503–20。

同上（1987）。《後現代的轉向：後現代理論及文化文集》*The Postmodern Turn：Essays in Postmodern Theory and Culture*。N.P.：Ohio State University Press。

海曼Hayman, David (1978)。〈雙重距離：「後現代」前衛的屬性〉 "Double Distancing：An Attribute of the 'Post-modern' Avant-garde"。*Novel*。 12.1：頁33–47。

海活德及柯爾Hayward, Philip and Kerr, Paul (1987)。〈導言〉 "Introduction"。《後現代銀幕》*Postmodern Screen*特刊。*Screen*。28.2：頁2–8。

赫斯Heath, Stephen (1982)。《性的定位》*The Sexual Fix*。London： Macmillan。

霍賓 Hoban, Russell (1980)。《黎德利的散步者》*Riddley Walker*。London： Picador。

霍德根斯Hodgins, Jack (1977)。《世上的發明》*The Invention of the World*。Toronto：Macmillan。

霍夫曼、賀龍及考努Hoffman, Gerhard, Hornung, Alfred, and Kunow, Rüdiger (1977)。〈「現代」、「後現代」、及「當代」作為二十世紀文學分析的準則〉 "'Modern','Postmodern', and 'Contemporary' as Criteria for the Analysis of Twentieth-century Literature"。

Amerikastudien。22：頁19－ 46。

胡姆、史提根特及韋道生Humm, Peter, Stigant, Paul, and Widdowson, Peter，合編（1986）。《流行小說：文學及歷史文集》Popular Fictions：Essays in Literature and History。London and New York：Methuen。

赫哲仁Hutcheon, Linda (1985)。《諷擬的理論：二十世紀藝術形式的教學》A Theory of Parody：The Teachings of Twentieth-century Art Forms。London and New York：Methuen。

同上（1988）。《後現代主義的詩學：歷史、理論、小說》A Poetics of Postmodernism：History, Theory, Fiction。New York and London： Routledge。

惠遜Huyssen, Andreas (1986)。《大決裂之後：現代主義、大衆文化、後現代主義》After the Great Divide：Modernism, Mass Culture, Postmodernism。 Bloomington, Ind.：Indiana University Press。

賈科卜絲Jacobs, Jane (1961)。《美國大城市的興亡》Death and Life of Great American Cities。New York：Vintage。

占姆斯James, Carol Plyley (1985)。〈「不，意指說」：畫中文字的「邏輯」地位〉 " 'No, says the Signified'：the 'Logical Status' of Words in Painting"。Visible Language。19 .4：頁439－61。

詹明信Jameson, Fredric (1972)。《語言的牢房：結構主義及俄國形式主義的批判敍述》The Prison-House of Language：A Critical Account of Structuralism and Russian Formalism。 Princeton, N.J.： Princeton University

Press。

同上（1979）。〈馬克思主義及歷史主義〉 "Marxism and Historicism"。*New Literary History*。11.1：頁41–73。

同上（1981）。《政治潛意識：敘述體作爲社會象徵行爲》*The Political Unconscious：Narrative as a Socially Symbolic Act*。Ithaca, NY：Cornell University Press。

同上（1983）。〈後現代主義及消費社會〉 "Postmodernism and Consumer Society"。見佛斯特Foster (1983)：頁111–25。

同上（1984a）。〈後現代主義，或，資本主義後期的文化邏輯〉 "Postmodernism, or the Cultural Logic of Late Capitalism"。*New Left Review*。146：頁53–92。

同上（1984b）。〈前言〉 "Foreword"。見李歐塔Lyotard (1984a)：頁vii–xxi。

同上（1984c）。〈理論的政治作用：後現代主義論辯旳意識型態位置〉 "The Politics of Theory：Ideological Positions in the Post-modernism Debate"。*New German Critique*。33：頁53–65。

同上（1985）。〈建築及意識型態批判〉 "Architecture and the Critique of Ideology"。見歐克曼Ockman (1985)：頁51–87。

同上（1986）。〈論電影中的魔幻現實主義〉 "On Magic Realism in Film"。*Critical Inquiry*。12.2：頁301–25。

同上（1986–7）。〈漢斯・哈克及後現代主義的文化邏輯〉 "Hans Haacke and the Cultural Logic of Postmodernism"。見華利斯Wallis (1986–7a)：頁38– 50。

詹克斯Jencks, Charles (1977)。《後現代建築的語言》*The Language of Post-Modern Architecture*。London：Academy。

同上（1980a）。《後現代的古典主義：全新匯合》*Post-Modern Classicism: The New Synthesis*。London：Academy。

同上（1980b）。《後期現代建築及其他論文》*Late-Modern Architecture and Other Essays*。London：Academy。

同上（1982）。《今日建築》*Architecture Today*。New York：Abrams。

鍾斯Jones, Gayl (1976)。《柯利吉多拉》*Corregidora*。New York：Random House。

卡普蘭Kaplan, E. Ann (1983)。〈凝視是否男性的？〉"Is the Gaze Male？"見史尼托Snitow等（1983）：頁309—27。

同上（1987）。《隨時搖擺：音樂、電視、後現代主義及消費文化》*Rocking Around the Clock: Music, Television, Post-Modernism and Consumer Culture*。London and New York：Methuen。

甘乃迪Kennedy, William (1975)。《小腿》*Legs*。Harmondsworth：Penguin。

克爾慕德Kermode, Frank (1966—7)。《結束的感覺》*The Sense of an Ending*。London and New York：Oxford University Press。

同上（1979）。《秘密的產生：論敘述體的詮譯》*The Genesis of Secrecy: On the Interpretation of Narrative*。Cambridge, Mass. and London：Harvard University Press。

吉本斯Kibbins, Gary (1983)。〈藝術系統的持久性〉"The Enduring of the Artsystem"。*Open Letter* 5th series。5-6：頁126-39。

京斯頓Kingston, Maxine Hong (1976)。《女戰士：與外國人爲伍的童年記憶》 *The Woman Warrior：Memories of a Childhood Among Ghosts*。New York： Knopf。

同上（1980）。《中國人》*China Men*。New York：Ballantine。

克林柯維茲Klinkowitz, Jerome (1985)。《文學性的顛覆：新美國小說及批評學的實踐》*Literary Subversions：New American Fiction and the Practice of Criticism*。Carbondale and Edwardsville, Ill.：Southern Illinois University Press。

同上（1986）。〈砲火下的寫作：後現代小說及越南戰爭〉"Writing Under Fire：Postmodern Fiction and the Vietnam War"。見麥卡費利McCaffery (1986a)：頁79-92。

可嘉華Kogawa, Joy (1981)。《歐巴桑》*Obasan*。Toronto：Lester & Orpen Dennys。

柯勒Köhler, Michael (1977)。〈「後現代主義」：思想史的概念〉"'Postmodernismus'：Ein begriffsgeschichtlicher Überblick'"。*Amerikastudien*。22.1：頁8-18。

克拉瑪Kramer, Hilton (1982)。〈後現代：1980年代的藝術與文化〉" Postmodern：Art and Culture in the 1980s"。*New Criterion*。1.1：頁36- 42。

克勞絲Krauss, Rosalind (1979)。〈約翰·馬遜及後現代主義雕刻：新經驗、新文字〉"John Mason and Post-modernist Sculpture：New Experiences, New Words"。*Art in*

America。67.3：頁120-7。

同上（1985）。《前衛及其他現代主義神話的原創性》*The Ori-
ginality of the Avant-Garde and Other Modernist
Myths*。Cambridge, Mass. and London： M.I.T. Press。

同上（1987）。〈索引摘記：美國的七十年代藝術〉 "Notes on
the Index： Seventies Art in America"。見米高遜
Michelson等（1987）：頁2-15。

克洛克及科克Kroker, Arthur, and Cook, David (1986)。《後
現代場景：排洩物文化與超美學》*The Postmodern Scene*：
Excremental Culture and Hyper- Aesthetics。
Montreal：New World Perspectives。

克勞格爾Kruger, Barbara (1982)。〈「照」相：巴巴拉·克勞格
爾的攝影文本〉 " 'Taking' Pictures：Photo-texts by
Barbara Kruger"。*Screen*。23.2：頁90-4。

庫恩Kuhn, Annette (1985)。《意象的力量：呈現及性慾論文集》
The Power of the Image：*Essays on Representation and
Sexuality*。London：Routledge & Kegan Paul。

考斯彼特Kuspit, Donald B. (1984)。〈批判的病徵：蘭茜·史佩
洛及法朗薩斯高·托力斯〉 "Symptoms of Critique：Nancy
Spero and Francesco Torres"。見*Art and Ideology*
(1984)：頁21-8。

拉卡普拉LaCapra, Dominick (1983)。《再思知識史：文本、脈
絡、語言》 *Rethinking Intellectual History：Texts,
Contexts, Language*。Ithaca, NY： Cornell University
Press。

同上（1985）。《歷史與批評學》*History and Criticism*。

Ithaca, NY： Cornell University Press。

同上（1987）。《歷史、政治、及小說》*History, Politics, and the Novel*。Ithaca, NY：Cornell University Press。

拉菲Laffey, John (1987)。〈格格不入的儀式：現代主義與後現代主義〉" Cacophonic Rites：Modernism and Postmodernism"。*Historical Reflections／Reflexions Historiques*。14.1：頁1-32。

拉提瑪Latimer, Dan (1984)。〈詹明信與後現代主義〉"Jameson and Post- modernism"。*New Left Review*。148：頁116-27。

羅生Lauzen, Sarah E. (1986)。〈後設小說摘記：每篇論文皆有題目〉"Notes on Metafiction：Every Essay Has a Title"。見麥卡費利McCaffery (1986a)：頁93-116。

李Lee, Alison (1988)。〈現實主義並不……〉"Realism Doesn't"……。博士論文。McMaster University。

利羅普 Lerup, Lars (1987)。《計算下的攻擊》*Planned Assaults*。Montreal：Canadian Center for Architecture。

里文Levine, Sherrie (1987)。〈五項批評〉"Five Comments"。見華利斯（1987）：頁92-3。

林克Linker, Kate (1984)。〈呈現與性慾〉"Representation and Sexuality"。見華利斯（1984）：頁390-415。

利栢德Lippard, Lucy R. (1971)。〈兩性政治，藝術風格〉"Sexual Politics, Art Style"。*Art in America*。59.5：頁19-20。

同上（1976）。《自中心而來：女性藝術的女性主義論文》*From the Center： Feminist Essays on Women's Art*。New

York：Dutton。

同上（1980）。〈席捲天下的交流：女性主義對於1970年代藝術的貢獻〉 " Sweeping Exchanges : the Contribution of Feminism to the Art of the 1970s"。*Art Journal*。40. 1-2：頁362-5。

同上（1984）。〈施與受：蘇珊‧拉西及積利‧柯恩藝術中的意識型態〉 "Give and Take : Ideology in the Art of Suzanne Lacy and Jerry Kearns"。見*Art and Ideology* (1984)：頁29-38。

盧德治Lodge, David (1977)。《現代寫作的模式：現代文學的比喻、旁喻、及類別》*The Modes of Modern Writing : Metaphor, Metonymy, and the Typology of Modern Literature*。London： Edward Arnold。

盧卡契Lukacs, Georg (1962)。《歷史小說》*The Historical Novel*。漢納及史丹利‧米卓爾Hannah and Stanley Mitchell譯。London：Merlin。

李歐塔Lyotard, Jean-Francois (1981)。〈理論作為藝術：實用觀〉 "Theory as Art : A Pragmatic Point of View"。伏爾拉斯Robert A. Vollrath譯。見史坦納Steiner (1981)：頁71-7。

同上（1984a）。《後現代處境：知識報導》*The Postmodern Condition : A Report on Knowledge*。本寧頓Geoff Bennington及馬素米Brian Massumi譯。 Minneapolis, Minn.：University of Minnesota Press。

同上（1984b）。〈答問：甚麼是後現代主義〉 "Answering the Question： What is Postmodernism？"。杜朗德Régis

Durand譯。見李歐塔Lyotard (1984a)：頁71-82。

同上（1984c）。〈異見、指涉物、專有指稱〉 "The Differénd, the Referent, and the Proper Name"。梵・登・亞彼勒 Georges Van Den Abbeele譯。*Diacritics*。14 .3：頁4-14。

同上（1986 ）。《婦孺可解的後現代：1982-1985的書信》*Le Postmoderne explique aux enfants：Correspondance 1982-1985*。Paris：Galilee。

麥卡拔MacCabe, Colin (1978/9)。〈電影中話語上的及意識型態上的：政治干擾的處境摘記〉 "The Discursive and the Ideological in Film：Notes on the Conditions of Political Intervention"。*Screen*。19 .4：頁29-43。

麥卡費利McCaffery, Larry，編（1986a ）。《後現代小說：傳記及書目指導》 *Postmodern Fiction：A Bio-bibliographical Guide*。New York：Greenwood Press。

同上（ 1986b ）。〈導言〉 "Introduction" 見麥卡費利 McCaffery (1986a)：頁ix-xxviii。

麥黑爾McHale, Brian (1987)。《後現代主義小說》*Postmodernist Fiction*。 London and New York：Methuen。

麥里歐德McLeod, Mary (1985)。〈建築〉 "Architecture"。見查治坦柏格 Trachtenberg (1985)：頁19-52。

梅爾勒Mailer, Norman (1970)。《月亮之火》*Of a Fire on the Moon*。Boston, Mass .：Little, Brown。

瑪倫Malen, Lenore (1988)。〈兩性政治〉 "The Politics of Gender"。《兩性政治》*The Politics of Gender*目錄導言。Queensborough Community College, CUNY Bayside,

NY：頁7-11。

瑪姆格倫Malmgren, Carl Darryl (1985)。《現代及後現代主義美國小說的虛構空間》 *Fictional Space in the Modernist and Postmodernist American Novel*。Lewisburgh, Pa：Bucknell University Press。

同上（1987）。〈「從作品到文本」：現代及後現代主義的藝術小說〉 " ' From Work to Text ' ：the Modernist and Postmodernist *Kunstlerroman*"。*Novel*。21.1：頁5-28。

瑪爾左拉提Marzorati, Gerald (1986)。〈（再）生產中的藝術〉 "Art in the (re) Making)"。*Art News* (May)：頁91-9。

梅拉德Mellard, James M. (1980)。《爆炸的形式：美國的現代主義小說》 *The Exploded Form：The Modernist Novel in America*。Urbana, Ill.：University of Illinois Press。

米高遜、克勞絲、克林普及哥普克Michelson, Annette, Krauss, Rosalind, Crimp, Douglas, and Copjec, Joan，合編（1987）。《十月：第一個十年》 *October：The First Decade, 1976-1986*。Cambridge, Mass. and London：MIT Press。

米勒Miller, Nancy K. (1986)。〈改變主體：作者、寫作、及讀者〉 " Changing the Subject：Authorship, Writing, and the Reader"。見德‧勞勒提絲de Lauretis (1986a)：頁102-20。

明克Mink, Louis O. (1978)。〈敘述形式作爲認知工具〉 "Narrative Form as a Cognitive Instrument"。見康納利及柯色克Canary and Kozicki (1978)：頁129-49。

同上（1987）。《歷史理解》 *Historical Understanding*。輝Brian Fay，哥魯拔Eugene O. Golub，及梵恩Richard T.

Vann，合編。Ithaca, NY：Cornell University Press。

米契爾Mitchell, W.J.T. (1986)。《肖像學：意象、文本、意識型態》*Iconology：Image, Text, Ideology*。Chicago, Ill.：University of Chicago Press。

摩拉瑪歌Moramarco, Fred (1986)。〈後現代詩歌及小說：相連的聯繫〉"Postmodern Poetry and Fiction：the Connective Links"。見麥卡費利 McCaffery (1986a)：頁129-41。

穆勒Müller, Heiner (1979)。〈反思後現代主義〉"Reflections on Post- modernism"。*New German Critique*。16：頁55-7。

穆菲Mulvey, Laura (1975)。〈視覺快感及敘述影院〉"Visual Pleasure and Narrative Cinema"。*Screen*。16.3：頁6-18。

同上（1986）。〈堂皇的頑念〉"Magnificent Obsession"。*Parachute*。42：頁6-12。

邁亞斯Myers, Kathy (1987)。〈朝向女性主義的春宮〉"Towards a Feminist Erotica"。見伯特頓Betterton (1987)：頁189-202。

納格爾Nagele, Rainer (1980/1)。〈現代主義及後現代主義：發聲的邊緣〉"Modernism and Postmodernism：the Margins of Articulation"。*Studies in 20th Century Literature*。5：頁5-25。

倪德Nead, lynda (1983)。〈呈現、性慾、及女性的裸體〉"Representation, Sexuality and the Female Nude"。*Art History*。6.2：頁227-36。

紐曼Newman, Charles (1985)。《後現代氛圍：通貨膨脹時代的小說行為》*The Post-Modern Aura : The Act of Fiction in an Age of Inflation*。Evanston, Ill.：Northwestern University Press。

尼高斯Nichols, Bill (1981)。《意識型態及意象：影院及其他媒介的社會呈現》*Ideology and the Image : Social Representation in the Cinema and Other Media*。Bloomington, Ind.：Indiana University Press。

尼采Nietzsche, Friedrich (1957)。《歷史的使用與濫用》*The Use and Abuse of History*。哥林斯Adrian Collins譯。Indianapolis, Ind. and New York：Liberal Arts Press and Bobbs-Merrill。

歐克曼Ockman, J.，編（1985）。《建築、批評、意識型態》*Architecture, Criticism, Ideology*。Princeton, NJ：Princeton Architectural Press。

安達提爾Ondaatje, Michael (1976)。《安渡屠殺》*Coming Through Slaughter*。Toronto：Anansi。

同上（1982）。《家庭傳略》*Running in the Family*。Toronto：McClelland & Stewart。

歐文斯Owens, Craig (1980a)。〈喻況的傾向：朝向後現代主義理論。第一部份〉"The Allegorical Impulse : Toward a Theory of Postmodernism, Part I"。*October*。12：頁67-86。

同上（1980b）。〈喻況的傾向：朝向後現代主義理論。第二部份〉"The Allegorical Impulse : Toward a Theory of Postmodernism, Part II"。*October*。13：頁59-80。

同上（1982）。〈呈現、挪用及權力〉"Representation, Appropriation & Power"。*Art in America*。70.5：頁9–21。

同上（1983）。〈他者的論述：女性主義者們及後現代主義〉"The Discourse of Others：Feminists and Postmodernism"。見佛斯特Foster (1983)：頁57– 82。

同上（1984）。〈搔首弄姿〉"Posing"。見*Difference* (1984)：頁6–17。

龐瑪Palmer, Richard E. (1977)。〈後現代性及詮釋學〉"Postmodernity and Hermeneutics"。*Boundary 2*。5.2：頁363–93。

包勒提Paoletti, John T. (1985)。〈藝術〉"Art"。見查治坦栢格 Trachtenberg (1985)：頁53–79。

柏克及波洛克Parker, Rozsika, and Pollock, Griselda，合編（1987a）。《框構女性主義：藝術及女性運動1970–85》*Framing Feminism：Art and the Woman's Movement 1970–85*。London and New York：Pandora。

同上（1987b）。〈十五年來的女性主義活動：從實用的策略到策略的實踐〉" Fifteen Years of Feminist Action：From Practical Strategies to Strategic Practices"。見柏克及波洛克Parker and Pollock (1987a)：頁3– 78。

伯特遜Paterson, Janet (1986)。〈「後現代」小說：焦點與觀點〉"Le Roman 'postmoderne'：mise au point et perspectives"。*Canadian Review of Comparative Literature*。13.2：頁238–55。

彼爾斯Peirce, C.S. (1931–58)。《論文全集，八卷》*Collected*

Papers, 8 Vols。哈特索恩及威斯Charles Hartshorne and Paul Weiss。Cambridge, Mass.：Harvard University Press。

佩洛芙Perloff, Marjorie (1985)。《理性之舞：龐德傳統的詩歌研究》*The Dance of the Intellect：Studies in the Poetry of the Pound Tradition*。 Cambridge：Cambridge University Press。

菲利普斯Phillips, Christopher (1987)。《攝影的判斷寶座》"*The Judgment Seat of Photography*"。見米高遜Michelson 等（1987）：頁257-93。

波根漢Polkinhorn, Harry (1987)。〈後現代美學的失敗〉"The Failure of a Postmodern Aesthetic"。*Poetics Journal*。7：頁63-70。

波托吉西Portoghesi, Paolo (1974)。《現代建築的壓抑》*Le inibizioni dell'architettura moderna*。Bari：Laterza。

同上（1982）。《現代建築之後》*After Modern Architecture*。索爾Meg Shore譯。New York：Rizzoli。

同上（1983）。《後現代：後工業社會的建築》*Postmodern：The Architecture of the Postindustrial Society*。 New York：Rizzoli。

波魯殊Porush, David (1985)。《軟性機器：電子資訊小說》*The Soft Machine：Cybernetic Fiction*。New York and London：Methuen。

普依格Puig, Manuel (1978, 1979)。《蜘蛛女之吻》*Kiss of the Spider Woman*。高支Thomas Colchie譯。New York：Random House。

平春Pynchon, Thomas (1961, 1963)。*V*。New York：Bantam。

同上（1965）。《49號場的叫價》*The Crying of Lot 49*。*New York：Bantam*。

同上（1973）。《萬有引力的彩虹》*Gravity's Rainbow*。New York：Viking。

拉達克利殊南Radhakrishnan, R. (1986)。〈現實、文本、及後現代的呈現：理論上的問題，或問題上的理論〉"Reality, the Text, and Postmodern Representation：A Question in Theory, or Theory in Question"。見麥卡費利McCaffery (1986a)：頁229-44。

勞勒特Raulet, Gerard (1984)。〈從現代性作爲單程路到後現代性作爲絕路〉"From Modernity as One-way Street to Postmodernity as Dead End"。*New German Critique*。33：頁155-77。

羅遜Rawson, Claude (1986)。〈在後現代遊戲場的詩人〉"A Poet in the Postmodern Playground"。*The Times Literary Supplement*。4 July：頁723-4。

利德Reed, Ishmael (1969)。《黃色背的收音機壞了》*Yellow Back Radio Broke-Down*。Garden City, NY：Doubleday。

同上（1972）。《嘰哩咕嘟》*Mumbo Jumbo*。Garden City, NY：Doubleday。

同上（1976）。《加拿大之旅》*Flight to Canada*。New York：Random House。

同上（1982）。《可怕的另一半》*The Terrible Twos*。New York：St Martin's／Marek。

利斯及波薩洛Rees, A.L., and Borzello, Frances，合編
（1986）。《新藝術史》*The New Art History*。London：
Camden Press。

羅亞‧巴斯托斯Roa Bastos, Augusto (1986)。《無上的我》*I
the Supreme*。蘭恩Helen Lane譯。New York：Aventura。

羅拔斯Roberts John (1987)。〈後現代電視及視覺藝術〉
"Postmodern Television and Visual Arts"。《後現代銀
幕》*Postmodern Screen*特刊。*Screen*。28.2：頁118-27。

羅蒂Rorty, Richard (1981)。〈十九世紀的唯心主義及二十世紀的
文本主義〉"Nineteenth-century Idealism and Twentieth
-century Textualism"。*Monist*。64：頁155-74。

同上（1984）。〈哈伯瑪斯、李歐塔及後現代性〉"Habermas,
Lyotard et la postmodernite"。*Critique*。442：頁181-
97。

羅森柏格Rosenberg, Harold (1973)。《發現今天：藝術、文化及
政治三十年》*Discovering the Present：Three Decades
in Art, Culture and Politics*。Chicago, Ill：Univers-
ity of Chicago Press。

羅絲勒Rosler, Martha (1981)。《作品三篇》*3 Works*。Halifax,
NS：Nova Scotia College of Art and Design。

同上（1984）。〈觀看者、購買者、販賣者、及製造者：有關觀眾
的一些想法〉"Lookers, Buyers, Dealers, and Makers：
Thoughts on Audience"。見華利斯Wallis (1984)：頁310-
39。

羅索Rosso, Stefano (1983)。〈與安栢圖‧艾誥的書信往還〉"A
Correspondence with Umberto Eco"。史普林傑爾

Carolyn Springer譯。*Boundary 2*。12.1：頁1–13。

羅維Rowe, John Carlos (1987)。〈現代藝術及後現代資本的發明〉 "Modern Art and the Invention of Postmodern Capital"。*American Quarterly*。39. 1：頁155–73。

魯殊迪Rushdie, Salman (1981)。《午夜之子》*Midnight's Children*。London：Picador。

同上（1983）。《醜事》*Shame*。London：Picador。

羅素Russell, Charles (1980)。〈概念的脈絡〉 "The Context of the Concept"。見嘉文Garvin (1980)：頁181–93。

同上（1982）。〈顛覆與正名：後現代文化的前衛派〉 "Subversion and Legitimation：the Avant-garde in Postmodern Culture"。*Chicago Review*。33.2：頁54–9。

同上（1985）。《詩人、先知、及革命者：從林波德到後現代主義的文學前衛派》*Poets, Prophets, and Revolutionaries：The Literary Avant-garde from Rimbaud through Postmodernism*。New York and Oxford：Oxford University Press。

薩依德Said, Edward (1975)。《肇始：意向與方法》*Beginnings：Intention and Method*。New York：Basic。

同上（1983）。《世界、文本、批判者》*The World, the Text, and the Critic*。Cambridge, Mass.：Harvard University Press。

謝爾普Scherpe, Klaus R. (1986/7)。〈「結局」的戲劇化與解戲劇化：現代性及後現代性的天啓意識〉 "Dramatization and De-dramatization of ‘the End’：the Apocalyptic Consciousness of Modernity and Post-modernity"。

Cultural Critique。5：頁95-129。

舒密特Schmidt, Burghart (1986)。《後現代——遺忘的策略：一個批判性的記載》*Postmoderne——Strategien des Vergessens：ein Kritischer Bericht*。Darmstadt und Neuwied：Luchterhand。

舒利伯Schreiber, LeAnne (1987)。〈與巴巴拉・克勞格爾⋯⋯交談〉" Talking to ⋯⋯Barbara Kruger"。*Vogue*。(October)：頁260及268。

史葛特Scott, Chris (1982)。《抗體》*Antichthon*。Montreal：Quadrant。

塞古拉Sekula, Allan (1982)。〈論攝影意義的發明〉"On the Invention of Photographic Meaning"。見栢根Burgin (1982a)：頁84-109。

同上（1987）。〈閱讀檔案〉"Reading an Archive"。見華利斯Wallis (1987)：頁114-27。

色果爾Siegle, Robert (1986)。《反身性的政治學：文化的敘述體及組成詩學》*The Politics of Reflexivity：Narrative and the Constitutive Poetics of Culture*。Baltimore, Md . and London：Johns Hopkins University Press。

西立曼Silliman, Ron (1987)。〈「後現代主義」：掙扎的符號，為符號而掙扎〉" 'Postmodernism'：Sign for a Struggle, the Struggle for the Sign"。*Poetics Journal*。7：頁18-39。

森斯Sims, Lowry (1984)。〈身體政治：漢娜・韋爾克及凱林・蘇立文〉"Body Politics：Hannah Wilke and Kaylynn Sullivan"。*Art and Ideology*：頁45-56。

西斯卡Siska, William C. (1979)。〈後設影院：現代所須〉
　　"Metacinema : a Modern Necessity"。*Literature／*
　　Film Quarterly。7.1：頁285-9。

史洛特迪克Sloterdijk, Peter (1987)。《憤世理智的批判》*Cri-*
　　tique of Cynical Reason。艾德律Michael Eldred譯。
　　Minneapolis, Minn.：University of Minnesota Press。

史密斯Smith, Paul (1988)。《感知主體》*Discerning the*
　　Subject。 Minneapolis, Minn.：University of Minne-
　　sota Press。

史丹托、史丹素爾及湯普遜Snitow, Ann, Stansell, Christine,
　　and Thompson, Sharon，合編（1983）。《慾望的權力：性
　　慾的政治作用》*Powers of Desire：The Politics of*
　　Sexuality。New York：Monthly Review Press。

所羅門—葛都Solomon-Godeau, Abigail (1984a)。〈藝術攝影
　　後的攝影〉"Photography After Art Photography"。見
　　華利斯Wallis (1984)：頁74-85。

同上（1984b）。〈規則已改但遊戲仍舊獲勝：藝術攝影及後現代主
　　義〉"Winning the Game When the Rules have been
　　Changed : Art Photography and Postmodernism"。
　　Screen。25.6：頁88-102。

桑塔格Sontag, Susan (1967)。《對抗詮釋及其他論文》*Against*
　　Interpretation and Other Essays。New York：Dell。

同上（1977）。《論攝影》*On Photography*。New York：
　　Farrar, Straus, & Giroux。

史班奴斯Spanos, William V. (1987)。《重複：文學及文化中的
　　後現代時機》 *Repetitions：The Postmodern Occasion in*

Literature and Culture。Baton Rouge, La：Louisiana State University Press。

史奎亞絲Squiers, Carol (1987)。〈聲東擊西的（造句）策略：巴巴拉・克勞格爾有自己的遣詞方式〉 "Diversionary (Syn)tactics：Barbara Kruger has her Way with Words"。*ART news*。86.2：頁76-85。

史達倫歌Starenko, Michael (1983)。〈藝術家可以做些甚麼？後現代主義及攝影簡史〉 "What's an Artist to Do？A Short History of Postmodernism and Photography"。*Afterimage* (January)：頁4-5。

史坦納Steiner, Wendy，編（1981）。《意象與語碼》*Image and Code*。Ann Arbor, Mich.：University of Michigan Press。

史提芬遜Stephanson, Anders (1987)。〈關於後現代主義──與詹明信的一席話〉 "Regarding Postmodernism──A Conversation with Fredric Jameson"。*Social Text*。17：頁29-54。

史端Stern, Robert (1980)。〈後現代的雙重物〉 "The Doubles of Post-modern"。*Harvard Architectural Review*。1：頁75-87。

史特恩Sterne, Laurence (1967)。《脫斯特蘭姆・山迪的生平與見解》 *The Life and Opinions of Tristram Shandy*。Harmondsworth：Penguin。

史提維克Stevick, Philip (1981)。《另類的快感：後現實主義小說及傳統》 *Alternative Pleasures：Postrealist Fiction and the Tradition*。Urbana, Ill.：University of Illinois

Press。

同上（1985）。〈文學〉"Literature"。見查治坦栢格 Trachtenberg (1985)：頁135-56。

史添普遜Stimpson, Catherine R. (1988)。〈蘭茜・雷根載上帽子：女性主義及其文化共識〉"Nancy Reagan Wears a Hat：Feminism and its Cultural Consensus"。*Critical Inquiry*。14 .2：頁223-43。

蘇根尼克Sukenick, Ronald (1985)。《形式上：小說行為的越軌》*In Form：Digressions on the Act of Fiction*。Carbondale and Edwardsville, Ill .： Southern Illinois University Press。

舒斯京德Suskind, Patrick (1986)。《香氛：殺手的故事》*Perfume：The Story of a Murderer*。活德斯John E . Woods 譯。New York：Knopf。

史文Swan, Susan (1983)。《世上最大的現代女性》*The Biggest Modern Woman of the World*。Toronto：Lester & Orpen Dennys。

史威夫特Swift, Graham (1983)。《水鄉》*Waterland*。London：Heinemann。

泰富利Tafuri, Manfredo (1980)。《建築的理論與歷史》*Theories and History of Architecture*。London：Granada。

塔格Tagg, John (1982)。〈相片的流通〉"The Currency of the Photograph"。見栢根Burgin (1982a)：頁110-41。

丹納Tanner, Tony (1971)。《文字之城：美國小說1950-1970》*City of Words：American Fiction 1950-1970*。New

York：Harper ＆ Row。

施賀Thiher, Allen (1984)。《反思中的文字：現代語言理論與後現代小說》 *Words in Reflection：Modern Language Theory and Postmodern Fiction*。 Chicago, Ill.：University of Chicago Press。

湯瑪絲Thomas, Audrey (1984)。《潮汐浮生》*Intertidal Life*。Toronto： Stoddart。

湯瑪斯Thomas, D.M. (1981)。《白色的酒店》*The White Hotel*。Harmondsworth： Penguin。

桑頓Thornton, Gene (1979)。〈後現代攝影：看來完全不「現代」〉 "Postmodern Photography：It Doesn't Look 'Modern' At All"。*ART news*。78.4：頁64-8。

狄克納Tickner, Lisa (1984)。〈性慾及／於呈現：五位英國藝術家〉 " Sexuality and／in Representation：Five British Artists"。見*Difference* (1984)：頁19-30。

同上（1987）。〈身體政治：1970以還的女性性慾及女性藝術家〉 "The Body Politics：Female Sexuality and Women Artists Since 1970"。見柏克及波洛克Parker and Pollock (1987a)：頁263-76。

查治坦栢格Trachtenberg, Stanley，編（1985）。《後現代時刻：當代藝術創作手冊》*The Postmodern Moment：A Handbook of Contemporary Innovation in the Arts*。 Westport, Conn.：Greenwood Press。

脫格波夫Tregebov, Rhea，編（1987）。《工作進行中：建設女性主義文化》 *Work in Progress：Building Feminist Culture*。Toronto：Women's Press。

脫恩納Trenner, Richard，編（1983）。《多托羅：論文及談話》*E. L. Doctorow：Essays and Conversations*。Princeton, NJ：Ontario Review Press。

華爾嘉絲露莎Vargas Llosa, Mario (1984)。《世界末日之戰》*The War of the End of the World*。蘭恩Helen R. Lane 譯。New York：Farrar, Straus, & Giroux。

同上（1986）。《永恆的宴樂：福樓拜及包法利夫人》*The Perpetual Orgy：Flaubert and Madame Bovary*。蘭恩Helen Lane譯。New York：Farrar, Straus, & Giroux。

梵提姆Vattimo, Gianni (1985)。《現代性的終結：後現代文化的虛無主義及詮釋學》*La fine della Modernita：Nichilismo ed ermeneutica nella cultura post-moderna*。Milan：Garzanti。

維恩Veyne, Paul (1971)。《歷史寫作評論》*Comment on Ecrit I'histoire*。Paris：Seuil。

華勒Waller, Marguerite (1987)。〈學術的甜心：歧異的否認及其做成的歧異〉"Academic Tootsie：the Denial of Difference and the Difference it Makes"。*Diacritics*。17.1：頁2-20。

華利斯Wallis, Brian，編（1984）。《現代主義之後的藝術：再思呈現》*Art After Modernism：Rethinking Representation*。New York：New Museum of Contemporary Art；Boston, Mass.：Godine。

同上，編（1986-7a）。《漢斯·哈克：未完成的事》*Hans Haacke：Unfinished Business*。New York：New Museum of Contemporary Art；Cambridge, Mass. and

London：MIT　Press。

同上（1986-7b）。〈建制信任建制〉 "Institutions　Trust
　　Institutions"。見華利斯Wallis（1986-7a）：頁51-9。

同上，編（1987）。《該死的諷諭：當代藝術家文集》*Blasted*
　　Allegories：An　Anthology　of　Writings　by
　　Contemporary　Artists。New　York：New　Museum　of
　　Contemporary　Art；Cambridge, Mass.：MIT　Press。

華德Ward, Andrea（1987）。〈訪問詹明信〉 "Interview　with
　　Frederic　[sic]　Jameson"。*Impulse*。13.4：頁8-9。

韋伯斯特Webster, Frank（1980）。《新攝影：視覺溝通的責任》
　　The　New　Photography：Responsibility　in　Visual　Com-
　　munication。London：Calder。

威登Weedon, Chris（1987）。《女性主義實踐及後結構主義理論》
　　Feminist　Practice　and　Poststructuralist　Theory。
　　Oxford：Basil　Blackwell。

威爾伯利Wellbery, David　E.（1985）。〈歐洲的後現代主義：近
　　期的德國寫作〉 "Postmodernism　in　Europe：on　Recent
　　German　Writing"。見查治坦栢格　Trachtenberg（1985）：
　　頁229-49。

威爾瑪Wellmer, Albrecht（1985）。〈論現代主義及後現代主義的
　　辯證〉 "On　the　Dialectic　of　Modernism　and　Postmo-
　　dernism"。羅拔斯David　Roberts譯。*Praxis　Internatio-*
　　nal。4.4：頁337-62。

懷特White, Hayden（1973）。《後設歷史：十九世紀歐洲的歷史
　　想像》 *Metahistory：The　Historical　Imagination　in*
　　Nineteenth-Century　Europe。Baltimore, Md.：Johns

Hopkins University Press。

同上（1976）。〈事實呈現的假話〉 "The Fictions of Factual Representation"。見費列卓Fletcher (1976)：頁21-44。

同上（1978a）。〈歷史文本作爲文學製品〉 "The Historical Text as Literary Artifact"。見康納利及柯色克Canary and Kozicki (1978)：頁41- 62。

同上（1978b）。《論述回歸線：文化批評論集》 *Tropics of Discourse： Essays in Cultural Criticism*。Baltimore, Md.：Johns Hopkins University Press。

同上（1980）。〈現實呈現上敘述性的價值〉 "The Value of Narrativity in the Representation of Reality"。*Critical Inquiry*。7.1：頁5-27。

同上（1984）。〈當代歷史理論的敘述體課題〉 "The Question of Narrative in Contemporary Historical Theory"。*History and Theory*。23.1：頁1-33。

同上（1986）。〈歷史的多元主義〉 "Historical Pluralism"。*Critical Inquiry*。12.3：頁480-93。

同上（1987）。《形式的內容：敘述性論述及歷史呈現》 *The Content of the Form：Narrative Discourse and Historical Representation*。Baltimore, Md. and London：Johns Hopkins University Press。

威伯Wiebe, Rudy (1973)。《大熊的誘惑》 *The Temptations of Big Bear*。 Toronto：McClelland & Stewart。

懷爾德Wilde, Alan (1981)。《認可的水平：現代主義、後現代主義、及反諷的想像力》 *Horizons of Assent：Modernism, Postmodernism, and the Ironic Imagination*。Baltimore, Md：

Johns Hopkins University Press。

同上（1987）。《中間地帶：當代美國小說研究》*Middle Grounds：Studies in Contemporary American Fiction*。 Philadelphia, Pa：University of Pennsylvania Press。

威廉斯Williams, Nigel (1985)。《斗轉星移》*Star Turn*。 London and Boston, Mass.：Faber & Faber。

威廉斯Williams, Raymond (1960)。《文化與社會1780-1950》 *Culture and Society 1780-1950*。Garden City, NY： Doubleday。

文實甫Winship, Janice (1987)。〈「女孩子得順應潮流」：1980 年代的雜誌〉"'A Girl Needs to Get Street-wise'： Magazines for the 1980s"。見伯特頓Betterton (1987)： 頁127-41。

渥爾芙Wolf, Christa (1980)。《童年模式》*Patterns of Children*。莫林納洛 Ursule Molinaro及拉波爾特Hedwig Rappolt譯。New York：Farrar, Straus, & Giroux。

同上（1982）。《無地容身》*No Place on Earth*。賀爾克Jan Van Heurck譯。 New York：Farrar, Straus & Giroux。

同上（1984）。《卡桑德拉：一本小說及四篇論文》*Cassandra：A Novel and Four Essays*。賀爾克Jan Van Heurck 譯。 London：Virago。

瓦林Wolin, Richard (1985)。〈現代主義對後現代主義〉 "Modernism Versus Postmodernism"。*Telos*。62：頁9- 29。

瓦倫Wollen, Peter (1978/9)。〈攝影與美學〉"Photography and Aesthetics"。*Screen*。19.4：頁9-28。

占瑪曼Zimmerman, Bonnie (1986)。〈女性主義小說及後現代的挑戰〉" Feminist Fiction and the Postmodern Challenge"。見麥卡費利McCaffery(1986a)：頁175-88。

索　引

THE POLITICS OF POSTMODERNISM

國家圖書館出版品預行編目資料

後現代主義的政治學／蓮達・赫哲仁（Linda
　Hutcheon）著；劉自荃譯. —一版. —[臺北
　縣]板橋市：駱駝出版；[臺北縣]新店市：
　學欣經銷，1996[民85]
　　面：　　公分
　譯自：The politics postmodernism
　參考書目：面
　含索引
　ISBN 957-9549-02-8(平裝)
　1. 小說 – 歷史與批評

812.7　　　　　　　　　　　　　　85002944

新韻叢書⑦

後現代主義的政治學

原 作 者／Linda Hutcheon
中 文 譯／蓮達・赫哲仁
原 書 名／The Politics of Postmodernism
譯　　者／劉自荃
總　　編／陳慧樺
主　　編／游　喚
發 行 人／郭淑燕
出 版 者／駱駝出版社
　　　　　板橋市文聖街82巷6號3樓
　　　　　電話／(02)2538523・2537096
　　　　　傳眞／(02)2563651
　　　　　郵政劃撥／17510401
經　　銷／學欣文化事業有限公司
　　　　　新店市中正路四維巷2弄5號5F
　　　　　電話／(02)2187307(代表線)
排　　版／辰益打字印刷有限公司
出版日期／1996年四月一版一刷
行政院新聞局局版臺業字第3950號
定　　價：250元（缺頁或破損・請寄回更換）
ISBN 957-9549-02-8

❖新韻叢書系列❖

① 《讀者反應理論批評》

伊麗莎白・弗洛恩德　著
陳燕谷　譯
定價180元

　　二十年來，美國文學批評界最關心的，便是廣泛討論閱讀過程與文本讀者關係為何的問題。這是對新批評與形式主義把文學作品看做客觀自足的一種反動。

　　本書作家勾劃了讀者反應理論的發展，言簡意賅。先從瑞查茲與新批評談起，再集中地討論四位重要批評家，分別是：庫勒，費許，何蘭，與以瑟等。

　　最後，本書作者把讀者反應理論跟哲學方法結合起來，特別是後期結構與修辭學方面流行的相關論點：解構批評大師哈德曼讚美本書是召回讀者最重要的一本批評理論。

② 《接受美學理論》

R.C.赫魯伯　著
董之林　譯
定價180元

　　六十年代，主宰文學批評界的理論，就是接受美學。本書作者全面性地介紹了這個最重要的理論。

　　接受美學關心的問題是：文學作品怎麼詮釋？讀者與文本，讀者與作者，作者與自己的作品之間的複雜關係為何？

　　本書作者先從形式主義，結構主義，現象學，詮釋學與文學社會學等各方面進行基礎性的討論，再深入分析德國最重要的兩位接受美學大師姚斯與以瑟的精闢見解。

　　加州大學教授布蘭查讚美本書是接受美學理論最標準的參考書。

③ 《後設小說》
—自我意識小說的理論與實踐

帕特里莎・渥厄　著
錢競・劉雁濱　譯
定價180元

小說未來前途如何？

二十年來，小說家與批評家感興趣的就是這個問題。

本書作者詳細檢討當代英美小說如何受到複雜的政治、社會與經濟因素的影響。運用當代文化批評理論，分析了大眾傳播媒體如何左右小說創作，並思考小說讀者如何參與主題表現的問題。

後設小說，也可叫自我反省的小說。

本書作者廣泛引述當代後設小說大師的名作，諸如：傅敖斯，波赫士，巴莎姆，馮內果，與帕斯等。指出後設小說喜用諧擬手法與大眾傳播媒體和種種非文學形式，正是小說未來要走的一條道路。

④ 《解構批評理論與應用》

諾利斯・克里斯多福　著
劉自荃　譯
定價280元

解構主義，質疑任何信以為真的語言、經驗。質疑任何習以為常的人文訊息。它有點像懷疑主義，無時無刻不發生，但卻沒有好好地被研究處理。

本書作者諾利斯・克里斯多福，在解構大師德希達的「文本集中探險」的基本理念下，重新考察文學批評與哲學的解構理論，展示了這一理論的實際批評。書中涉及了尼采、海德格、與美國解構批評四人幫的新看法。

本書對具有開放心靈的讀者是一種挑戰，對當代文學批評與哲學語言的反思，是一種刺激。美國耶魯大學教授布魯姆贊譽本書是他所見過最傑出、最準確的解構批評專書。

⑤ 《女性主義文學批評》

格雷・格林
考比里亞・庫恩　編
陳引馳　譯

女權主義文學批評是時下西方學術界最具影響力的批評思潮之一。它稟有著激進的特性，對兩方固有的文化觀念構成了徹底的巔覆。

女權主義文學批評兼攝了許多種學術洞見：女權主義理論、心理分析學、現代語言學、後結構主義、馬克思主義……因而複雜、晦澀又茲多采多姿。

本書由新銳的女權主義批評家合作撰集，展現了女權主義文學批評理論與實踐的各個方面，論涉到文學理論、文學批評、文學歷史及當代創作的諸多核心問題。

⑥ 《性別／文本政治》
－女性主義文學理論

托里莫伊　著
陳潔詩　譯

「並非純客觀文獻，亦非僅是派系性爭論……此書顯示了女性主義理論建構最嚴峻的一面。」

《女性評論》

什麼是女性主義批評性實踐的政治含意？文學文本的問題如何與女性主義政治的優先次序及角度產生聯繫？《性別／文本政治》致力解決這些基本問題及討論女性主義評說的兩大重要分流－英美及法國－的優點及限制，集中討論西佐斯，伊里加拉及克里斯瓦。適合對此論題沒有什麼認識的讀者；然而，《性別／文本政治》干預現時流行的爭論，積極主張一種政治性與理論性評論，反對只是文本性或非政治性方法。

托里莫伊任教於公爵大學。

何永慶

96、5、26、

CH
b250